第2版

培育阳光心态

——大学生心理健康教育

主　编　杨　孝　方朝阳
副主编　徐庆龄　田　菊

西南财经大学出版社
Southwestern University of Finance & Economics Press
中国·成都

图书在版编目(CIP)数据

培育阳光心态:大学生心理健康教育/杨孝,方朝阳主编;徐庆龄,田菊副主编.--2 版.--成都:西南财经大学出版社,2024.9.--ISBN 978-7-5504-6363-9
Ⅰ.G444
中国国家版本馆 CIP 数据核字第 2024WX9256 号

培育阳光心态——大学生心理健康教育(第 2 版)

PEIYU YANGGUANG XINTAI——DAXUESHENG XINLI JIANKANG JIAOYU

主　编　杨　孝　方朝阳
副主编　徐庆龄　田　菊

特约编辑:郝永进
责任编辑:李特军
责任校对:杨婧颖
封面设计:黄燕美
责任印制:朱曼丽

出版发行	西南财经大学出版社(四川省成都市光华村街 55 号)
网　　址	http://cbs. swufe. edu. cn
电子邮件	bookcj@ swufe. edu. cn
邮政编码	610074
电　　话	028-87353785
印　　刷	三河市骏杰印刷有限公司
成品尺寸	185 mm×260 mm
印　　张	16
字　　数	358 千字
版　　次	2024 年 9 月第 2 版
印　　次	2024 年 9 月第 1 次印刷
书　　号	ISBN 978-7-5504-6363-9
定　　价	53.00 元

版权所有,翻印必究。

第2版前言

Preface

促进学生身心健康、全面发展，是党中央关心、人民群众关切、社会关注的重大课题。为帮助大学生解决在现实生活和学习中遇到的心理问题，我们于 2021 年 9 月出版了《培育阳光心态——大学生心理健康教育》一书。自出版以来，本书相继被多所学校选用为“大学生心理健康教育”课程的教材，受到了广大师生和专业人士的好评。 在 3 年的教学使用过程中，用书院校的大学生心理素质明显提升，精神面貌积极向上。

但是，随着社会的发展，我国政策也在与时俱进，社会对学校心理教学工作和大学生的心理素养提出了新要求。2022 年 10 月，党的二十大报告中指出，要“重视心理健康和精神卫生”，这为新时期心理健康教育工作指明了方向。为全面加强和改进新时代学生心理健康工作，提升学生心理健康素养，2023 年 4 月，教育部等十七部门印发的《全面加强和改进新时代学生心理健康工作专项行动计划（2023—2025 年）》指出，普通高校要开设心理健康必修课，有条件的高校可开设更多样、更有针对性的心理健康选修课。

为贯彻落实党的二十大精神，落实立德树人根本任务，培育学生热爱生活、珍视生命、自尊自信、理性平和、乐观向上的心理品质，培养担当民族复兴大任的时代新人，我们对本书进行了全面、细致的修订。

第 2 版教材主要修订如下。

1. 调整知识结构，强调学以致用

根据最近几年的教学实践，编者重新梳理了本书的教学内容，增加了家庭与心理健康、心理疾病两章内容，使本书涵盖了心理适应、家庭教育、人格发展、情绪管理、人际交往、爱情心理、性心理、压力管理、挫折应对、心理疾病的治疗、生命教育、心理危机的应对等心理健康教育的主要内容。同时，本书优化了“心理测评”栏目的内容，增加了“课堂活动”栏目的比例，使大学生能够在互动中掌握心理知识，更精准地了解自己的心理状态。

2. 融入课程思政，落实立德树人根本任务

2020 年，教育部印发的《高等学校课程思政建设指导纲要》（简称《纲要》）指出，“立德树人成效是检验高校一切工作的根本标准”。公共基础课程“要重点建设一批提高大学生思想道德修养、人文素质、科学精神、宪法法治意识、国家安全意识和认知能力的课程”。为落实《纲要》精神，本书结合知识点在“名人名言”“拓展阅读”“案例链接”等栏目内容的选取上，融入思政元素，以提高学生的职业素养、道德意识、文化修养，培养学生的爱国主义情怀。

本书由湖北科技学院杨孝、方朝阳担任主编，徐庆龄、田菊担任副主编。在编写过程中，编者参考和借鉴了国内外专家、学者的大量成果，在此深表谢意。

由于编写时间仓促、编者水平有限，书中难免存在疏漏和不妥之处，敬请读者批评指正。

编　者

2024年5月

第1版前言

Preface

当下，中国大学生心理健康问题越来越受到社会的关注。人们越来越强烈地感受到，心理健康已成为大学生成长、成才的重要影响因素，心理素质的培养已成为高校不容忽视的教育内容。其实，早在半个多世纪以前，瑞士著名心理学家、精神病学家荣格就曾经提醒人们，要防止远比自然灾害更危险的人类心灵疾病的蔓延。他认为，随着对外部空间的拓展，人们对心灵的提升却被忽视了；人们在物质方面收获颇丰，在心灵方面却日渐贫乏。目前，心理健康问题已成为一个“时代性”的问题，抑郁症也被世界卫生组织称为“世纪病”。

精神生活的深度不安折磨着现代社会中的敏感人群，面对社会竞争的压力，以及学习、人际交往、自我意识和升学就业等问题，不少大学生感到苦闷、孤独、焦虑、冷漠，甚至会精神崩溃。为此，高校心理健康教育不得不从本质入手，改善心理健康教育的手段与措施，通过课程设置、知识普及、心理测量、心理咨询等方式，使大学生树立科学的心理健康观念，学会心理调节的基本技巧，最终养成良好的心理素质。但是，目前大学生心理健康教育仍处于发展阶段，关于心理健康课程的探索与建设也一直在不断地进行。为更好地贯彻因材施教的教学原则，更好地实现心理健康教育课程的教学目标，培育拥有健康人格的学生，出版突出应用性并注重理论联系实际的配套教材，一直是我们期望早日实现的目标。

大学生心理健康教育是大学生素质教育的重要组成部分，编者依据《教育部关于加强普通高等学校大学生心理健康教育工作的意见》，根据多年的大学生心理健康教育工作经验，在汲取该领域先进理论成果的基础上，紧密结合大学生学习和生活中的心理实际，编写了《培育阳光心态——大学生心理健康教育》教材。本教材以普及心理健康知识、为大学生提供心理健康指导为出发点，力求体现操作性、参与性和可读性，旨在帮助大学生解决在现实生活和学习中所遇到的心理问题，为其解决各种心理问题提供更好的指导。

《培育阳光心态——大学生心理健康教育》全书共分为十章，内容包括心理健康概述、心理适应、自我意识、大学生人格发展、大学生情绪管理、人际关系交往、爱情心理与性心理、压力管理与挫折应对、职业生涯与心理健康、生命教育与心理危机应对。这些内容基本上涵盖了大学生在校学习、生活期间面临的主要心理问题。本教材避免了行、知脱节等问题，内容更具有针对性，是大学生心理健康教育课程的必备教材，也是关注自身成长与心理健康的大学生朋友的有益读本。

本书在编写过程中，参考和借鉴了国内外专家、学者的大量成果，在此表示感谢。

由于编写时间仓促、编者水平有限，书中难免存在疏漏和不足之处，欢迎读者批评指正。

编　者

2020年11月

目录
Contents

第一章 心理健康概述

名人名言

▶ 经得起各种诱惑和烦恼的考验，才算达到了最完美的心灵健康。——培根

学习目标

▶ 通过对本章知识的学习，了解什么是心理学，同时对心理健康、心理咨询活动形成正确的认识。

▶ 理解和掌握大学生心理健康的含义和标准，熟悉大学生常见的心理困惑，以此为依据对照自己，进行心理健康的自我判断。

▶ 有针对性地加强心理锻炼，在自身遭遇心理困惑时能积极寻求帮助，并且能用所学知识帮助他人。

案例导入

案例一

小力是一名大三学生，在他大二时，作为家庭经济支柱的父亲突染重病，在举全家之财力治疗几个月之后，父亲仍撒手人寰，原本的小康家庭一下子陷入了贫困状态。小力遭遇丧父和贫困的双重打击，整天浑浑噩噩，觉得生活失去了希望。在班主任、同学、心理咨询师的帮助下，小力用了大半年的时间才走出丧亲的阴影，决心化悲伤为动力，不负父母的期望，并申请了助学贷款，以减少贫困带来的压力。目前，大三的小力生活已经逐渐步入正轨，他准备考研，并用自己的力量帮助和感染身边需要帮助的同学。

案例二

大四学生晓龙，坐在教室看书时，总担心有人坐在身后干扰他，有强烈的不安全感，以至于他只能坐在教室角落或靠墙而坐，否则便无法安心看书。

他对寝室一位同学收音机外放的行为也十分敏感，有时简直难以忍受，但又不好意思与那位同学当面发生冲突，觉得因为这种小事起冲突，可能是自己的不对。他很难摆脱这种心理困境，严重影响了自己的生活和学习。

面临毕业，他心中一片茫然，担心找不到理想的工作。看到其他同学准备报考研究生，他也想考，但是又不能集中精力复习。由于家里经济条件一般，他认为自己有责任挑起家庭重担，却又觉得力不从心。自卑、烦躁的情绪笼罩着他，他觉得一切糟透了……

在上述两个案例中，你看到了什么？你有什么感受？或许你很心疼小力的遭遇，也很敬佩他重燃斗志的勇气；或许你很担忧晓龙能否顺利毕业，同时又不满他的脆弱敏感；或许你还从案例中看到了求助和心理健康的重要性，特别是在遭遇一些重大生活挫折时，身边的支持系统和心理健康相关知识，是帮助我们尽快走出沼泽、应对困境的重要力量。从这个角度来说，我们每个人都应该有心理健康的意识，掌握一些必要的心理健康常识。

第一节　心理与心理健康

一、什么是心理学

提到“心理学”这个词，你会想到什么呢？即使在社会高速发展的今天，仍然有很多人对心理学、心理健康存在误解。心理学是一门研究心理现象及其规律的科学。正如心理学家艾宾浩斯所言：“心理学有着漫长的过去，却只有短暂的历史。”人类对自己的思考可以追溯到古希腊时期，而用科学的方法来研究心理学只不过 100 多年。科学心理学诞生的标志是 1879 年威廉·冯特在德国莱比锡大学创立世界第一个科学心理学实验室。

心理学的研究目的在于描述、解释、预测和控制行为，最终为提高人类生活质量服务。探索心理现象发生、发展和变化的规律是心理学的基本任务。具体而言，这个任务通过以下几方面的研究来实现。

（一）心理过程

心理过程是指在客观事物的作用下，心理活动在一定时间内发生、发展的过程，通常包括认知过程、情绪情感过程和意志过程三个方面。认知过程是指人在认识客观世界的活动中所表现的各种心理现象，包括感觉、知觉、注意、记忆、思维、想象等。情绪情感过程是指人认识客观事物时产生的各种心理体验过程。意志过程是指人为实现奋斗目标，努力克服困难，完成任务的过程。这三个过程不是孤立的，而是互相关联的一个统一的整体，它们相互联系、相互制约、相互渗透，如图 1-1 所示。

人的心理活动过程是人区别于动物的最根本标志。

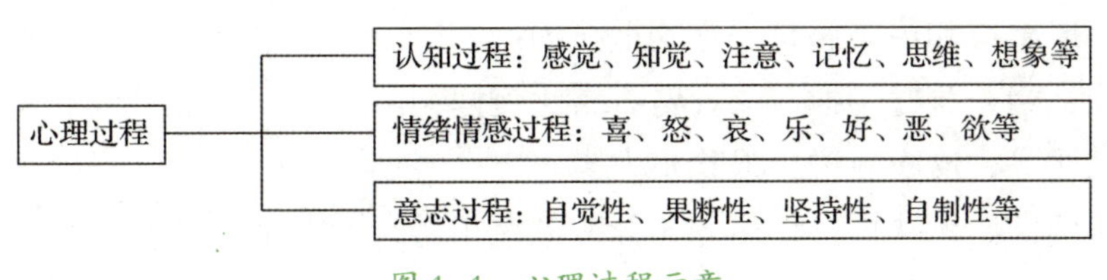

图 1-1　心理过程示意

（二）心理结构

人的心理现象很复杂，但并不是杂乱无章的，各种心理现象之间存在一定的联系，成为一个有机的整体。心理学不同的流派对心理结构的认识也不一样，如弗洛伊德所代表的精神分析学派将人的心理结构分为潜意识、前意识和意识三个部分。

（三）个性心理

人的一般的心理过程为人的共性，每个人都会经过这个心理过程。人的心理除了一般的共性之外，还有个性，即人的个性心理。个性心理是在完成一般心理过程后发展起来的，主要包含个性倾向性与个性心理特征两个方面的内容，如图 1-2 所示。

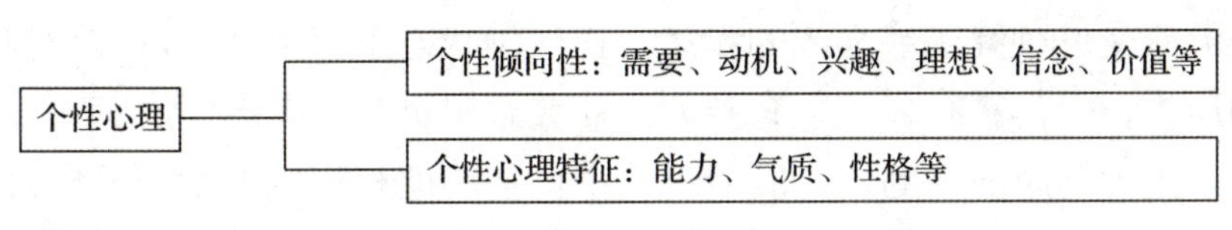

图 1-2　个性心理示意

二、健康与心理健康

（一）科学的健康观

传统观点认为，健康是指人体生理机能正常，没有缺陷和疾病。随着社会的发展以及人类自身认识的不断深化，关于健康内涵的认识也发生了极大变化，传统的观念被一种“立体健康观”取代，即健康应由心理尺度、医学尺度和社会尺度来评价，健康的概念已从传统的生物医学模式走向生物－心理－社会模式。

1946 年，世界卫生组织（World Health Organization，WHO）在宪章中把健康的概念定义为：“健康乃是一种在身体上、心理上和社会上的完满状态，而不仅仅是没有疾病和虚弱的状态。”1989 年，世界卫生组织又对健康做出了新的定义，即“健康不仅是没有疾病，而且包括身体健康、心理健康、社会适应性良好和道德健康”，并指出健康的标准，具体如下。

（1）精力充沛，能从容不迫地应付日常生活和工作。

（2）处事乐观，态度积极，乐于承担任务而不挑剔。

（3）精神饱满，情绪稳定，善于休息，睡眠良好。

（4）应变能力强，能适应环境的各种变化。

（5）对一般感冒和传染病有一定的抵抗力。

（6）体重适当，身材匀称，头、臂、臀比例协调。

（7）眼睛明亮，反应敏锐，眼睑不发炎。

（8）牙齿清洁、无缺损、无疼痛，牙龈颜色正常、无出血。

（9）头发有光泽、无头屑。

（10）肌肉、皮肤富有弹性，走路轻松。

（二）心理健康的内涵、意义和评估模式

1. 心理健康的内涵

微课
什么是心理健康

对于心理健康，学术界至今没有统一的定义，不同学者基于不同的文化背景和研究内容有不同的看法。1946 年，第三届国际心理卫生大会将心理健康定义为：在身体、智能以及情绪上能保持同他人的心理不相矛盾，并将个人心境发展成为最佳的状态。其具体表现为：身体、智力、情绪十分协调；适应环境，人际关系中彼此能谦让；有幸福感；在工作和职业中，能充分发挥自己的能力；过有效率的生活。2001 年，世界卫生组织提出心理健康是一种健康或幸福的状态，在这种状态下，个体可以实现自我，应对日常生活中的压力，工作富有成效，有能力为社会做出贡献。国内学者黄希庭认为，心理健康是相对于生理健康而言的，一般表现为个体在心理和社会方面能适应且完好的一种状态。这些定义有助于人们更好地理解心理健康的内涵。综合而言，心理健康是指心理的各个方面及活动过程处于一种良好或正常的状态。

从静态的角度看，心理健康是一种状态，它在某一时段内展现着自身的正常功能。而从动态的角度看，心理健康是在常规条件下，个体为应对千变万化的内、外环境，围绕某一群体的心理健康常模，在一定范围内不断上下波动的相对平衡的过程，它涵盖了一切有利于个体生存发展和稳定生活质量的心理活动。如果在某些条件下，心理活动变得相对失衡，而且对个体生存发展和稳定生活质量起负面作用，那么这时候的心理活动便称为“不健康心理”状态，是一种处于动态失衡的心理过程。

因此，心理健康并不是时时刻刻都达到心理的最佳功能状态。人时时刻刻都在经受着环境的影响，所以我们的心理状态总是处于一个起伏的过程，只要这个起伏在一个允许范围内，都属于正常状态。

2. 心理健康的意义

（1）心理健康能提高机体的健康水平，对预防疾病有积极作用。从健康和心理健康的内涵可以看出，健康是生理健康和心理健康的统一，两者相辅相成。当人身体产生疾病时，情绪低落、烦躁不安，心理必然会受到影响；而长期处于抑郁状态、精神压力大的人也容易出现身体不适。

（2）心理健康影响个体学习和工作的效率。心理健康的人积极乐观，学习工作效率

也高；而心理不健康的人常常心神不定，不能集中精力学习和工作，也影响工作效率和生活质量。

（3）心理健康影响人际关系。心理健康与人际网络为相辅相成的关系，心理健康的人善于维护人际关系，善于将个人特质或优势恰当地融于所处环境，与他人建立良好的互动关系；而优质的人际关系也会促进个体的心理健康。

（4）心理健康还影响个体的思想道德素质，进而影响社会的和谐发展。心理健康有助于提升个体的思想道德素质，正确的思想道德意识可以帮助个体，特别是儿童、青少年形成理性动机、正确的善恶认同观念及自觉性意志，对个体道德行为具有良好的指导作用。

3. 心理健康的评估模式

心理健康评估按照心理健康标准取向的不同可以分为多种模式，主要有以下几种。

（1）统计学模式。研究人员按照统计学上正态分布的数学模型，将偏离正态分布的特征作为心理异常的标准。在这里，正常与异常、健康与不健康是相对而言的，其程度要根据个体在人群中的位置来确定。该模式常采用心理测验作为测评工具，具有客观、具体、可量化等优点。但是，这种方法也有一定的局限性：首先，并非所有的心理特征都完全符合正态分布；其次，并不是偏离常态的都有问题，如低于平均水平的忧虑反而是心理状态良好的表现；最后，心理的差异主要是质的差异，仅仅以数量难以准确地区分常态与异常，而且常态与异常也并没有绝对的数量分界线。

（2）临床模式。精神科医生一般采用此种模式来对心理健康进行评估，将是否存在心理异常状态作为心理健康与否的标准。

（3）社会规范模式。人们常将个体的行为是否符合社会规范和道德准则作为评价其心理健康与否的重要标准。合乎某一社会水准、为社会所接纳和认可的行为就是正常的行为，否则便是异常的行为。

（4）社会适应模式。这种模式认为适应环境的人就是心理健康的人，不过这种模式同样难以有统一、客观的标准。而且，有时社会环境可能不正常，而某些创造性或者具有前瞻性的人才，他们所进行的创造活动超越了所处的时代和社会，往往不被社会所接受，但是这并不能成为他们被认定为心理不健康的理由。

（5）主观经验模式。这种模式以当事人的主观感受和体验来界定健康与否，当事人如果感觉满意、幸福、快乐就是心理健康，如果感觉忧郁、烦躁、痛苦等则视为不健康。这种模式适用于正常人群，但对严重的精神病患者不适用，他们通常对自身的情况不自知，否认自己有病。

（6）尖端模式。这种模式明确指出了心理健康的标准，如人本主义心理学家马斯洛以自我实现者所共同具有的心理特点作为心理健康的标准。这种模式归纳出来的心理健康标准未免带有理想主义色彩。

马斯洛心理健康十条标准

（1）有足够的自我安全感。

（2）能充分地了解自己，并对自己的能力做适当的评价。

（3）生活理想切合实际。

（4）不脱离周围现实环境。

（5）能保持人格的完整与和谐。

（6）善于从经验中学习。

（7）能保持良好的人际关系。

（8）能适度地发泄情绪和控制情绪。

（9）在符合集体要求的条件下，能有限度地发挥个性。

（10）在不违背社会规范的前提下，能恰当地满足个人的基本需求。

资料来源：http://www.360doc.com/content/18/1006/13/58203296_792408305.shtml，有改动.

在以上评估模式中，主观经验模式强调自我评估、自身感受的重要性，其他几种模式主要由当事人以外的专业工作者来评估，不同模式也各有优势和局限。此外，人们也可以看到，心理健康的评估是一个复杂的过程，人们需要综合各种因素，结合多种手段来进行，需要遵循客观性、全面性、相对性、发展性、定量与定性、他评与自评相结合等原则，才能做出尽可能准确的判断。心理健康与否也并没有一个非常绝对的标准，如果人们仅仅依据某个标准来进行判定或是给人贴上“不健康”“不正常”的标签，未免过于武断，也会给当事人带来伤害。

第二节　大学生心理健康

一、大学生的心理发展特点

微课

大学生的心理发展特点

一般来说，大学生年龄为 18 ～ 23 岁。从发展心理学的角度来看，大学这一时期属于青年时期。青年时期是个体生理和心理快速发展的时期，也是个体心理快速成熟的过渡时期。大学生正处于个体生命的黄金时期，其心理发展具有以下基本特征。

（一）智力达到顶峰

个体智力发展一般在 18 ～ 25 岁达到高峰，而大学生正处于这一年龄阶段，其智力发展逐渐达到最佳状态，表现在以下几个方面。

（1）逻辑思维能力大大提高。随着独立性、创造性、敏锐性、批判性、思维广度和深度的进一步发展，大学生能够全面理解和分析不同的事物，掌握事物发展的一些规律，有创新的思想并敢于创新。

（2）观察能力明显增强。大学生对事物的理解不限于五官的感受。他们希望探索事物之间内在的、本质的关系，全面而深刻地理解事物。

（3）想象力大大增强。随着知识的积累和视野的开阔，大学生的想象力在重建想象力的基础上更加活跃和富有创造性。想象的结果可以达到一定的深度和广度。

（4）记忆力达到顶峰。随着年龄的增长，大学生大脑皮质形成的时间联系不断增多，记忆存储量不断增加，理解和记忆能力不断增强。

（二）自我意识逐渐成熟

青年时期，大学生的自我意识进一步发展，独立性、自尊心、自信心和竞争力不断增强。他们从外在世界转向内在世界，致力于自我认知、自我体验、自我评价、自我监督和自我约束。他们可以加强自我反省，注重内心的分析和体验，进而了解自己的情绪和心理；注重别人对自己的评价，渴望被尊重和理解；注重自己的形象，规划出理想的自我模式，而真正的自我和理想的自我开始偏离。他们经常把自己和别人比较。在比较的过程中，大学生可以了解自己，提高自己的积极性，纠正自己的消极性。总体而言，大学生自我意识的发展正逐步走向成熟和完善。

同时，由于缺乏知识、能力和经验，大学生的自我意识还没有达到最终的完善和统一。相当一部分大学生不善于处理自我完善与社会需求之间的关系。他们的自我认知存在偏差，往往不能正确评价自己，自我评价过高或过低。一旦遇到挫折，他们就容易自卑。

（三）情绪丰富、波动大

进入大学后，大学生的活动范围不断扩大，生活更加丰富多彩。多样性的需要和体验使他们产生丰富而复杂的情感，包括学习科学知识过程中形成的理性意识、集体生活中形成的道德意识、人际交往中形成的友谊和爱情、文化娱乐中形成的审美观，以及在政治生活中形成的荣誉感和责任感。

现阶段，大学生的情绪尚未达到稳定状态，情绪波动较大，呈现两极性。例如，在从兴奋到抑郁或从冷漠到狂热的短暂时间内，这种不稳定的情绪状态往往使一些大学生陷入理性与情感的冲突。

（四）意志水平明显提高，但不平衡、不稳定

青年时期，大学生的意志水平显著提高，意识、决断力、坚韧性和自控能力都有了一定程度的发展。大多数大学生可以自觉确定自己的目标，制定具体的实施方案，克服实施过程中的困难和障碍，努力实现自我价值。

但在这一时期，大学生意志水平的发展并不平衡和稳定。他们通常能够独立快速地处理一般的学习和生活问题，但在遇到关键问题或采取重大行动时，往往存在优柔寡断或仓促武断、盲目从众等心理。情绪波动对大学生意志活动水平有明显的影响。心情好时大学生的意志活动水平较高，心情不好时大学生的意志活动水平则较低。

（五）性意识趋于成熟

随着性生理和性心理的逐渐成熟，大学生的性意识得到了迅速发展。他们对异性充满好奇，希望多了解异性，追求纯洁美丽的爱情。他们的性意识开始觉醒，表现出对性刺激的反应、对性知识的兴趣、对性问题的思考和对性体验的兴奋。

在这一阶段，一些大学生会选择合理的方式来处理学习与恋爱的关系，从而成为一个提升个性的机会。然而，一些大学生由于对性关系处理不当而坠入爱河，影响学业，甚至产生严重后果。

总体而言，大学生是一个比较特殊的群体，他们在人格和心智逐渐独立后，生活和经济上却得不到完全的独立；他们生活在一个相对封闭的校园环境中，还没有完全融入社会，但对自己的各方面普遍存在着比较高的期望。在社会快速发展的大背景下，大学生心理发展存在矛盾性、混合性、两面性、统一性等特点。大学生身心发展的这些特点，使得他们容易出现心理健康问题。

二、大学生心理健康标准及其理解

（一）大学生心理健康标准

1. 智力正常（智能良好）

一般人的智商在 80 分以上。这是人们学习、生活与工作的基本心理条件，也是适应周围环境变化所必需的心理保证。

衡量大学生的智力是否正常，关键在于其是否正常地、充分地发挥了自我效能，即有强烈的求知欲，乐于学习，能够积极参与学习活动。

2. 情绪健康（善于协调与控制自己的感情）

情绪健康的标志是情绪稳定和心情愉快。其内容包括愉快情绪多于负性情绪、乐观开朗、富有朝气，对生活充满希望；情绪较稳定，善于控制与调节自己的情绪，既能克制又能合理宣泄自己的情绪；情绪反应与环境相适应。

3. 意志健全（具备良好的意志品质）

意志是个体对自身的控制力。意志健全表现为在诱惑面前能克制自己；在困难和挫折面前，能采取合理的反应方式，在行动中能控制自己。

4. 人际关系和谐

良好而深厚的人际关系是事业成功与生活幸福的前提。人际关系和谐的人表现为：能与他人建立和谐的人际关系，乐意与人交往、与人为善，对他人充满理解、同情、尊

重、关心和帮助；有良好而稳定的人际关系，并能在其中分享快乐，分担痛苦，社会支持系统强而有力。

5. 社会适应正常（能动地适应和改造现实环境）

个体应与客观现实环境保持良好的秩序，既要进行客观观察以取得正确认识，以有效的办法解决环境中的各种困难，不退缩；还要根据环境的特点和自我意识的情况努力进行协调：或者改变环境适应个体需要，或者改造自我适应环境。

6. 人格完整（要保证人格的完整和健康）

人格是个体比较稳定的心理特征的总和，是一个人的整体精神面貌。人格完整就是指有健全统一的人格，个人的所想、所说、所做协调一致。

7. 心理行为符合大学生的年龄特征（心理年龄和生理年龄要适应）

大学生是处于特定年龄阶段的特殊群体，应具有与年龄和角色相适应的心理行为特征。

拓展阅读

心理健康素养十条（2018年版）

第一条：心理健康是健康的重要组成部分，身心健康密切关联、相互影响。

第二条：适量运动有益于情绪健康，可预防、缓解焦虑抑郁。

第三条：出现心理问题积极求助，是负责任、有智慧的表现。

第四条：睡不好，别忽视，可能是心身健康问题。

第五条：抑郁焦虑可有效防治，需及早评估，积极治疗。

第六条：服用精神类药物需遵医嘱，不滥用，不自行减停。

第七条：儿童心理发展有规律，要多了解，多尊重，科学引导。

第八条：预防老年痴呆，要多运动，多用脑，多接触社会。

第九条：要理解和关怀精神心理疾病患者，不歧视，不排斥。

第十条：用科学的方法缓解压力，不逃避，不消极。

（来源：中华人民共和国国家卫生健康委员会）

（二）正确理解大学生心理健康标准应注意的问题

1. 心理健康不是“全”或“无”

心理健康不等于所有心理和行为都是健康的，心理不健康不等于所有心理和行为都是不健康的。心理健康不是“全”或“无”，心理健康不等于没有心理困扰。“人生不如意事，十之八九”，人在不同的发展阶段都有自己的人生发展主题，会遇到各种各样的烦恼和问题。心理健康的关键不在于是否有心理困扰，而在于是否能有效面对和解决困扰与问题。

2. 心理健康与不健康是一种连续状态

心理健康是一个相对的概念，从不健康到健康只是程度不同而已，正常与异常是相对的。

国内学者张小乔提出了心理健康的“灰色理论”概念，即人的精神正常与不正常没有明显的界限，它是一个连续变化的过程，如图 1-3 所示。如果将人的心理正常比作白色，心理异常比作黑色，那么在白色与黑色之间存在一个巨大的缓冲区域——灰色区域。灰色区域又可以划分为浅灰色区域和深灰色区域。处于浅灰色区域的人只有心理冲突而没有人格的变态，其突出表现为失恋、丧亲、学习生活不顺心、人际关系不和睦等生活矛盾带来的心理不平衡与精神压抑。处于深灰色区域的人则患有某种异常人格障碍和神经症等。一般来说，浅灰色区域和深灰色区域之间没有明确的界限。从图 1-4 我们可以更清晰地看出由心理健康到心理不健康的过渡。

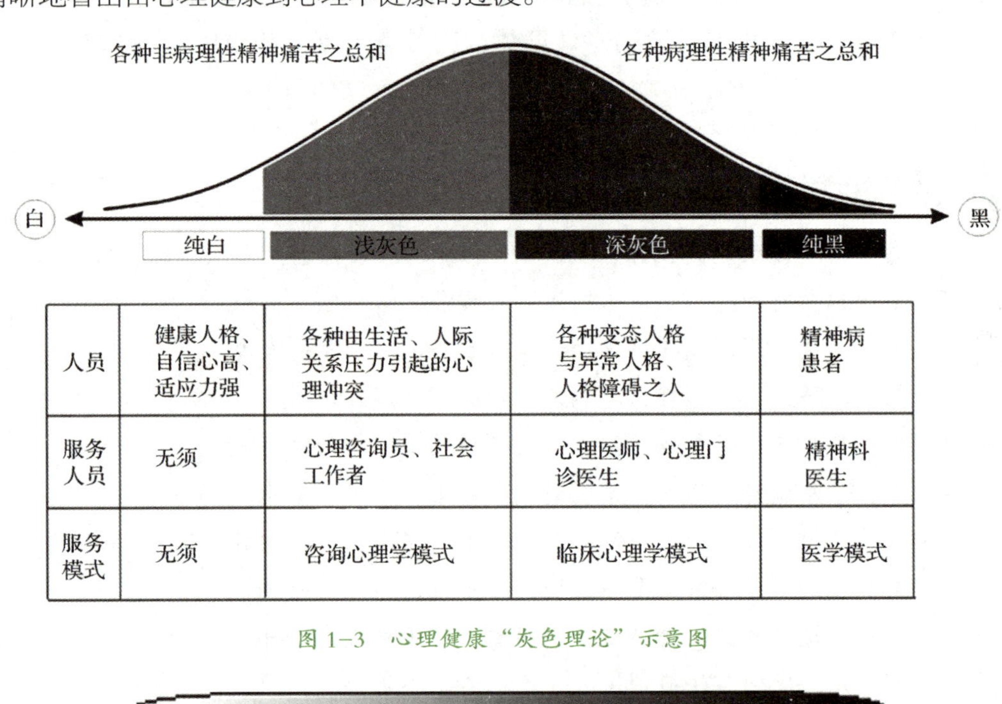

人员	健康人格、自信心高、适应力强	各种由生活、人际关系压力引起的心理冲突	各种变态人格与异常人格、人格障碍之人	精神病患者
服务人员	无须	心理咨询员、社会工作者	心理医师、心理门诊医生	精神科医生
服务模式	无须	咨询心理学模式	临床心理学模式	医学模式

图 1-3　心理健康“灰色理论”示意图

纯白　浅灰　深灰　纯黑

图 1-4　心理健康到心理不健康的过渡

3. 心理健康的状态是动态变化的过程

人的心理可以从相对不健康变得健康，也可以从相对健康变得不健康。因此，心理健康与否是一个动态的过程，而不是固定不变的。在日常生活、学习、工作中，如果人们不注意自身的心理保健，就会出现不良的心理状态，这必将导致心理健康水平的下降，甚至会发展成心理变态和心理疾病；当人们有了心理困扰或者出现心理失衡时，如果其能够及时进行自我调整或者寻求心理咨询机构的帮助，就会解除烦恼，使心理健康水平得到提升。

4. 心理健康的标准是一种理想尺度

心理健康的标准既能衡量人的心理是否健康，也能为人们指出提高心理健康水平的努力方向。就像人本主义心理学家罗杰斯曾说的："美好的人生是一个过程，而非一种存在的状态；它是一个方向而非目的地。"

5. 心理健康归根结底是一种人生态度

心理健康的标准也提醒人们，要发展非超控制（神经症）、非失控制（反社会性）、开放，乐于吸取新经验，用积极眼光看问题，放弃做完人和超人的目标。

三、大学生心理健康的影响因素

影响大学生心理健康的因素包括生物因素、心理因素和社会因素。

（一）生物因素

生物因素包括遗传、病毒感染和躯体疾病。一般来说，人的心理主要受到后天环境影响，但人作为一个整体（身体、心理）与遗传因素的关系十分密切，如体形、气质、神经结构的活动特点、能力与性格的某些成分很大程度上受遗传的影响。统计调查和临床观察资料显示，很多精神疾病发病确实存在血缘的关系。而病毒（如脊髓灰质炎病毒、腮腺炎病毒）、病菌等引起的中枢神经系统的感染会损害人的神经组织结构，导致器质性心理障碍或精神失常。此外，脑外伤或者化学中毒，某些严重的躯体疾病、机能障碍等，也是造成心理障碍和精神失常的因素。

（二）心理因素

心理因素包括心理冲突、情感因素和个性特征。心理冲突是人们面对难以抉择的处境而产生心理矛盾的状态，是内心不平衡的重要原因。人的心理活动往往通过改变人的情感而影响内脏器官的活动。积极、愉悦的情感对人的生活起着良好的作用，有利于机体潜能的发挥，增进人体健康。情绪在心理变态中起到了核心作用，很多心理问题和精神疾病往往首先表现为情绪的异常，所以，良好的情绪是心理健康的重要保证。同样，个性特征也是影响心理健康的一个重要因素，因为人们总是根据自己的个性特点对影响自己的事件和问题做出各种不同反应。现代研究证明，很多疾病发生与人的某些人格类型密切相关，如A型人格与冠心病有关，癔症人格与癔症有关，强迫型人格与强迫症有关等。

（三）社会因素

社会因素包括生活环境、文化教育和重大生活事件等。物质条件恶劣、生活环境糟糕、生活习惯不当、环境的变迁都会影响和损害身心健康。文化教育包括家庭教育和学习教育两个方面。个体若在早期教育环境中受到了良好的照顾，在成年之后成为佼佼者的概率更大。此外，亲子关系、教养方式和态度、家庭的氛围等也会对个体日后的心理健康产生影响。亲子关系良好，得到父母关爱、支持和鼓励的儿童容易获得安全感和信任感，这对其人格发展、成年后的人际交往、社会适应等方面都有着积极的促进作用。学校教育的失当，如学校的教育方法、学校的人际氛围、校风等方面的问题，教师的教育态度、人格状况不良等，都会导致学生产生心理问题。此外，不同的社会文化对人的心理健康也有重大影响。重大生活事件是指在日常生活中遇到的各种各样的社会生活的变动。例如，亲人死亡、离婚、刑事处罚、失恋、退休等都可以引起人的心理障碍，即使是中等水平的刺激事件，如果它们连续发生，这种影响可以累加，或者挥之不去，负性情绪长期存在，其影响也是很严重的，可能导致心理疾病的发生。

四、大学生心理健康现状

大学生的心理健康对个体、家庭、社会、未来人才的发展以至国家的建设与发展都有重大影响。2020 年版心理健康蓝皮书《中国国民心理健康发展报告（2019—2020）》中关于大学生心理健康现状的调查显示以下结果。

（1）大学生的心理健康状况总体良好，但一定比例的抑郁、焦虑等问题不容忽视。18.5% 的大学生有抑郁倾向，4.2% 的大学生有抑郁高风险倾向，8.4% 的大学生有焦虑倾向。睡眠不足的问题在大学生中比较普遍，43.8% 的大学生表示最近一周中有几天睡眠不足，7.9% 的大学生表示超过半数时间睡眠不足，而 4.4% 的大学生表示几乎每天都睡眠不足。

大专生在抑郁水平、焦虑水平、睡眠质量、自评心理健康状况等方面的心理健康状况都好于本科生。该报告还指出，大学生心理健康状况存在性别差异，其中本科女生的抑郁水平最高，显著高于全国平均水平，也高于本科男生、大专男生和大专女生这三个群体。抑郁是自杀的高危因素之一，随着抑郁水平的升高，自杀意念的出现比例显著上升。而在抑郁风险较高的群体中，自杀意念出现的比例较高。

（2）大学生的心理健康意识较强，具备一定的心理健康技能，但仍有待提高。大学生中心理健康意识较低，亟须提高的仅为 4%；心理健康意识处于中等，有待进一步提升的为 39%；而心理健康意识较强的为 57%。

这次关于大学生心理健康现状的调查以情绪调控技能为代表来评估大学生的心理健康状况。情绪调控技能以情绪觉察为基础，包括以人际支持、认知重评、转移注意三种方式。调查发现，60.8% 的大学生至少拥有三种情绪调节方式中的一种，其中转移注意是大学生最主要的情绪调控方式。采用相关分析发现，利用人际支持是大学生最有效的情绪调控方式。由于大专生利用人际支持调控情绪的水平高于本科生，这也部分解释了前面发现的大专生心理健康水平高于本科生的结果。

五、大学生心理异常的识别及常见心理问题

（一）大学生心理异常的识别

1. 心理异常识别的原则

（1）心理反应的合理性原则。例如，当受到侮辱时，人会产生反感甚至愤怒的反应，

这是正常的；然而，无缘无故发怒或受到一些微不足道的刺激就不顾场合地大发脾气，这种反应就是不合理的，是已经出现心理异常的表现。又如，当过度疲劳或紧张时，人有时也会产生幻觉，这种反应是合理的；然而，经常莫名其妙地产生幻觉，并且事后仍对幻觉的内容深信不疑，这种反应就是不合理的，属于异常的心理活动表现。

（2）心理活动的内在一致性原则。例如，一个人遇到一件令人愉快的事时会产生愉快的情绪，手舞足蹈，欢快地对别人述说，那么这个人有正常的精神与行为；但如果他用低沉的语调向别人述说令人愉快的事，或对痛苦的事做出快乐的反应，则称为异常状态。

（3）个性特征的稳定性原则。性格乐观外向的人平时总会给人一种热情爽朗的感觉。如果外界环境发生了重大的变化，处境逆转，人的个性特征也有可能会发生改变。但是，如果外界环境没有发生重大变化，而个性特征却出现难以理解的改变，而且持续相当一段时间难以恢复，就很有可能是心理异常。

一旦出现背离上述三原则的情况，教师或大学生就有必要对其进行深入分析，并请专业人员处理。

2. 心理异常的表现

（1）学习方面。心理异常的大学生表现为成绩急剧下降，学习效率低下，学习兴趣消失，不能按时完成作业，千方百计地躲避上学和考试。

（2）生理方面。心理异常的大学生表现为失眠早醒，饮食上有时数餐不吃，间或又暴饮暴食，不加选择地乱吃东西等。

（3）情绪方面。心理异常的大学生可能出现恐惧、焦虑、抑郁等负性情绪，或情绪高涨、过于激动。

（4）行为方面。心理异常的大学生可能表现为离群独处，沉默少语、少动，精神不集中；过分活跃或重复做某一件无意义的事情；有暴力倾向；等等。心理异常的大学生在人际交往方面的表现与过去的习惯完全不同，前后判若两人，业余时间的安排以及个人嗜好等方面也会出现突然的变化。

（5）精神症状方面。心理异常的大学生可出现妄想、幻觉，常说错话或做出被常人认为异常的事情。

（6）个性方面。心理异常大学生的个性可发生明显改变，原来性格上的某些缺点，如孤僻、多疑、胆小害羞、性情暴躁或多愁善感等更加突出；原来活泼开朗的人突然变得沉默寡言，原来彬彬有礼的人变得粗暴，原来言辞坦然的人变得疑虑重重；等等。

（二）大学生的常见心理问题

1. 适应性问题

（1）生活上的不适应。其主要表现为作息时间与学校管理方式的不适应；学生之间不同的个性和生活习惯也容易产生沟通障碍；独立能力欠缺使有些学生容易产生孤独、自卑心理，表现为不愿与他人交往、过分思念家乡及亲人等。由于生活上的适应不良，大学生易产生失眠、多梦、食欲不振、焦虑、恐惧、自卑等身心问题。

（2）学习上的不适应。大学生在学业上的主要问题包括学习压力大、学习动力不足、学习方式的不适应等。

2. 人际交往问题

大学生人际交往中常见心理问题的主要表现如下。

（1）自卑心理。平常的表现是抑郁、悲观、孤僻。社交自卑是指人在社会交往中的自卑心理，它容易使人孤立、离群、丧失信心。通常，社交自卑感严重的人大多性格内向，他们感情脆弱、多愁善感，常常自惭形秽，经受不住刺激。

（2）孤独心理。孤独心理是一种经常独处或受到孤立、很少与人接触而产生的孤单、无依靠的心理。长期的孤独心理会使人心情郁闷、精神抑郁、性格古怪，严重影响人的身心健康。

（3）嫉妒心理。在社会生活中，人总会不自觉地在很多方面与他人比较。当发现自己的才能、机遇、名誉、地位不如他人时，便会产生一种羞愧、怨恨、愤怒相混合的复杂的心理。

（4）猜疑心理。猜疑心理是由主观推测而产生不信任的一种复杂的不良心理。猜疑心理重的人常常疑心重重，总觉着别人在背后议论自己、看不起自己、算计自己。

（5）报复心理。报复心理是指在社交活动中受到挫折的人主动攻击给自己造成挫折的人，以发泄自己内心的怨恨与不满。一般性格暴躁、情绪易激动的人容易产生报复心理。

3. 恋爱及性心理困扰问题

（1）恋爱问题。大学生有时难以把握自己的情感，易冲动与好走极端。当前大学生恋爱的特点主要表现为低龄化、公开化、从众心理、轻率心理、逃避心理等。

（2）性心理问题。由于性知识的缺乏、性冲动或性压抑等引发的心理问题，一些学生常常陷入苦闷和彷徨之中。

4. 情绪问题

（1）抑郁。抑郁是大学生最为常见的情绪困扰，主要表现为对事情悲观失望，消沉愁闷、郁郁寡欢等。抑郁情绪是一种很常见的情感成分，在每个人身上均可出现，当人们遇到精神压力、生活挫折、痛苦境遇、生老病死、天灾人祸等情况时，理所当然地会产生抑郁情绪。需要注意的是，抑郁情绪和抑郁症有显著差别。

（2）焦虑。这里的焦虑是一种常见的情绪反应，是由模糊的危险刺激所引起的一种强烈的、持久的、不愉快的情绪体验或心理状态，主要伴以紧张、恐怖的情绪，并引起相应的生理变化。

① 考试焦虑。考试焦虑主要表现在迎考及考试期间出现过分担心、紧张、不安、恐惧等复合情绪障碍，还伴有失眠、消化机能减退、全身不适和自主神经系统功能失调症状。

② 择业焦虑。择业焦虑是指毕业生在落实工作单位之前表现出来的焦虑不安。他们心情烦躁，意志消沉，忧心忡忡；整天闷闷不乐，疲劳不堪；茶不思，饭不想，无所适

从，常被噩梦困扰。

③ 社交焦虑。在生理上，紧张者表现为面部肌肉僵直、不自然，身体的某些部位不由自主地发抖，出现心跳加快、手心冒汗等症状；在心理上，紧张者主观上感到别人都在盯着自己，看到了自己的紧张表现，甚至别人还在心里嘲笑自己，在公共场合，尽量逃到不会被人注意到的角落，而且尽量不发言，以减轻自己的紧张状况。

5. 网络成瘾

网络成瘾又称互联网综合征、网迷等，是指过度使用和依赖互联网所引起的心理、精神、躯体等一系列综合征。网络成瘾主要有以下四种类型。

（1）网络游戏成瘾。个体沉迷于虚拟的网络游戏世界里，不能自拔。

（2）网络人际关系成瘾。个体过度卷入网络人际关系中，如利用QQ、微信等聊天软件结交网友，忽视现实生活中的人际交往，冷淡家人和朋友。

（3）网络色情成瘾。网络色情成瘾是指个体对成人聊天室和色情作品上瘾，如强迫性地浏览成人网站、色情网站以获得满足。

（4）网络信息下载成瘾。网络信息下载成瘾是指个体强迫性地浏览网页，下载和收集大量的信息，而不管其是否有用。

6. 心理障碍与精神疾病

（1）抑郁症。抑郁症具有心境低落、兴趣和愉快感丧失、精力不济或疲劳感等典型症状。抑郁症其他常见的症状有：集中注意和注意的能力降低，自我评价降低，有自罪观念和无价值感（即使在轻度发作中也有），认为前途黯淡悲观，有自伤或自杀的观念或行为，睡眠障碍，食欲下降。患者的病程持续至少两周。

视频

抑郁症的10个生理和心理信号

（2）躁狂症。躁狂症以情感高涨或易激惹为主要临床症状，伴随精力旺盛、言语增多、活动增多，严重时伴有幻觉、妄想、紧张症状等精神病性症状。患者的病程持续一周以上。

（3）双相障碍。双相障碍是指既有躁狂发作又有抑郁发作的一类疾病，躁狂和抑郁交替发作，也可以混合存在（如有时表现出失去控制的躁狂状态，有时又会变得焦虑或抑郁）。

（4）焦虑症。焦虑症又称焦虑性神经症。患者主要表现为无明确客观对象的紧张担心，坐立不安，还有自主神经症状（心悸、胸闷、呼吸困难、手抖、出汗、尿频等）。不同的亚型有不同的病程诊断标准。

（5）强迫症。强迫症是一组以强迫思维和强迫行为为主要临床表现的神经症，其特点为有意识的强迫和反强迫并存，一些毫无意义，甚至违背自己意愿的想法或冲动反反复复侵入患者的日常生活。患者虽体验到这些想法或冲动来源于自身，且极力抵抗，但始终无法控制，二者强烈的冲突使其感到巨大的焦虑和痛苦，从而影响患者的学习工作、人际交往甚至生活起居。

（6）人格障碍。人格障碍是指明显偏离正常人格，并与他人和社会相悖的一种持久和牢固的适应不良情绪与行为反应方式。人格障碍一般始于童年或青少年，而持续到成年或终生。大学生常见的人格障碍有偏执型人格障碍、强迫型人格障碍和冲动型人格障碍。

（7）精神疾病。早期发现（诊断和鉴别）精神疾病对预防危机事件具有重要意义。一般来说，判断个体是否有精神疾病主要看三个方面，即是否有自知力、是否幻听、是否有妄想症。

精神疾病患者的常见症状如下。

① 思维破裂。患者思考问题没有中心，常让人觉得前言不搭后语，缺乏条理。

② 情感障碍。患者对人和物疏远、冷淡甚至敌对，情感反应与内容不一致甚至倒错。

③ 意志行为障碍。患者意志活动减退，不与周围人接触，生活懒散，不修边幅，脱离现实。

④ 幻觉妄想。幻觉妄想可导致突发行为改变，患者会突然出现自杀、自伤、冲动、出走、无自知力等精神症状。

大学生的心理问题以一般性或发展性的心理问题居多，心理障碍及精神类疾病较少。

第三节　大学生心理健康促进

近些年来，大学生因心理问题休学、退学的不断增多，自杀、犯罪等一些反常或恶性事件不时见诸报端，大学生的心理教育问题逐渐成为众人瞩目的焦点。让人痛心的案件子也有发生：刘海洋硫酸伤熊事件、马加爵杀人藏尸案、药家鑫的“八刀门”、复旦大学投毒案……大学生心理问题产生的原因是复杂和多方面的，如何预防和减少此类事件的发生，使大学生能健康成长、成才，是社会、家庭包括大学生自己都应该认真思考的一个问题。

一、大学生心理健康教育现状

大学生群体看似轻松，事实上却承担着来自学业、生活、情感、就业等方面的压力。为引导大学生关注自身的心理健康，“5·25 全国大学生心理健康节”于 2000 年在北京师范大学拉开序幕，健康节取“5·25”的谐音“我爱我”，意为关爱自我的心理成长和健康，其主题是大学生人际交往和互助问题，口号为“我爱我——走出心灵的孤岛”。2004 年，教育部、团中央、全国学联办公室向全国大学生发出倡议，把每年的 5 月 25 日确定为“全国大学生心理健康日”。

目前，我国高校学生心理教育工作已经步入全面发展时期，有些高校的心理咨询中心已具备相当的规模和水平，绝大部分高校都建立了心理健康教育与咨询部门，逐步完善了个体咨询、团体辅导、心理热线等多形式、多层次、立体化的心理咨询模式。

近年来，相关部门通过不断推动全国和省级高校心理健康教育示范中心培育建设试

点工作，有效发挥示范引领作用，进一步夯实了大学生心理健康教育工作的理论和实践基础。高校心理健康教育中心通过开展心理沙龙、心理交流等活动来宣传大学生维护心理健康的必要性，一批专业化的心理健康教育与心理咨询队伍正在逐渐成长。同时，大学生自身也已经意识到了心理健康的重要性，“5·25大学生心理健康节”应运而生。许多高校学生自发地建立了学生心理社团，一些同学还自编自演心理剧来宣传崇尚心理健康的新潮流。

大学生心理健康教育是个社会系统工程，学校、家庭和社会都要密切配合起来，共同努力，使心理健康教育与心理咨询工作能够在大学生的成长与成才中发挥出更大的作用。学校要营造和优化一个健康向上、积极进取的校园文化环境，以促进形成良好的校风、学风和团结友爱的人际氛围，形成一个群体心理健康的大环境。此外，心理健康教育的开展也要将国外的科学理论与我国的国情结合起来，创建有中国特色的大学生心理健康教育模式，并与德育、传统文化教育和成才教育充分结合起来。更重要的是，全社会都要正视大学生心理健康问题，并加强中小学生的心理健康基础教育，增强学生自我教育、自我管理、自我服务、自我约束的能力。大学生应该充分利用学校的各种心理健康教育资源，做自己心理健康的第一责任人，使自己更好地成长、成才。

晓强在向学校的心理咨询室求助后，被送到了当地的精神卫生中心。经过精神科医生的详细访谈和心理测评，他被初步诊断为抑郁症，因为他的意志行为抑制明显，并有轻生念头和自弃行为，医生建议他休学住院治疗。

晓强刚入学时，成绩在班级名列前茅，积极参加学校的各项文体活动，还担任过班长。但是从上学期开始，他突然就把班长的工作辞了，旷课的次数越来越多，期末考试成绩一落千丈，有三门不及格，一门缺考。这个学期开始后，他更是长时间躲在宿舍里极少出门。

后来在治疗过程中，晓强吐露了心声。他从小家境贫寒，长相也很普通。为了“被人瞧得起”，他从小就刻苦学习，优秀的成绩让他在学校一直名列前茅，受到老师和同学的交口称赞。可是到了大学以后，他发现成绩并不是唯一评价的标准，身边优秀的人比比皆是。原本他竞聘班长是希望能为班级多做点贡献以体现自己的价值，同时也希望从中锻炼自己的社交能力。可是做了这个工作以后，他却越来越感觉到自己的“无能”。同学随随便便就旷课、彻夜不归，对他的好言相劝不理不睬，他组织班级活动更是应者寥寥。他在大二的时候交了一个女友，可是不知为何很快对方就提出分手，到现在他都不知道“自己到底做错了什么”。大三以后，关于就业的话题越来越多地在同学间提起，而对于职业规划他越来越迷茫。这些让晓强内心深为苦恼却又无处诉说，日积月累的挫败感终于把他给压垮了。

晓强的案例是大学生心理问题的一个缩影。在他身上，有进入大学之后适应的问题，有人际交往和感情方面的问题，也有学业和职业规划方面的问题，诸多问题累积在一起，使得其状况越来越糟糕，最后发展成抑郁症。所幸晓强还有求助的意识，相信经过积极配合治疗，他的情况会逐渐好转，回到正常的生活轨道。

二、促进心理健康的途径

影响个体心理健康的因素主要包括生理因素、心理因素和社会因素三个方面。因此，维护和增进心理健康的途径也主要从这三个方面着手：生理方面，涉及从胎儿期到老年期各阶段人体脑神经系统保护和预防损伤的各种卫生保健服务事项；心理方面，自幼到老各发展阶段的心理需要获得满足，将情绪困扰减到最低限度；社会方面，强化社会环境、社会制度和社会组织各方面功能。大学生可以通过以下途径促进心理健康。

（一）培养良好、健康的生活方式

良好、健康的生活方式是健康体魄的重要保证，有了健康的身体，个体就能为心理健康发展提供良好的生理基础。大学生在日常生活中要注意用脑卫生，保证充足的睡眠，适当摄入营养，保持规律作息，劳逸结合；积极参加体育锻炼，增强体质。

（二）健全情绪生活

马克思曾经说过：一种美好的心情比十服良药更能解除生理上的疲惫和痛楚。可见，良好的情绪对身体健康和心理健康有重要的促进作用。个体要学会控制和调节自己的情绪，通过自我宣泄、代偿迁移等方法缓解压力，做情绪的主人，维护情绪健康。

（三）增强抗挫折能力

“人生逆境十之八九，顺境十之一二。”在人的一生中，挫折在所难免，而同一事件对具有不同抗挫能力的人的影响也不一样。为了减轻因挫折带来的焦虑和痛苦，增强抗挫折能力，大学生可以多参加各种社会实践活动，增加抗挫折经验。

（四）建立良好的人际关系

人类是群体动物，在人与人的交往中，人们可以交换信息，增进经验，分享喜怒哀乐，满足安全感和被尊重的需求。大学生应该积极参加社会活动，扩大自己的人际交往圈，通过真诚的交流与思想的碰撞建立良好的人际关系。

（五）培养完善健全的人格

每个人都有自己的个性，大学生要学会正确地认识自我，了解自己性格的优势与不足之处，接纳自我，学会扬长避短。

（六）学会求助

“尺有所短，寸有所长。”求助不是脆弱，也不是一种软弱，而是一种能力。只有在

人与人的互助过程中，人们才能收获更多的友谊和支持。当个体遇到困难而自己不能解决时，可以向身边的亲朋好友、老师、同学求助，也可以向心理咨询师求助。心理咨询师虽然不能帮你解决现实问题，但可以帮你调整心态，与你一起探索解决问题的资源和途径。

三、心理求助与助人

（一）心理求助及其特点、影响因素

1. 心理求助

心理求助是指个体在遇到心理困扰时，主动向外在社会寻求帮助以解决困扰、促进心理成长的过程。心理求助分为专业心理求助和非专业心理求助，专业心理求助是向心理教师、心理咨询师或者精神卫生服务中心寻求帮助，而非专业心理求助则是向家人、朋友、老师，甚至偶遇的陌生人寻求帮助。

心理求助的途径、资源

一、校内资源

各高校均设有心理健康中心，可以提供一系列的心理服务，并且面对本校在校生免费。

二、校外资源

1. 危机干预热线

（1）生命教育与危机干预中心：4001619995

（2）北京回龙观医院心理危机干预热线：800-810-1117

（3）中国心理危机与自杀干预中心救助热线：010-62715275

（4）北京危机干预中心：010-82951332

（5）上海市危机干预中心：021-64383562

（6）广州市心理危机干预中心热线：020-81899120

（7）南京自杀干预中心救助热线：025-16896123

（8）杭州心理研究与干预中心救助热线：0571-85029595

（9）武汉市精神卫生中心咨询热线：027-85844666/51826188

（10）深圳心理危机干预热线（康宁医院）：0755-25629459

（11）天津市心理危机干预热线：022-88188858

（12）四川省心理危机干预中心热线：028-87577510/87528604

（13）重庆市心理危机干预中心热线：023-66644499

（14）青岛市心理危机干预中心自杀干预热线：0532-86669120

（15）石家庄心理危机干预热线：0311-6799116

（16）长春市心理援助热线：0431-86985000/86985333

（17）南京生命求助热线：025-86528082

（18）湖南省《法制周报》心理危机干预中心热线：0731-4839110

（19）香港地区生命热线：+852-23820000

（20）香港地区撒玛利亚热线：+852-28960000

2. 心理网站和平台

（1）壹心理：http：//www.xinli001.com/

（2）简单心理：http：//www.jiandanxinli.com

3. 一些有影响力的微信公众号

京师心理大学堂、明见心理服务、简单心理 Uni、武志红（wzhxlx）、晓南心语等。

2. 大学生心理求助的特点

（1）先求诸己，后求诸人。对大学生的调查研究显示，在面临各种心理困扰时，大学生一般首先倾向于自己解决问题，自己解决不了问题时才会寻求他人帮助；在寻求他人帮助时，更倾向于向关系亲密的人求助，只有当面临严重的心理困扰时，向专业人员求助的概率才会有所增加。

（2）专业求助率低。总体而言，大学生的专业求助率低，主动寻求专业心理帮助的意识相对薄弱。不少大学生即使身处危机之中，也意识不到自己需要帮助，或者不知道如何寻求专业心理帮助，或者不愿意进行专业求助。

（3）女生求助态度比男生更积极。女生寻求专业心理帮助的态度比男生积极。这可能与男性和女性的思维模式不同有关。男性在思考问题时，常采取“线性”的思维模式，理性思维较多，他们更注重结果，而且喜欢独立，在乎面子；而女性则是“相关”式思维模式，感性思维较多，在行动上更依赖、敏感、易受伤害，更愿意信赖心理咨询师，因此更愿意求助。

3. 大学生心理求助的影响因素

目前，基本所有的高校都为大学生提供了免费的心理咨询服务。但在很多高校，专业心理求助率并不高，是什么因素妨碍了大学生寻求专业心理帮助呢？究其原因大致有以下四点。

（1）心理求助的相关污名化。心理求助的相关污名化包括对心理疾病的污名化和对专业求助的污名化。前者是指与心理疾病有关的刻板印象引发的社会地位丧失和歧视，提到心理疾病或心理问题，人们总会联想到怪异的、有缺陷、沟通困难等这些负面的评价；后者是指社会对寻求专业心理帮助的个体或群体的贬低性、侮辱性的标签。这些污名化使得有心理困扰的大学生“讳疾忌医”，不愿或不敢求助于专业人员。

（2）自我效能感。自我效能感包括两个方面：一是处理心理问题的自我效能感，即对自己能否有效应对心理问题的判断，其越低则个体越愿意求助；二是作为心理咨询当事人的自我效能感，即在接受咨询过程中能否做一个“好”的当事人的能力的知觉，其越低则个体越不愿意寻求专业帮助。

（3）文化环境因素。例如，社会文化中所宣扬的“独立”“自助者，天助”“万事不求人”，这些都会限制个体的心理求助。

（4）对专业服务的消极预期。大学生对心理咨询的整体信任度不高，他们不太相信心理咨询能帮到自己，当然也就不愿意去寻求专业帮助了。

专业帮助和非专业帮助的效果已经得到了大量证据的支持。在日常生活中，必要的求助可以帮助人们更好地应对一些困扰，减轻疾病所带来的痛苦，促进个体更好地发展。当需要求助而不愿或不敢求助的时候，个体不妨问问自己，是什么在妨碍自己求助呢？正确、理性地看待心理健康和心理咨询，勇于突破旧观念和病耻感的束缚，学会在必要时刻求助，这才是维护和促进心理健康的上策。

（二）心理助人

人不是万能的，所以要学会求助；人也不是无能的，所以要学会帮助他人。对于处于心理困扰中的个体，即使是有人为其提供一些非心理的帮助方式，也大有裨益，如为因经济压力而情绪低落的个体提供物质帮助，带失恋的朋友出去游玩（改变个体所处环境）等，都有利于缓解他们的心理困扰。在日常生活中，心理求助和心理助人时有发生，有专业的也有非专业的。本书所关注的心理助人是指发生在有心理困扰的个体与试图缓解其困扰的个体之间的帮助活动，只要是涉及心理层面，助人方法也包含一些心理学技巧，都可以算入其中。因此，发生在朋友之间、同学之间或者师生之间的助人活动，有时也是一种心理助人活动。

有研究指出，大学生的心理助人主要发生在朋友之间，并且日常生活中的心理助人往往具有互助性。因此，如果能够掌握更多的心理助人技巧，熟悉一些助人的原则，那么大学生就可以更有效地去帮助别人，同时避免可能带来的伤害。

1. 心理助人前的准备

（1）了解和反思自己的动机。个体成为好的助人者的关键是了解自己的动机。一般来说，助人者在帮助他人的同时，也在满足自己的需要。有时这是一件一举两得的事情，但是有时这可能会给对方带来伤害。因此，在助人之前，你可以询问自己：我为什么要帮助他？满足自己需要的动机有没有强于帮助他人的动机？此外，了解和反思自己的动机还有助于个体了解自己的局限，避免在助人过程中因出现困难而产生挫败感。

（2）了解责任问题。心理助人有一个非常重要的原则是助人自助，也就是“授人以渔”，提升受助者的自助能力，充分利用其自身的资源解决问题。在助人关系中，受助者往往会依赖助人者，而助人者也常常会不自觉地承担更多的责任。长此以往，助人者会感到疲惫，而在助人者不能继续提供帮助时，受助者可能会继续手足无措，也可能会心生失望，甚至怨恨。因此，在心理助人时，助人者一方面要提供支持，另一方面又不要承担过多的责任，不要代替受助者去解决他的问题。

2. 心理助人技能

心理助人的过程可以分为三个阶段，即探索阶段、领悟阶段和行动阶段。每个阶段工作的重点和需要掌握的技巧如下。

（1）探索阶段。在这一阶段，助人者要建立良好的氛围，帮助受助者探讨自己的想法和情感，了解自己和问题，以及自己与问题的关系。助人者要具备同感、温暖的态度，做一个真诚的人，同时将此态度传达给受助者。促进探索的谈话技巧有：养成多听少说的习惯，不轻易打断对方的述说；学会反应性倾听，不仅是耳朵在听，而且是整个身心与受助者同在，听出受助者言外之意，同时适时地给予反应和反馈；不要评价，不去削弱受助者的感受，不急于提建议、想办法；有节制地自我暴露，不将关注点转移到无关事项或者自己身上；及时梳理和概述谈话内容。

（2）领悟阶段。在这一阶段，助人者和受助者的合作使得受助者更好地了解了自己的想法、情感和行为。促进领悟的谈话技巧有：促进觉察，助人者需要持续专注地倾听，以开放式的提问获取信息，澄清模糊、意思不明确的地方，适时将受助者的感受和想法反馈给受助者等；促进领悟，助人者需要挑战受助者的一些不合理的信念，试探性地指出其不一致、矛盾的地方，在受助者有所领悟时提出看待受助者问题的新视角；通过表达此时此地的感受帮助受助者意识到自己的行动模式等。

（3）行动阶段。在这一阶段，助人者要适时推动受助者主动改变。促进行动的策略和技巧有：充分探讨行动目标的价值，以激发动机；对畏难反应本身进行探索，获得领悟；对行动中可能遇到的困难做出预想方案；以想象、示范观摩、角色扮演等方式提供训练；提供必要的鼓励和支持，同时接纳犹豫和反悔。

在实际助人的过程中，上述三个阶段并不是截然分开也不是按序进行的，可能有反复的时候，也有可能只能完成其中一项，助人者可根据实际情况运用相应的技巧。

（三）心理咨询与治疗

1. 心理咨询的概念与内涵

心理咨询是指运用心理学的方法，对心理适应方面出现问题并想解决问题的求询者提供心理援助的过程。寻求心理帮助的人一般称为当事人或来访者，提供心理帮助的专业人士一般称为咨询师或治疗师。正确理解心理咨询的概念需要注意以下四个方面。

微课
什么是心理咨询

（1）心理咨询是一种人际帮助活动。接受帮助的是有困难或者问题的当事人，提供帮助的是受过心理学方面专门训练的咨询师或治疗师。而这种帮助是指咨询师依据一定的理论，运用一定的方法、技术或创设一定的条件来影响当事人，帮助当事人解决他的问题，或者达到某一特定的咨询目标。

（2）心理咨询是一种人际互动过程。也就是说，在咨询的过程中，不仅咨询师在影响和改变着当事人，当事人也在影响和改变着咨询师。互动的成功与否关系到咨询的质量和效果。因此，咨询师都非常重视咨访关系。

（3）心理咨询是具有“心理性”的咨询。首先，当事人的困难或者问题都是心理、行为方面的困难或者问题，咨询目标也是促成当事人在心理、行为方面的积极改变。当然，当事人的困难往往由生活事件引发，但在咨询过程中，咨询师关注的是人在面临这些问题时的心理适应问题，而不是告诉当事人具体要怎么去做。其次，咨询互动的内容主要属于心理学范畴。例如，帮助当事人认识自己和环境条件，分析其行为的意义和有效性，设计其生活目标以及达到目标的行动方式。最后，咨询所依据的理论、使用的方法都来自心理学的基础研究。

（4）心理咨询是有严格规范和稳定设置的服务。在心理咨询行业，对从业人员有资格认证，对申请者的受训经历（包括课程、咨询和督导时长）有一定的要求，对其专业能力和伦理操守有相应的考核。心理咨询的设置主要指其时空安排，包括以下内容。

视频

哪些情况可以做心理咨询？

① 稳定的时间。疗法不同，心理咨询的时间长短也不一样。一般来说，一次心理咨询的时间为 50 分钟左右；家庭治疗和团体辅导、治疗时间会长一些，为 90 ～ 120 分钟。

② 相对稳定的频率。通常，心理咨询的频率为每周一次，特殊情况可以增加次数。例如，当事人处于危机之中，有必要临时增加会谈或延长咨询时间。

③ 地点。心理咨询通常在咨询室进行。一般来说，稳定地在同一咨询室进行心理咨询有利于增强当事人的稳定感。

④ 次数。咨询次数会受到多方面因素的影响，这些因素包括当事人问题的严重程度、咨询目标、当事人的求助动机，还有机构的设置、咨询师的流派取向等。一般发展性的问题次数较少，而较严重的心理障碍或做深层次的自我探索需要的次数会很多。

2. 心理咨询与心理治疗的异同

有咨询师在日常咨询中发现，很多大学生对心理咨询和心理治疗，如心理咨询工作的内容、范畴和服务的对象存在很多误解，从而影响其心理求助的态度。

（1）心理咨询与心理治疗的相同点。心理咨询与心理治疗在本质上是一样的，主要体现在以下三个方面。

① 两者都是专业助人活动，都是通过一种专门的帮助关系来使当事人发生心理和行为上的改变。

② 两者所采用的理论和方法是一样的，都同样依据心理学理论，如人本主义心理学理论、精神分析理论、认知行为理论、家庭系统理论等。

③ 两者都注重建立帮助者与求助者之间良好的人际关系，认为这是使求助者改变和成长的必要条件，应贯穿咨询过程或者治疗过程的始终。

（2）心理咨询与心理治疗的不同点。心理咨询与心理治疗也存在一些不同之处，体现在以下三个方面。

① 两者服务的对象“同中有异”。心理咨询与心理治疗可以对相同的对象提供服务，没有绝对的界限。但在传统上，心理咨询的服务对象较偏向于正常人群，他们面临的主要是适应和发展的问题。而心理治疗的对象主要是有心理障碍的人群，如患有人格障碍、神经症和情绪障碍等的人。

② 部分心理咨询师和心理治疗师的专业训练背景有所不同。从事心理咨询的专业人士通常被称为心理咨询师；从事心理治疗的主要是临床心理学家，通常被称为心理医生。这两种人所接受的训练实际上非常近似，都是心理学训练。不过，有一部分精神科医生也从事心理治疗，他们的专业训练与前两者有所不同，接受的是医学专业训练。心理治疗师和心理咨询师供职的机构虽然有很大的重叠，但也有所偏重。前者主要在各种医疗、保健和康复机构工作，后者主要在学校、社区服务机构工作。两者都有独立开业的情况。

③ 心理咨询和心理治疗的帮助特点也“同中有异”。咨询多倾向于认知、支持等，治疗多倚重矫正、训练、重建方法，因为心理治疗较多涉及比较深入的心理特质、行为方式的改造，重视改善患者的人格。

不管是心理咨询还是心理治疗，既不是大众眼中的简单谈话，也不是某些影视作品中宣扬的“包治百病”的万能钥匙。只有正确、合理地看待心理咨询与心理治疗，大学生才能妥善、合理地利用好这项服务，并从中获益。

预约心理咨询前你应该弄懂的10个问题

1. 心理咨询是什么？

心理咨询的目标是“助人自助”，协助来访者自我觉察、自我照顾、自我成长，而不是让来访者依赖咨询师。

一个好的心理咨询是一段温暖的关系，咨询师陪伴着来访者向前走，看到生活中的艰难，看着我们靠自己努力渡过难关，最终塑造一个更满意的自己。在这段关系中，咨询师成为来访者探索自我的工具，更是来访者面对咨询师之外的世界的支持。

咨询就是通过这样的方式来起作用的。

2. 什么时候需要心理咨询？

在生活中，我们会遇到很多问题、困难，或是艰难的时刻，我们会感到彷徨、无助、痛苦。

当我们觉得自己无法解决这些问题，寻求家人朋友的帮助也很无解，甚至还因为这些问题影响正常的工作、学习和社交的时候，尝试心理咨询或许是个不错的选择。

专业的事情交给专业的人来做，适时寻求帮助是智者的行为。

3. 心理咨询是一个什么样的过程?

（1）咨询初期。此期主要是建立咨询关系、信息收集和评估的过程，整个过程持续2～4次，稳固的咨询关系也由此建立。

（2）咨询持续。此期朝着咨询目标前进，咨询师协助来访者觉察自己的思维误区，体验情绪，疗愈创伤，探索苦恼的根源，发展应对困难的新技能。

（3）咨询结束。此期回顾咨询过程，总结体验和收获，确保来访者可以安全地离开咨询关系，能更加独立地迎接挑战。

4. 心理咨询师能为我们提供什么?

很多时候我们遇到困难都是因为自身的各种资源受到了阻碍。心理咨询就是帮助我们梳理自身的情绪情感，帮助我们从内耗的状态调整为相对整合的状态，更好地发现和使用自身以及身边的资源，从而获得解决问题的新的思路和方法。

5. 心理咨询对什么样的人效果最好?

来访者愿意主动接受心理咨询，希望自己在感受和行为上做出改变，而且希望从咨询中获得帮助，能够忍受改变过程中可能伴随的痛苦；来访者是一个能够表达和反思自己经历的人；来访者的求助动机比较高，在咨询中更为合作，与咨询师更能坦诚交流。在心理咨询中，这些人最可能获益，而且也确实获益最多。

6. 团体咨询和个体咨询效果是一样的吗？它们分别针对什么样的人?

团体咨询通常是10人左右的具有共同心理困惑的团体，在一位或两位团体心理咨询师的带领下，通过咨询师与团体成员的人际互动，达到减轻或解决个人心理问题、实现个人成长目标的一种心理咨询形式。

个体咨询是来访者和咨询师一对一的咨询形式。个体咨询的私密性更好，氛围更安全，咨询形式、内容和方案可灵活调整，有助于建立更紧密的工作同盟。

从效果上来说，两者是没有明显的差异的。同时，由于团体咨询中的人际互动模式是对生活场景的重演，所以对有人际交往方面困扰的来访者而言，团体咨询见效更快。

7. 遇到哪些情况可以做心理咨询?

（1）当你感觉到工作、生活压力过大，精神紧绷，焦虑不安，心情低落，胸闷难受，但到医院检查又没有任何问题时。

（2）当你发现无法顺畅地与周围人沟通交流，周围人好像都在回避你时。

（3）当你的恋爱关系出现问题，与对方沟通不良，心中烦闷，无法取舍时。

（4）当出现婚姻问题、家庭矛盾升级、亲子沟通不畅，孩子学习成绩下降，而你无能为力时。

（5）当你觉得自我需要成长，想进行心灵探索时。

……

以上情形经过自行努力无法有效改善时，可以寻求心理咨询的帮助。

8. 心理咨询要持续多久？

咨询时间的长短大概可以分成三类，即短程、中程和长程。以每周 1 次为例（50 分 / 次），短程心理咨询可能在 4 ~ 8 次结束；中程心理咨询在 20 次左右，半年不等；而长程心理咨询可能需要数年。

心理咨询持续时间是由来访者的情况和咨询目标决定的。例如，一些短期应激的症状或解决发展性的问题（如婚恋、工作人际等）一般适用短、中程心理咨询；而如果希望对自我做更多的探索，实现人格层面的改善，或本身已出现神经症性问题者，就需要进行长程心理咨询。

9. 在接受心理咨询之前要做哪些准备？

（1）必须为心理咨询留下固定的时间。稳定的咨询频率是心理咨询奏效的基本因素。保证不了充足的时间，咨询就无从谈起。通常心理咨询的频度为每周 1 次，特殊情况可以增加次数。疗法不同，时间长短不一。所以，在决定咨询前，必须做好时间安排。

（2）必要准备是做好经济上的准备。心理咨询按时计费，对很多人来讲是一笔不小的支出。为保障咨询能够顺利地进行下去，问题能够在有效的时间内解决，进行咨询前，必须对此有充分准备。不过，目前高校的咨询中心对在校生提供的都是免费服务，在校生可以利用好这个资源。

（3）最重要的准备是必须准备好承受咨询和改变过程中的痛苦。无论是何种疗法或理论流派，在咨询过程中，来访者都必须承受一些焦虑和痛苦，都必须面对、接受、承受自己的内心冲突，这是任何心理疗法都无法避免的。“小痛小悟、大痛大悟、无痛不悟”，没有痛苦的心理咨询，只能算作止痛针和麻醉剂，真正的咨询并没有进行。伴随痛苦和改变的心理咨询，才是真正的心理咨询。没有勇气承受咨询痛苦的来访者，是无法从真正的心理咨询中获益的。

在上述的准备比较充分之后，就可以向咨询师进行咨询了。

10. 对心理咨询师什么都能说吗？

在你觉得安全和对咨询师完全信任的情形下，为了让咨询师全面了解你的情况，你需要把你的想法和你对咨询师的看法说出来，在咨询中越是敞开自己的心扉，对自我的改变就会越充分。

当然，安全感和信任感是逐渐建立起来的，正如你不可能一开始就决定信任咨询师，我们也不鼓励你从一开始就把内心最深层的感受说出来。但是，如果经过多次咨询都没有建立对咨询师的信任感，那你就需要开诚布公地与咨询师讨论一下这个问题。

资料来源：http：//www.dfmjxl.cn/read/detail/id/159.html，有改动 .

大学生心理健康测试题

指导语：以下 40 道题，如果感到“经常是”，请在括号中画“√”；“偶尔是”，请在括号中画“△”，“完全没有”，请在括号中画“×”。

1. 平时不知道为什么总是觉得心慌意乱，坐立不安。(　　)
2. 上床后怎么也睡不着，即使睡着也容易惊醒。(　　)
3. 经常做噩梦，惊恐不安，早晨起来就感到倦怠无力，焦虑烦躁。(　　)
4. 半夜经常醒 1 ~ 2 小时，醒后很难再入睡。(　　)
5. 学习常使自己感到非常烦躁，讨厌学习。(　　)
6. 读书看报甚至课堂上也不能专心致志，往往自己也搞不清在想什么。(　　)
7. 遇到不称心的事情便较长时间沉默少言。(　　)
8. 感到很多事情不称心，无端发火。(　　)
9. 哪怕一件小事，也总是放不开，整日思索。(　　)
10. 感到现实生活中没有什么事情能引起自己的乐趣，郁郁寡欢。(　　)
11. 常常听不懂老师讲课，有时记得快，忘得也快。(　　)
12. 遇到问题常常举棋不定，迟疑再三。(　　)
13. 经常与人争吵发火，过后又后悔不已。(　　)
14. 经常追悔自己做过的事，有负疚感。(　　)
15. 一遇到考试，即使有准备也紧张焦虑。(　　)
16. 一遇到挫折便心灰意冷，丧失信心。(　　)
17. 非常害怕失败，行动前总是提心吊胆，畏首畏尾。(　　)
18. 感情脆弱，稍不顺心就暗自流泪。(　　)
19. 自己瞧不起自己，觉得别人总在嘲笑自己。(　　)
20. 喜欢和比自己年幼或能力不如自己的人一起玩或比赛。(　　)
21. 感到没有人理解自己，烦闷时别人很难使自己高兴。(　　)
22. 发现别人在窃窃私语，便怀疑是在背后议论自己。(　　)
23. 对别人取得的成绩和荣誉常常表示怀疑，甚至嫉妒。(　　)
24. 缺乏安全感，总觉得别人要伤害自己。(　　)
25. 参加春游等集体活动时总有孤独感。(　　)
26. 害怕见陌生人，人多时说话就脸红。(　　)
27. 在黑夜行走或独自在家时有恐惧感。(　　)
28. 一旦离开父母，心里就不踏实。(　　)

29. 经常怀疑自己接触的东西不干净，反复洗手或换衣服，对清洁极端注意。(　　)

30. 担心是否锁门和有东西忘记拿，反复检查，经常躺在床上又起来确认，或刚一出门又返回检查。(　　)

31. 站在河边、楼顶、阳台上，有摇摇晃晃要掉下去的感觉。(　　)

32. 对他人的疾病非常敏感，经常打听，生怕自己也身患相同的病。(　　)

33. 对特定的事物、交通工具（如公共汽车）、尖状物及白色墙壁等稍微奇怪的东西有恐惧倾向。(　　)

34. 经常怀疑自己发育不良。(　　)

35. 一与异性交往就脸红心悸或想入非非。(　　)

36. 对某个异性伙伴的每一个细微行为都很注意。(　　)

37. 怀疑自己患了不治之症，反复看医生或去医院检查。(　　)

38. 有依赖止痛药或者镇静药的习惯。(　　)

39. 经常有离家出走或脱离集体的想法。(　　)

40. 感到内心痛苦无法解脱，有自伤行为或自杀想法。(　　)

评分标准：

“√”得 2 分，“△”得 1 分，“×”得 0 分。

评价参考：

0 ~ 8 分：心理非常健康，继续保持。

9 ~ 16 分：大致还属于健康范围内，但应该有所注意，可以找老师或同学聊聊，应保持心情愉悦、乐观。

17 ~ 30 分：有一些心理障碍，应采取适当的方法进行调适或寻求心理辅导老师的帮助。

31 ~ 40 分：有可能患了某些心理疾病，可以找心理医生或精神科医生进行诊断与治疗。

41 分以上：有较严重的心理障碍，应及时找心理医生或精神科医生进行诊断与治疗。

章末小结

1. 心理学是一门研究心理现象及其规律的科学。心理学的研究目的在于描述、解释、预测和控制行为，最终为提高人类生活质量服务。

2. 健康不仅是没有疾病，而且包括身体健康、心理健康、社会适应性良好和道德健康。

3. 心理健康是指心理的各个方面及活动过程处于一种良好或正常的状态。

4. 心理健康评估模式有统计学模式、临床模式、社会规范模式、社会适应模式、主观经验模式、尖端模式。心理健康的评估是一个复杂的过程，有的时候需要综合各种因素，结合多种手段来进行，需要遵循客观、全面、相对性、发展性、定量与定性、他评与自评相结合等原则，才能做出尽可能准确的判断。

5. 大学生心理发展具有以下特点：智力达到顶峰；自我意识逐渐成熟；情绪丰富、波

动大；意志水平明显提高，但不平衡、不稳定；性意识趋于成熟。

6. 大学生心理异常识别的原则为：心理反应的合理性原则，心理活动的内在一致性原则，个性特征的稳定性原则。

7. 心理求助是指在个体遇到心理困扰时，主动向外在社会寻求帮助以解决困扰、促进心理成长的过程。

8. 我国大学生心理求助的特点有：先求诸己，后求诸人；专业求助率低；女生的求助态度比男生更积极。

9. 妨碍大学生求助的主要因素有：心理求助的相关污名化、自我效能感（包括处理心理问题的自我效能感和作为心理咨询当事人的自我效能感）、文化环境因素、对专业服务的消极预期。

10. 心理咨询是指运用心理学的方法，对心理适应方面出现问题并想解决问题的求助者提供心理援助的过程。

第二章 心理适应

名人名言

- 世界上一成不变的东西，只有“任何事物都是在不断变化的”这条真理。

——斯里兰

学习目标

- 揭开大学生活的神秘面纱。
- 从心理学的角度认识什么是适应。
- 认识大学期间新生的适应性障碍。
- 学习有效的适应策略。
- 重新认识不一样的自己。

案例导入

毕某文，男，来自偏远的山区，现在是湖北某大学一年级的学生。高中学习十分刻苦，抱着对大学生活的好奇与期许如愿考进了重点大学，他期盼着在大学里能交到知心的朋友，取得优异的成绩，释放优等生的光芒。

然而，进入大学之后，他发现各种问题接踵而至：首先是他从遥远的北方来到南方，气候、饮食一点也不适应；接着他发现室友也没有想象中的好，寝室脏乱的环境让热爱整洁的他难以忍受，甚至出现经常性失眠的症状；军训之后开始上课，老师的讲课速度非常快，课堂上讲完的内容他需要课下花好几天时间消化，让他渐感吃力；学习上的优势不再，其他方面的才华也比不上同学们，身边的同学都多才多艺，在各类晚会和社团中大放异彩，而他因为成长的单一性毫无才艺可以展示，每当看着身边的同学、室友去参加风格迥异的活动，他的内心总是感到一丝丝羡慕，同时又很嫉妒。那个因为成绩优异而受到老师和同学重点关注的尖子生毕某文仿佛再也不会出现在大学里了，每当一个人独处的时候，

他就愈加伤感、自责，经常一人躲在角落里暗自神伤。

毕某文渐渐地感到迷茫、郁闷，这样的大学生活让他感到非常不适应，他想念过去唯学习成绩论“英雄”的中学时代，想念熟悉的家乡和父母。这种巨大的不适感像一片阴暗的乌云笼罩着他的生活，他渐渐地不知道怎么办了。出于害怕被嘲笑，他不敢跟辅导员和同学交流，每天都过得浑浑噩噩，逐渐开始将自己封闭了起来，也不按时上课了，更不敢给家里打电话，甚至产生了退学的念头。

不少大学新生在刚刚步入大学校园时都有过类似的烦恼：高中时课业紧凑，老师会安排好所有的学习；而大学时间相对宽松，需要大学生独立自主地选择和安排时间。很多新生不能适应这种需要自己安排时间的生活和学习模式，开始终日无所事事，有大把的空闲时间就在宿舍里追剧、打游戏、睡觉。有些同学在高中时是尖子生，到了大学这个“百花齐放、百家争鸣”的大舞台后，渐渐发现自己引以为傲的优势变得不那么突出，于是落差和苦恼随之而来。

案例中，原本高中成绩优异的毕某文来到群英荟萃的大学，渐渐出现了不适应全新环境的心理困扰，随之出现失落、焦虑、空虚、失眠等症状，这便是心理学上的“大一新生综合征”，而其产生的主要原因还是由新生没有很好地转换新的校园角色、对变换的新环境不适应造成的。这时候如何快速适应大学环境，快速调适心理，就显得尤为重要。

第一节　大学生心理适应与心理健康

“实施科教兴国战略”“办好人民满意的教育”是党的二十大报告中的重要内容。教育、科技、人才是全面建设社会主义现代化国家的基础性、战略性支撑。为祖国培养所需要的德智体美劳全面发展型人才，既是我国建设社会主义现代化国家征程中对人的素质的综合要求，也是高校教育必须实现的目标。新生进入大学，心理适应性教育是非常重要的一课。

面对新环境，并非每个人都能顺利适应。从不适应到适应是许多大学生必须经历的一个过程。如何度过大学生活的适应危机，这就需要大学生正确地认识自我、评价自我，在经验中调适自我，解决个体的成长需求与环境限制的冲突，以积极乐观的态度寻找社会支持体系，从而达到与大学环境和谐共处的状态。

一、适应的内涵

根据生物进化论的创始人达尔文的理论，面对不停变化的环境，生物遵从适者生存、优胜劣汰的自然规律。所谓适应，是指当机体所处环境发生改变时，机体的细胞、组织、器官通过自身的新陈代谢，更迭适应，其结构和功能也发生相应改变，以规避由于环境的改变所带来的伤害。适应是动态的、发展的过程。生物无时无刻不在适应环境的变化，而在适应环境的过程中，生物也不断变得更加强大，最终达到与环境平衡共生的状态。

人的一生都处于不断适应、不断成长和不断发展之中。根据马斯洛的需要层次理论，人的需要分为生理需要、安全需要、爱与归属的需要、尊重的需要和自我实现的需要，当人的某一需要得到满足时，新的需要又会产生，人是在不断满足自身需要的过程中发展的。当个人需要在环境中得不到满足时，如果能够改变环境当然很好，但在现实生活中，客观环境往往是个人力量难以改变的，个体能够做到的是调整自己，顺应环境，在环境中最大限度地满足自身需要。

二、心理适应的概念

心理学认为，心理适应是指个体在接受外界刺激时不断加以调适，从而达到身心合一的舒适状态的过程。外界环境的变化会引起人身体、心理的应激反应。应激反应是指由紧张刺激所引发的，伴有身体机能和心理活动改变的一种身心紧张状态。由于外界环境变化的不可控性，个体只有通过应激反应来适当地调整自己，才能达到心理平衡和行为适应的目的。

客观事物的刺激不可避免，但对同一刺激的应激反应强度因人而异。一般认为，应激反应强度的大小与人所处的刺激情境和认知评价有关。通过减少外界的负性刺激和提高自身认知评价能力，个人可以有效地缓解应激反应强度，从而增强自己的社会适应能力。

三、新生心理适应与心理健康水平的关系

离开原本熟悉的生活环境，背上行囊，独自一人迈入崭新的大学校园，作为校园新人的你，是否还习惯丰富多彩的大学生活呢？离开家乡和父母的你，是否能够很好地适应新的学习和生活环境？心理健康才能成就幸福的人生。大学生活与高中生活有着很大的区别，大部分学生在感受大学生活的初期都要面临一段艰难的适应期，或是由于生活习惯与室友不同，或是由于大学老师的课堂授课速度较快，或是无法平衡课余生活与繁重学业的关系。

从高中步入大学，大学新生将会面临许多变化，包括居住环境、自然环境、社会文化环境、心理环境等。面对新的变化，大学新生需要良好的适应能力和应对方法来适应大学生活，否则就会引发适应障碍。大学生能否在这一过程中做好充分的心理调适，清除心理不适的杂草，开拓阳光心态的沃土，构建和谐的心灵家园，将直接影响其在大学期间的学习和生活质量。

有研究发现，大学新生的心理适应与其心理健康水平密切相关，即心理适应与心理健康水平呈显著的正相关。在学习、人际、职业目标、独立生活、资源利用等方面产生心理不适的学生会产生抑郁、焦虑、敌对、恐惧、强迫、躯体化等症状。大多数大学新生可以在入学后对大学生活抱有积极的态度并采用积极应对压力的方式，如制定合适的短期和长期目标，积极参加校园活动充实生活，通过运动、唱歌等方式合理宣泄情绪，

主动沟通解决矛盾和冲突，与朋友和家人交流寻求建议等。入学一个月后，他们一般可以适应新的角色，在学习、生活、人际等方面都有积极的表现，独立生活能力和问题解决能力都得到了锻炼和提升。少部分学生会因为长期心理不适应，产生不良的心理反应，具体表现在情绪、认知、生理和行为四个方面：情绪方面表现为迷茫、焦虑、抑郁、无力、无助、绝望等；认知方面表现为自我评价低、对他人不信任、认为命运不公、对环境感到不满、对未来感到失望等；生理方面表现为失眠、食欲减退、注意力不集中、疲惫、身体疼痛、容易生病等；行为方面表现为旷课、网络成瘾、频繁换宿舍、挂科或休学、自伤或自杀等。

心理测评

大学生心理适应能力自测问卷——测测你的适应能力有多强

指导语：下面的问题能帮助你进行心理适应能力的自我判断。请认真阅读，并决定其与你实际情况的符合程度，然后从每个项目后面所附的三个备选答案中选出一个。

1. 我最怕转学或转班级，每到一个新环境，我总要经过很长一段时间才能适应。(　　)

A. 是　　B. 无法肯定　　C. 不是

2. 每到一个新的地方，我很容易同别人亲近。(　　)

A. 是　　B. 无法肯定　　C. 不是

3. 在陌生人面前，我常常无话可说，以致感到尴尬。(　　)

A. 是　　B. 无法肯定　　C. 不是

4. 我最喜欢学习新知识或新学科，它给我一种新鲜感，能调动我的积极性。(　　)

A. 是　　B. 无法肯定　　C. 不是

5. 每到一个新地方，我第一天总是睡不好，就是在家里，只要换一张床，有时也会失眠。(　　)

A. 是　　B. 无法肯定　　C. 不是

6. 不管生活条件有多大的变化，我都能很快习惯。(　　)

A. 是　　B. 无法肯定　　C. 不是

7. 越是在人多的地方，我越感到紧张。(　　)

A. 是　　B. 无法肯定　　C. 不是

8. 我的成绩多半不会比平时练习差。(　　)

A. 是　　B. 无法肯定　　C. 不是

9. 全班同学都看着我，心都快跳出来了。(　　)

A. 是　　B. 无法肯定　　C. 不是

10. 对他（她）有什么看法，我仍能同他（她）交往。(　　)

A. 是　　B. 无法肯定　　C. 不是

11. 我做事情总是有些不自在。(　　)

A. 是　　B. 无法肯定　　C. 不是

12. 我很少固执己见，常常乐于采纳别人的意见。(　　)

A. 是　　B. 无法肯定　　C. 不是

13. 同别人争论时，我常常感到语塞，事后才想起该怎样反驳对方，可惜已经太迟了。(　　)

A. 是　　B. 无法肯定　　C. 不是

14. 我对生活条件要求不高，即使生活条件很艰苦，我也能过得很愉快。(　　)

A. 是　　B. 无法肯定　　C. 不是

15. 有时自己明明把课文背得滚瓜烂熟，可在课堂上背的时候，还是会出差错。(　　)

A. 是　　B. 无法肯定　　C. 不是

16. 在决定成败的关键时刻，我虽然很紧张，但总能很快地使自己镇定下来。(　　)

A. 是　　B. 无法肯定　　C. 不是

17. 我不喜欢的东西，不管怎么学我也学不会。(　　)

A. 是　　B. 无法肯定　　C. 不是

18. 在嘈杂混乱的环境里，我仍然能集中精力学习，并且效率较高。(　　)

A. 是　　B. 无法肯定　　C. 不是

19. 我不喜欢陌生人来家里做客，每逢这个时刻，我就有意回避。(　　)

A. 是　　B. 无法肯定　　C. 不是

20. 我很喜欢参加社交活动，我觉得这是交朋友的好机会。(　　)

A. 是　　B. 无法肯定　　C. 不是

评分规则：

（1）凡是单数号题，选“是”扣2分，选“无法肯定”得0分，选“不是”得2分。

（2）凡是双数号题，选“是”得2分，选“无法肯定”得0分，选“不是”扣2分。

将各题的得分相加，即得总分。

结果解释：

35～40分：心理适应能力很强。你能很快适应新的学习、生活环境，与人交往轻松、大方。你给人的印象极好，无论进入什么样的环境，都能应付自如，左右逢源。

29～34分：心理适应能力良好。

17～28分：心理适应能力一般。当你进入一个新的环境，经过一段时间的努力，基本上能适应。

6～16分：心理适应能力较差。你依赖于较好的学习、生活环境，一旦遇到困难容易怨天尤人，甚至消沉。

5分以下：心理适应能力很差。你在各种新环境中，即使经过一段相当长时间的努力，也不一定能够适应，常常困惑，因与周围事物格格不入而十分苦恼。在与他人的交往中，你总是显得拘谨、羞怯，手足无措。

如果你在这个测查中得分较高，说明你的心理适应能力较强。但是，如果你得分较低，也不必忧心忡忡，因为一个人的心理适应能力是随着年龄的增长、知识经验的丰富而不断增强的。只要你充满信心，刻苦学习，虚心求教，加以锻炼，你的心理适应能力一定会得到增强。

第二节 新生遇到新问题，适应新环境的烦恼

谁说青春没烦恼？许多大学生认为进入大学后，在自由自在的大学校园里就会少些烦恼，然而，进入大学后却发现事实并不是这样。大学生在新的环境中面临着更大的挑战，其适应难题主要集中在以下几个方面。

一是恐惧社交。很多大学生想要找到志同道合的好友，一起学习，一起漫步在阳光灿烂的大学校园。但有些大学生沉迷于网络虚拟的社交游戏，不想花费更多的时间在现实中交朋友。于是，他们在集体学习时找不到搭档，有趣的事没有人一起分享，有困难时无人援助，面对面时话到嘴边却说不出口，与同学的关系还不如与游戏队友熟络，一个人去上课，一个人吃饭，以为自己能承受独来独往，可还是想融入大家的欢声笑语中。

二是家庭关系。大学生终于脱离了家长的管束，远离了父母的唠叨，一个人的生活随性自由，手机上的未接来电、微信上的已读不回，和父母的沟通变得越来越少。当不理解、矛盾、代沟出现时，大学生和父母的距离会更加遥远，这份爱在心却口难开。

三是生活习惯。关于熬夜，每个人总有一千个理由。白天的课程满满当当，大学生忙着做实验、写报告、参加社团活动，只有到了晚上才能找到独自精彩的时间，担心过早的睡眠会浪费大好的时光，于是便养成了熬夜的习惯。虽然大学生想要养成自律健康的生活状态，但一到晚上就变得兴奋起来，第二天又由于睡眠不足而精神不振，学习效率不高，陷入恶性循环。

四是学习模式。考点画完了整本书，花五天时间复习八门功课，寝室、食堂、图书馆三点一线，一支笔、一个人、一晚上、一个奇迹。对一些大学生来说，小拖怡情，大拖坏事，最后期限永远都是第一生产力。甚至在预料后果有害的情况下，他们仍然会把计划要做的事情推迟。

五是竞争压力。大学时光转瞬即逝，大学生需要掌握专业技能的任务非常重。毕业之后是继续深造，还是直接就业？是回到家乡还是前往大城市？走出“象牙塔”后该以什么样的核心竞争力在社会上立足？激烈竞争的焦虑感隐藏在大部分大学生的心中。

一、对大学环境不适应的心理表现

为什么进入大学后，我不再像以前那样优秀？为什么我总摆脱不了思乡的愁绪？为什么周围的环境总是与我格格不入？对正处于学习、成长过程中的大学生来说，能否正确地处理这些问题，适应大学的学习、生活环境，是大学生能否顺利完成大学学业的根本原因。对于刚刚进入大学校园的新生而言，适应性障碍是出现得较多的一个问题。

培养好大学生的适应能力是大学生将来在社会中继续发展的重要因素。大部分大学生在面对新的生活环境、新的人际关系时最初会出现不习惯的心理。随着对大学校园的渐渐熟悉、结识了越来越多的新朋友，大部分大学生在入校后的一两个月便能基本适应大学生活的节奏与模式。但是，仍然有一小部分大学生，由于独立性弱，生活自理能力差，加之对父母的依赖性强等，会经历更加漫长的心理适应期，在适应期内的情绪波动也更为剧烈。

（一）理想偏离现实的茫然心理

宽敞干净的运动场、窗明几净的自习室、信息化的教学设施、知识渊博的教授、善解人意的同学……初入大学时，许多同学觉得大学的一切都是那么新鲜，对大学生活充满了期待与向往。一段时间过后，他们就会发现理想与现实的差距，大学的生活也并非像想象中那么美好。大学是自由的，当大把的自由时间摆在面前时，生活的茫然、空虚、枯燥、乏味会使许多大学生渐渐忘记初入大学时的豪言壮志。

在学习上，大学的老师给了大学生更大的自由空间，再也没有老师会像中学时期一样监督学生自习、完成各项学习任务，加上大学专业学习的内容广而深，一节课往往要涵盖大量的理论知识，很多同学还没来得及消化上一节课的内容，就发现下一节课的内容已经铺天盖地地向头脑“袭来”了。被“填鸭式学习”禁锢习惯了的学生在突如其来的自由学习面前，反而显得局促不安、茫然无助。不能适应这种自主学习模式的学生开始变得虎头蛇尾，初入校园的学习斗志也渐渐地消磨殆尽，开始将对学习的注意力转移到与学习无关的事情上，如沉迷网络游戏、校外兼职；同时，拒绝与老师、同学进行沟通和交流，对身边师友的劝说置若罔闻，甚至将自己的大学生涯规划都不放在心上了。

在生活上，大部分大学生在家里习惯了凡事都由父母安排好的模式，甚至从未自己做过家务。来到大学后衣食住行都开始自己主导，有些大学生常常会感到力不从心，恋家、恋父母的思念情绪空前高涨，往往会因为一点儿小事情而不愉快，遇到一丁点儿问题就想回家。由于不善于安排自己的生活，不懂得合理支配生活费，这些大学生往往会对现有的生活感到焦虑、烦闷，在经济上也常常处于“月中光”的状态。

（二）“高手云集”大比武产生的落差心理

能够考入大学的同学都是学习能力很强的人，特别是一些高考分数很高的同学更是

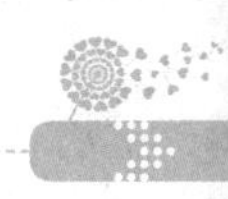

父母和老师眼中的尖子生。这部分同学在中学时代收获了许多人的赞赏和褒奖，考上大学后更是“身价倍增”，亲友的夸奖、同学的赞扬、老师的青睐、父母的骄傲、尖子生的光环让他们极大地增强了自信心。他们希望进入大学后能够继续一如往常般优秀，希望大学的荣誉和掌声像中学时代那般簇拥着自己。但将这种习以为常的优越感带到大学，就十分容易让人产生自负情绪。

他们带着自以为优秀的光环走进大学校园，忽然发现山外有山、人外有人，原来自己不过是广阔天地里一名普通得不能再普通的学生。来自五湖四海的高手云集在大学校园，每个人都身怀“独门秘籍”，昔日自己在高中“鹤立鸡群”的优越感荡然无存，“常胜将军”的桂冠也不翼而飞。当看到更优秀的同学比自己还努力时，他们常常感到自愧不如，渐渐失去了自信心，原来的优越感因为巨大的落差也渐渐转变成了焦虑感。

（三）单一价值观引发的自卑心理

大学生是被家长和社会寄予厚望的一类优秀群体。一方面，大学生的成长动机非常强烈，自我评价也较高，但是未经历社会打磨的大学生在心理发展上还显得不那么成熟。另一方面，随着经济社会的快速发展，大学作为与社会接轨过程中最后一座象牙塔，许多同学在大学里已经敏锐地嗅到了未来的竞争压力、就业压力和情感压力等。

大学的价值评价标准更为多元化，在大学衡量一个人优异与否的不再是考试成绩，更多的是综合素质的考量。善良的品格、团队合作的精神、创新实践能力、独树一帜的才华、良好的交际能力等都是评判大学生是否优秀的标准。一些全心埋头苦读而很少注意全面素质发展的同学容易发现自己除了学习好之外并没有其他优势，无法全方位收获老师和同学的关注，这往往导致他们自我评价失真，从而诱发自卑心理。

（四）人际关系处理不好引发的社交紧张心理

如何进行良性的人际交往是每个人在不同阶段都要面临的问题。许多大学生是第一次离开家开启宿舍集体生活，与除了亲人之外的人朝夕相处、共同生活让他们不知所措。学校里有着各种各样的同学，他们来自不同的家庭环境，拥有不一样的学习经历，这当中也许能找到兴趣相投的挚友，也许你会碰到无法和谐相处的人。上大学前单一的学习和生活情境让部分大学生在面临较为复杂的人际关系时往往采取逃离措施。然而，大学是一个封闭的小型社会，当不得不面对朝夕相处的室友或同学时，部分大学生就开始对多样的人际关系难以适应了。

有的大学生过于关注自我，过度看重自己在人际交往中的地位，过于考虑自己的需求，而忽略他人的需求，缺乏对别人的关心。其主要表现在和同宿舍同学的关系处理得不好，要求室友做这做那，却从不主动分担寝室内务，彼此稍有矛盾就怨恨在心，恶言相对；和班级同学的关系处理得不好，做人奉行“我行我素”的处世原则，不服班干部对班级的管理，从不参与集体活动。这种过度自我的交际方式往往导致大学生在人际交往中自视清高和敏感挑剔，致使其很难在互相平等的校园氛围内交到好朋友，继而出现因人际关系失调造成的心烦气闷、焦躁不安、孤单寂寞、落单失望、精神不振，甚至社交恐惧等症状。

二、接受新环境，适应新变化

（一）深入了解大学

大学阶段应当是人生中最美好、最精彩的一段时光，也是求知的重要阶段，是实现人生理想的“加油站”。大学生活具有多内容、多层面的特点。大学生所处的环境可以划分为生活、学习等层面。这些不同层面的环境具有迥异于中学生活的情况和条件，因而表现出各自不同的特点。认识这些特点，对适应大学生活有积极的意义。

1. 生活环境的变化

大学的生活环境是相对宽松的。离开父母的管束，有些大学生感受到了自由的生活氛围，同时也发现生活上需要自己操心的事情变多了，从衣食住行到个人发展，都从以前父母主导的模式转换为自己主导的模式。同时，宿舍变成了另一个“家”，许多同学是从进入大学之后第一次真正体验了集体生活，室友慢慢变成了可以信赖的家人与朋友，在宿舍里每个人都是平等的，不再存在“小公主”或“小王子”的特殊待遇，而是每个人在宿舍里都有各自的角色分工。

2. 学习环境的变化

（1）学习的内容变得广而深。中学的课程内容属于基础性的知识，大学的课程内容有基础课和专业课方面的知识。学生要在四年内主修完几十门课程，选修若干门课程，这就使得大学学习无论是课程数量还是教学内容的广度与深度，都是中学学习所无法比拟的。现代科学技术知识不断更新，反映到大学教学中就是不断增补新知识，更新和淘汰旧知识。高等教育要求学生在掌握知识的同时培养创造力，建立合理完善的知识体系，这是大学教育相比于中学教育不同的突出方面。

（2）学习的形式变得多而新。大学学习阶段是中学学习阶段的继续和提高，但内容多、难度大、要求高的特点，使其在学习形式上与中学有较大的差异。中学以教师课堂讲授和较少的实验为主要教学形式，个人自习时间较少，学习效果和质量的检查以经常性的测验和大量作业为主。中学教师的教学主导作用很突出，学生在学习上的选择余地和主观能动性的发挥是比较有限的。这种教学形式对于自学能力、独立活动能力、自我约束和控制能力都不太强的中学生来讲，是行之有效的。而在大学学习中，除课堂讲授外，还有一系列教学辅助活动相配合，各教学环节紧密相连，紧扣时事，构成了完整的教学体系。其中，自学被放在重要的位置，这就要求大学生具有独立学习、独立工作的意识和能力，具有创新的精神和实践的能力。大学的学习效果和质量的检查采用较少的定期考核的方式，这给予了大学生较大的学习自主权。随着高等教育改革的深化，在校大学生在学习方面的选择机会日益增多，如专科生可多途径升本，可攻读辅修专业。本

科生可跨学科跨专业听课，优秀本科生可申请提前毕业等，这些措施有利于调动大学生的学习积极性，有利于人才的培养。

（3）学习方法变得精而细。学习内容与形式的变化必然引起学习方法的变化。学生在中学阶段一般都形成了适应中学学习的方法，其中善听、善背、善考是核心。但是这套方法拿到大学往往不能奏效，不少学生因此陷入被动境地。实践证明，大学生必须摸索出一套适应大学学习规律和特点的学习方法，其基本要求不在于死记硬背，而在于理解掌握，融会贯通，灵活运用。在学习活动中，学生要善于依照实际情况制订学习计划，安排、支配学习时间，确定复习和完成作业的顺序，判断每门课程的重点、难点以及计划投入的时间和精力。学习的诀窍在于高效率。善学的学生会使学习有条不紊，忙而不乱，效率较高；不善学的学生则由于缺乏计划性、意志力，而使学习处于忙乱和被动应付的状态。学生在学习中培养自学习惯、自学能力是非常重要的，要善于运筹时间，学会用脑的艺术，卓有成效地完成学习任务。

某专业2018级的王某是刚刚入学的新生，进入大学之后，他相对其他学生来说适应得比较快。在军训期间，他根据个人的兴趣爱好参加了学生社团组织。随后军训结束，在生活步入正轨后，王某发现紧凑的课程与大量的社团工作相碰撞，特别是当前开设的专业课程，学习起来比较困难。每天繁忙的学生工作和课业成了压在王某身上的两座大山。

新学期开学不久，学院学生会陆续组织了系列活动。王某作为学生会的一名成员，承担着自己所负责的工作，占用了大量的个人时间，忙到深夜已成了家常便饭，更严重的是各个任务所带来的精神压力。王某时常觉得每天的忙碌并没有意义，反倒成了自己的负担，每天都在对任务无法完成的担忧中度过。针对他的这种情况，辅导员和班主任分别与他进行了谈话。在交流过程中，辅导员发现王某对时间的安排没有条理，做事流程把握不清楚，很多工作原本可以很快完成，他却耗费了大量时间，而他精神上的压力也与时间的分配和使用密切相关。因此，在此基础上，辅导员详细了解了王某每天的学习、工作计划，不仅在横向上提示他如何安排各项事务，而且在纵向上针对每件事提示他如何提高效率，同时鼓励他树立信心。与王某谈话后，辅导员经常询问他每天各项事务的安排情况，发现他在时间分配方面有了较大的进步，完成工作更有效率，心理负担也减轻很多。

资料来源：http：//xsc.ccrw.edu.cn/info/1106/2113.htm，有改动．

（二）重新认识自己

大学生进入大学之后，重新认识自己非常重要。对自己正确的认识与评判将极大地缩短大学生的适应进程。每位大学生都应该清楚地认识到，自己进入了一个崭新的环境，曾经的荣誉与光环都已经成为过去，摆在面前的将是更加有成就感的挑战。大学的竞争更为激烈，大学的同学更加优秀，而公平的是所有人平等地站在了同一起跑线上，想要取得优异的成绩，实现心中的理想，大学生就需要让自己更快地适应环境，以便拥有更多的可能性。

（三）坦然接纳他人

大学是群英荟萃的场所，大学生在大学里不仅要正确认识自我，还要坦然接受他人。进入大学后，由于学习基础、学习方法、学习动机、适应力以及个性特征等方面的差异，大学生在大学中的学习名次会有一个新的排列，每一个班级都有几个同学更突出些，而名列前茅者总是少数，多数同学会排在中等位置。但事实上这些所谓“中等”的同学在学习和各方面也都不错，因为大学的总体水平是高的，要看到每个人有所长也必有所短，切不可盲目自信或自卑。

大学生既要学会接受他人的优点，又要学会接受他人的缺点。金无足赤，人无完人，每个人都存在或多或少的缺点，但是如果一个人的眼里不能容下任何人的任何缺点，那么就容易导致情感上的偏执以及对他人的偏见。因此，大学生要学会尊重他人、包容他人，换位思考。要知道，有的人出生就在罗马，而有的人一辈子拼尽全力也到不了罗马，并非所有人的不足都是他自己的原因造成的，先天智力、家庭环境、客观环境等多重因素都可能导致人的不足。因此，大学生在评判他人时要学会客观一点、全面一点。

拓展阅读

心理放松小窍门

大学生在身心发展过程中有意识地掌握一些常用的自我心理调适方法，如自我暗示法等，对自我心理放松、消除心理压力是非常有帮助的。

自我暗示是用思想、词语对自己施加影响，以达到心理预防和心理治疗目的的方法。通过自我暗示，大学生可以调适自己的心境、感情、爱好、意志乃至工作能力，这能起到非常积极的作用。例如，面临紧张的考试，反复告诫自己“沉着、沉着”；在荣誉面前，自敲警钟“谦虚、谦虚”；在遭遇挫折时，安慰自己“要看到光明，要提高勇气”；等等。学习自我暗示，需要大学生有坚强刚毅的意志，对自我及自我暗示有坚定不移的信心，并在实践中进行锻炼，使自我暗示得到恰如其分的应用。下面介绍两种具体的自我暗示的方法。

（1）冥想放松法。你可以用一件物品，如某种球类、水果或者手头可以找到的小型物品来发挥自我想象的能力。其具体做法如下。

① 凝视手中的橘子（或其他物品），反复、仔细地观察它的形状、颜色，然后用手触摸它的表面，看是光滑还是粗糙，再闻闻它有什么气味。

② 闭上眼睛，回忆这个橘子都留给你哪些印象。

③ 放松肌肉，排除杂念。想象自己钻进了橘子里。那么，想象一下，里面是什么样子？你感觉到了什么？里面的颜色和外面的颜色一样吗？然后再假想你尝了这个橘子，记住它的滋味。

④ 想象自己走出了橘子的内部，恢复了原样，记住刚才在橘子里面所看到的、尝到的和感觉到的一切，然后做5遍深呼吸，慢慢数5下，睁开眼睛，你会感觉到头脑清爽、心情轻松。

（2）自主训练法。自主训练法又称适应训练法，其中较简单的一种方法如下。

① 松坐姿。背部轻轻靠在椅子上，头部挺直，稍稍前倾，两脚摆放与肩同宽，脚心贴地。

② 两手平放在大腿上，闭目静静地深呼吸3次，排除杂念，把注意力引向两手和大腿的边缘部位，把意念引导到手心上。

③ 不久，你会感到注意力最先指向的部位慢慢地产生温暖感，然后逐渐地扩散到全部手掌。这时，你心里可以反复默念："静下心来，静下心来，两手就会暖和起来。"

④ 做5遍深呼吸，慢慢数5下，睁开眼睛。

资料来源：http：//www.hnyzzy.com/xgb/info/1056/1261.htm，有改动.

第三节　顺势而为，适应过程中的心理调适

人的一生实际上是一段不停地"失去与获得"的旅程，婴儿失去了襁褓的包围，获得了独立行走的能力；青少年失去了贪玩的放肆，收获了读书明理的智慧。倘若人这一辈子都故步自封，不愿意改变，就终将失去成长与成熟的机会。换个方向看，所有为提升适应能力做出的良好改变，迎来的都将是崭新的飞跃。

远离熟悉的家乡环境来到大学意味着大学生需要学会独立，要承受远离家乡温室的寒冷，承受远离亲朋好友的孤单，但也预示着有机会获得更好的学习条件和学业成绩。

一、适应能力锻炼

适应问题是许多大学生都会面临的。来自五湖四海、天南地北的同学共同组成了一个班级；性格迥异、各具特色的同学又随机分到了一个宿舍。于是，部分生活习惯、性格爱好截然不同的同学之间便会产生小摩擦，有的同学能够及时调整自己以适应他人，有的同学无法调整自己而与其他同学产生矛盾。事实上，大学的集体生活是非常培养人的社会适应性的。世界上没有两片一样的树叶，如何在新的环境中适应新朋友对于许多

大学生而言也是一门必修课。

随着大学生活的展开，大学生逐渐会发现新的同学与心中念念不忘的中学朋友一样可爱。他们并不是冷漠自私、自顾自地生活，而是你还没有做好认识和拥抱他们的准备。如果你想赢得新朋友的喜爱和认可，不妨再大胆一点儿，再主动一点儿，关心他们、帮助他们，向他们分享你的喜怒哀乐，也分担他们的欣喜和忧愁，这样的你，怎么会不招人喜欢呢？怎么会交不到真心的挚友呢？

当然，所有的适应都是为了更好地成长与发展。如果你能通过调整自己的心态融入他人的生活，同时不让自己委曲求全，那么你会在新的环境中交到好朋友，这些看起来与你不太一样的人，或许也能为你打开新世界的大门。但如果你的调整仍然让你无法适应改变的环境，你应当及时向辅导员、家人说明你的困扰，这并不是一件丢脸的事情，因为每个人的应激反应强度不一样，心理适应能力也各不相同，心理学上主张在心理适应能力范围内去调整自己，如果无法自我调整，那么应该及时向你的社会支持体系寻求帮助。

保持身心健康良好发展最根本的办法在于形成适当的自我调适能力。在变化无穷的信息时代，环境中的“变量因素”大量存在，因此，预防心理疾病的关键是增强自身的“免疫”能力。大学生要适应不断变化的大环境，依赖自己的力量，这样才能依据外界变化随时随地、及时地调适自我。

（一）树立符合实际的目标，积极地迎接生活，是塑造良好适应能力的心理基础

少年志在四方。大学生正值青春年华，对未来有着无限美好的憧憬，对自己有着美好的期许，于是经常会给自己制定超出自身实际的目标。由于缺乏对自我正确的认知，过高的目标容易造成能力配不上理想高度的困境，这样一来很容易在前进的道路中经历挫折，从而导致自信心防线的坍塌。始终以乐观积极的态度迎接生活，不考虑结果的成功或失败，树立符合自身实际的奋斗目标是指向成功的灯塔，是大学生主动调适自我以适应社会变化的力量之源。

“志之所趋，无远弗届，穷山距海，不能限也。”正确的奋斗目标能使人的心里踏实、内心充盈，容易使人在前进的道路上感受到学习、生活的乐趣。大学生要学会树立正确的奋斗目标，找到理想与现实的契合点，正确认识自我、评价自我，找准自己在社会中的位置，摆正患得患失的心态，这样才能够感受追梦的快乐，才能在追逐理想、实现人生目标的道路上保持身心的健康发展。

（二）不过分苛求他人，不过度责备自己，是塑造良好适应能力的基本遵循

人本主义心理学家马斯洛曾指出：“我们并不因为水是湿的而抱怨水，或者也不由于石头是硬的而抱怨石头，也不因为树是绿的而抱怨树。”然而，在现实生活中，人们发现许多心理异常的人往往对他人和社会施以高标准的要求，认为他人应该怎么样才对，社会应该怎么样才好，并以自我设定的高标准去苛责他人和社会。孔子曰：“己所不欲，勿

施于人”，任何人以苛求别人的心理模式去与他人相处时，往往会发现现实与理想的巨大偏差，更有甚者会因心理预期的偏差出现嫉妒和仇视的心理，进而产生报复行为。

如果说这世界上有比海洋和天空更宽广的存在，那么一定是人的胸襟。大学生都应当以平静、包容的心态去面对经历的一切，包括自己和他人的不足以及客观环境的变化。一个人只有具备了宽广的胸襟，才能客观、冷静地认识事物、评价自我与他人，才能与大环境融为一体，才能在不断的变化中调节自我、适应环境。

（三）遵循人际交往原则，建立良好的人际关系，是塑造良好适应能力的重要内容

人的本质是一切社会关系的总和，个体的生存和发展离不开纷繁复杂的人际关系。人际关系是个体社会生活的重要组成部分，是个体心理正常发展的基础。我国著名心理卫生学家丁瓒指出：“人类的心理适应，最主要的就是对人际关系的适应，所以人类的心理病态，主要是由于人际关系的失调而来的。”由此可见，从一定程度上说，自我调适主要是调适人与人之间的关系。

各高校应该帮助大学生建立社会支持体系，使其掌握人际交往的原则，把握人际交往的技能与技巧，学会正确解决人际矛盾与冲突，这对调节好个人与他人、个人与社会的关系都是十分重要的。同时也有利于大学生塑造良好的适应能力。

林某雪是一名从未离开过家乡的乖乖女，她对大城市的生活无比向往。于是，在高考填报志愿时，她不顾父母让她就近选择大学的强烈意愿，一意孤行地选择了距离家乡 1 000 多千米的城市上大学。然而，林某雪把独立生活想得过于理想了。从未离开过父母和家乡的她遇到突发事件时一下子就手足无措了。林某雪和室友因为生活习惯不一致发生了激烈的争吵，习惯了早起早睡的她无法忍受其他室友熬夜到很晚也不关宿舍的灯，无法忍受室友在宿舍大声地喧闹，于是和室友大吵了一架。她开始独来独往，她的室友也慢慢在疏远她。寝室的氛围降到了冰点，常常是处于谁也不理谁的状态。

林某雪陷在这种紧张的人际关系中十分苦恼，于是向父母诉苦，希望能够逃离这样一种紧张的生活氛围，甚至表示要退学。她的父母得知这一情况后，便向林某雪的辅导员了解情况。辅导员了解情况后发现，林某雪的生活习惯非常规律，这是从小在家便养成的良好习惯。然而，当今许多大学生都是“熬夜党”，具有一定程度的手机依赖症，林某雪所在宿舍的其他同学也是习惯晚睡的作息风格。于是，辅导员积极地调和林某雪与其室友的关系，让她们学会互相尊重，互相理解，彼此解开心结。此后，辅导员将林某雪调到了一个与她生活习惯相一致的宿舍。渐渐地，林某雪在新的环境中重新找到了自己的伙伴，相同的作息习惯让林某儿的生活质量得以改善，学习上也更有劲头了。

二、大学生心理适应需要完成的七大转变

视频

自我接纳，是否意味着安于现状？

大学生进入大学校园意味着开启了一种崭新的生活方式，这种生活方式不同于中学。大学的生活方式更加多元化、人际交往范围的直径更加宽阔，自由活动的时间更加充裕，这将使大学生在中学时原有的、习以为常的心理定式受到一定程度的冲击，部分调适能力弱的大学生容易出现孤单、烦闷、焦虑和恐慌的情绪。大学生能否很好地适应大学生活，这一命题贯穿整个大学阶段，其中新生入学适应期是整个大学阶段适应性问题最为集中和突出的时期。大学生在大学阶段需要不断调适自我，只有根据客观环境的变化调适自我，适应大学新的管理模式、学习方式、师生关系、宿舍生活等，才能实现由中学生到大学生的华丽转身。

时针不停地转动，它展示着时间的流逝，也呼应了万事万物不断变化更迭的进程。变化带来的不一定都是艰难的磨合，有时它也会成为登上云端的阶梯。

（一）社会角色的转变

当前的大学生大都生活在良好的家庭环境中，物质生活条件较为丰富，在家里备受父母亲人的关爱。有些大学生理所当然地收获了来自家庭的关爱，长此以往便养成了只知道索取，不懂得奉献的习惯，处处以自我为中心。在与他人相处过程中，特别是在舍友关系的处理中，许多大学生还没能从原来家中“小公主”或“小王子”的角色转换过来，还扮演着家庭角色，殊不知进入大学后其角色就是大学生，要以一名普通学生的身份来要求自己。同学之间的关系是平等的，没有高低贵贱之分。大学生在宿舍中要共同分担内务，要接纳彼此不同的生活习惯；在课堂上要学会尊师重道，虚心学习理论知识；在实习岗位上要学会适应实习单位的工作节奏、学习具体的工作内容，带入职场人的角色，以便将来更好地适应社会。丰富多彩的大学生活给了同学们新的人生尝试，大学生要学会转变自己的角色，约束自己的行为，早日成为能够独当一面的人。

（二）生活习惯的转变

进入大学之后，大学生会发现自己的生活习惯也会经历一个无形的转变过程。中学时代，学生只需要按照学校、老师或者家长的安排，按部就班地生活，按时吃饭、上课、睡觉。然而离开家乡到了大学之后，学生会渐渐发现生活需要自己安排，几点起床、几点睡觉，甚至吃饭或者不吃饭，都没有人提醒或者监督了。大学生活让许多大学生由原本依赖性的生活方式转变成了独立自主的生活方式。大学生的独立意识在大学会迅速发展，生活方式上会渐渐摆脱少年时代的稚气，开始有自己的规划和设计，会将自己的个性张扬到极限，会渴望像成人一样独立。

随着生活环境的转变，大学生需要不断调整自己的生活习惯。高度自律的大学生能从新的生活环境中吸收好的养分，养成良好的生活习惯；而过度依赖型人格的大学生一开始会很难适应新的环境，这就需要其不断认清环境，找到调适方法，养成健康的生活习惯。

（三）奋斗目标的转变

“考入大学就好了”，这是在中学时代老师和家长为了鼓励学生学习经常说的话。在进入大学之后，升学目标已经实现了，原有的学习动机也随之减退，加之大学更为宽松和自由的授课方式，许多大学生拼搏的信念不再坚定，开始机械式地完成任务，甚至开启混日子的生活模式，想着反正已经进入大学了，混个学历应该就可以了。由于没有树立新的奋斗目标，“理想真空”的状态会让这些大学生迅速丧失斗志，更加不会主动去做大学生涯规划，从而导致其学习成绩平平，没能在大学获得核心竞争力。

无数大学生的成长历程说明，大学期间有无正确的目标直接关系到大学生的成长和发展，直至毕业后的前途。考上大学只是学习生涯的一个里程碑，大学生要充分认识到考上大学并不是人生追求的终极目标，想要攀登更高的山峰，取得更优异的成绩，还需要树立正确的人生追求，迅速完成由过去的升学目标向成才目标的转变，把自己培养成走向社会的独立工作者和社会需要的高级专门人才。

（四）交往方式的转变

正如孔子所言，“君子和而不同，小人同而不和”。在大学里，同学之间的兴趣爱好各不相同，但是并不妨碍彼此之间能够成为知心的朋友。在大学里，社交范围变得广了，结识好友的途径不仅是班级、寝室，还可以延伸到社团、协会、实习单位等诸多领域。

1. 严于律己，宽以待人，要用真诚与宽容待人

在大学里，有心思细腻、敏感多虑的同学，也有自我意识很强、思想颇有广度和深度的同学。由于性格原因，这两类同学在交友的过程中会比性格外向、言吐健谈的同学要困难一些，很难找到走进他们内心深处的知音。因为这类同学表面上看上去可能友好大度，但自己内心最隐秘的想法从不轻易对人敞开。这些都是不同性格的大学生的心理特征，并不是不好相处。大学生要做的就是先敞开自己的心扉，学会去包容每一种性格特征的同学，求同存异，找到你“中意”的大学挚友。

2. 团结室友，敢于承担，遇到问题多沟通

大学生最常待的场所，除了教室，就是寝室。大部分大学生的主要人际关系问题都出现在寝室。在寝室里，大学生要团结室友，在保持个人卫生的同时学会分担寝室的公共内务，把寝室看作一个大家庭，在大家庭里，所有的家庭成员都是不计得失的。在寝室里，大学生要学会尊重他人的作息规律，不要为了主张自己的不同而要求别人配合自己；室友之间要团结互助，正所谓“一方有难，八方支援”；遇到问题时要多沟通、多谦让、多忍耐。

3. 培养爱好，发挥特长，提高自身修养和人格魅力

很多在事业上有所建树的人，都不是只会闭门苦读的书呆子，他们大多都有自己的兴趣和爱好。大学生要善于借助社团或学生组织等团体的力量，培养自己的团队协作能

力和领导能力，发挥自己的专业特长。在大学里，学生类的组织是丰富而开放的，它吸纳的是兴趣爱好相同的一群人并肩作战，更是一种不要知识付费的学习。如果觉得没有特长、没有爱好可能会成为自己人际交往能力提高的一个障碍，那么你可以有意识地去选择和培养一些兴趣爱好。共同的兴趣和爱好是你与朋友建立深厚感情的途径之一。业余爱好不仅是人际交往的一种方式，还可以让大家发掘出自己在读书以外的潜能。例如，体育锻炼既可以发挥你的运动潜能，也可以培养你的团队合作精神。如果真的没有什么兴趣爱好，那么，多读些好书不仅可以丰富自己的知识，也可以改进自己的人际交往能力，因为没有什么比智慧和知识渊博更能体现一个人的人格魅力了。

（五）管理模式的转变

历经十余载寒窗苦读，大学生如愿以偿地迈进了大学的校门。在许多中学生以往的憧憬之中，大学也许是“休闲地”，上大学便是“逍遥游”。甚至总有人用“只要考上大学，你就轻松了”这样的话来激励中学生。相对于高中生活，大学生活的确比较自由，管理模式也更加灵活。然而，这样的自由也是有边界的。如果大学生缺乏正确的判断和理性的选择，在最应该学习的年华选择了享乐，在最应该吃苦的光阴贪图安逸，那么在不久的将来，其就会在庸庸碌碌中迷失方向。

大学之大不仅仅在于“大师”和“大楼”，更在于培养一批又一批优秀的“大”学生。人生的道路虽然漫长，但关键处通常只有几步。大学便是决定人生高度的一个关键时期，不仅因为它是人生中最美好的黄金时期，更在于它是一个人思想成型、人格养成、掌握技能的重要时期。因此，大学生入学后就要开始思考：离开学校时要带走什么？是拥有核心竞争力的专业技能，是坚韧不拔的超然之志，还是虚度年华的一声叹息？这些答案都藏在同学们对未来的选择里和对时间的高效管理中。大学生要利用大学给的自由支配时间进行自我管理，夯实基础知识，参加集体活动，培养兴趣爱好，做思想的主人、行动的巨人，这样才能更好地实现自己的学业梦、事业梦和人生梦。

（六）学习方式的转变

大学专业分流后，大学生的学习开始从中学时代的基础知识学习变成专业技能的深入学习，从原来的填鸭式学习逐渐转变为自主学习，从“要我学”转变为“我要学”。高考已经过去，荣誉也成为过去式，大学生要为了成为综合型人才付出更多努力。

进入大学后，许多大学生会发现专业知识渊博得令人望洋兴叹，专业知识的更新速度更让人望尘莫及。哈佛大学医学院甚至这样教育自己的学生：“你现在学习的知识在毕业后将有一半是错误的，更可悲的是，你根本不知道是哪一半错误。”无论工作多么繁忙，无论自己如何权威，学术界泰斗依然保持着终身学习的习惯。

“吾生也有涯，而知也无涯”。未来世界的文盲不再是目不识丁者，而是不会学习的人。大学生如果没有终身学习的意识和能力，将很快陷入本领恐慌的危机，更谈不上有所作为。因此，大学新生要尽快完成由被动学习到主动学习的转变，培养自己的自主学

习能力、保持终身学习的习惯，只有一如既往地勤学善问，积极上进，才能学有所成、学有所用。

（七）思维与价值观的转变

个人价值观的选择关系到明辨是非、善恶、美丑的能力。当今世界风云变幻，国际环境日益复杂，国家和民族需要青年一代为实现伟大复兴的中国梦不懈努力，砥砺前行。所以，大学生要树立正确的世界观、历史观，带着家国情怀和对国家、民族深沉的热爱开启大学生活。

心怀正确价值观的人会少一些焦灼和迷茫，多一份勇气和定力。在中学时代，“成绩论英雄”的思维和价值观在许多学生心中根深蒂固，甚至将成绩的好坏与一个人品格的好坏、一个人能力的高低挂钩。“恰同学少年，风华正茂”，大学生有放飞炫彩梦想的资本，有奋发图强的信念，也要有慎思明辨的能力，有博学笃志的责任。

大学生生逢“大时代”。当前，中国正日益走向世界舞台的中心，这将影响国家、民族对未来的选择。进入大学后，大学生要对自身的理想信念、爱国情怀、道德品质等有所要求；要与学校同心同向而行，争做社会主义核心价值观的坚定信仰者和忠实实践者。只有为社会、为民族、为国家勇担责任的学子，才能真正成为国家的精英和民族的栋梁。

心理调适能力的培养

1. 认识情绪

心理学认为，情绪的产生并不是由诱发事件直接引起的，而是由经历这一事件的个体对这一事件的解释和评价引起的。这就是著名的情绪理论（ABC 理论）。例如，因为做了错事便认为自己无能于是感到很自卑。在这里，做错了事就是事件 A，认为自己无能就是对这件事的评价和解释 B，自卑就是因为认为自己无能而引起的情绪体验 C。情绪理论认为，改变你对该事件的解释和评价就可以改变你所体验到的情绪。

2. 培养积极的心态

培养积极的心态要做到两点：一是要明白情绪的产生是一种正常的生理现象，是内心需要是否得到满足的外在表现。因此，你要清楚地认识你的需要是什么，以及你的需要是否为你的能力所及，你的需要是否达到了三好：我好、你好、大家好。二是要善于从负性事件中提取正面信息。任何事件都会有正负两方面的信息，自卑的人看到的大多是负面的信息，而自信的人看到的大多是正面的信息。

3. 面对负性事件要坚持“四不”原则

（1）不责备。责备会激发对方的自我防御机制，对解决问题无效，正确的做法是清楚地描述这件事并坦诚地表达你的感受和希望。

（2）不逃避。只有敢于面对才能成长，厌学、网瘾就是面对负性事件时采取了逃避策略的表现。

（3）不遗忘。越想忘记就越忘不了，认可负性事件的存在，当下该做什么就做什么。

（4）不委曲求全。委曲求全指放弃自己的利益来获取某些结果，而不委曲求全是在不伤害别人的前提下保护自己，做自己想做而又能做的事。

4. 以适当的方式排解情绪

排解情绪的方式以不伤害别人为原则。如痛哭一场、向知心朋友倾诉、逛街、听音乐、运动等都是较好的方式，比较糟糕的方式是喝酒、斗殴，甚至自杀。排解情绪的目的在于给自己一个厘清想法的机会，让自己好过一点，也让自己更有能量去面对未来。有了不舒服的感觉，要勇敢地面对，仔细想想，为什么这么难过、生气？我可以怎么做，将来才不会重蹈覆辙？怎么做才能降低我的不愉快？这么做会不会带来更大的伤害？从这几个角度去选择适合自己且能有效排解情绪的方式，你就能够控制情绪，而不是让情绪来控制你。

资料来源：http：//www.safehoo.com/item/277449_2.aspx，有改动．

章末小结

人类的发展是适应的发展。适应是指一个人通过不断调整行为模式、心理状态以达到与环境相统一的过程。如果一个人能够达到与变化的环境协调共处的状态，则是适应良好的表现；如果一个人不能够达到与变化的环境协调共处的状态，则是适应不良的表现。面对新环境，并非每个人都能顺利适应。从不适应到适应是许多大学生必须经历的一个过程。

1. 理解适应的普遍性，总结有效的适应策略。

2. 大学生所面临的适应与发展任务主要包含生活习惯、学习方式、自我评价、人际关系四个方面。

3. 大学生保持身心健康良好发展最根本的办法在于形成适当的自我调适能力，从生活依赖变成生活独立，从被动学习变成主动学习，从单一评价变成综合评判，从独来独往变成团队合作。

4. 大学生根据变化的环境不断调整自己的思维方式与生活习惯，可以顺利地完成每一个人生阶段的发展任务，成为更加成熟和优秀的自己。

第三章

家庭与心理健康

名人名言

- 家庭教育是父母最重要的责任之一。——卢梭
- 没有哪种投资比教育对未来收益更高。而家庭教育则是教育的最初起点。

——温斯顿·丘吉尔

学习目标

- 了解家庭的含义与特征。
- 了解我国家庭的结构类型。
- 了解家庭教育的含义，理解家庭教育的地位和作用。
- 了解家庭教育心理学的含义，掌握家庭教育心理学的理论。
- 掌握家庭心理健康教育的途径与方法。

案例导入

张同学在小学二年级时出于好奇偷了一块电子手表，受到父母的打骂，他认识到了错误并改正。在此事件后，张同学的父母仍揪住此事不放，一旦张同学稍有不对，就拿这件事来讽刺他，还在左邻右舍前令他难堪。因此，张同学害怕父母，在心里有些恨妈妈，但从不顶撞，因为张同学不想妈妈伤心。尽管他在家的言行举止都很小心翼翼，但稍有不对就会遭到白眼和辱骂。于是，他很害怕回家。他还觉得在家里，父母并不爱他，他对这个家充满了厌倦，认为自己是这个家庭中多余的一员。因此，他无时无刻不想逃离这个家。张同学对家庭的害怕影响了他在学校的正常生活，在心理上有不可跨越的一道障碍。

第一节　家庭与家庭结构

一、家庭的含义与特征

（一）家庭的含义

家庭是按血缘、姻缘或收养关系建立起来的包括父母、子女及生活在一起的其他亲属在内的社会单位。我们可以通过以下几点来理解家庭的含义。

（1）婚姻是家庭的起点，是家庭中最主要的关系，也是判断是否为家庭的首要指标。

（2）血缘是家庭的纽带，父母、子女、兄弟姐妹之间因血缘关系而紧紧地联结在一起，这是判断家庭的又一个重要指标。

（3）共同生活、有密切的经济交往是家庭成立的必要条件。这就是说家庭还包括除父母、子女之外的其他直系、旁系亲属和建立了正式领养关系的成员。他们中有的虽无血缘关系，但由于长期的共同生活和经济上的密切交往，实际上起到了维系血缘的作用。

（二）家庭的特征

家庭的特征主要表现在以下三个方面。

（1）两性结合，延续后代。两性结合繁衍后代是家庭最主要的特征，是与其他社会组织形式相比最大的区别。

（2）家庭是社会发展的产物，有其自身产生和发展的历史。人类社会在发展的过程中，主要出现过四种家庭形式，即血缘家庭、普那路亚家庭、对偶家庭、专偶家庭。家庭形式是在不断变化的，它随着社会的发展从较低级阶段向较高级阶段发展。生产方式的变化、生产力的发展是家庭发展的决定力量。在原始社会时期，人类是群婚群居，没有稳定的家庭组织。在私有制出现之后，开始实行专偶，使专偶家庭产生并且随着生产力的发展而逐渐巩固。家庭是一个亲属团体，成员间有着特殊的、密切的联系，相互间或有姻缘关系或有血缘关系、收养关系。基于这种特殊性，家庭便承担了教育家庭成员、培养下一代的特殊职能。

（3）家庭是人类的基本群体，不仅为人们创造了社会的基本条件，还因此满足了人们从物质到精神的多方面需要。

拓展阅读

家庭的发展历程

人类社会在发展的过程中，主要出现过四种家庭形式，即血缘家庭、普那路亚家庭、对偶家庭、专偶家庭。

1. 血缘家庭

人类第一种家庭形式和第一个社会组织是血缘家庭，又称血缘家族。它是建立在血缘婚姻基础上的家庭形式，存在于人类由原始人群向氏族公社过渡的整个时期。其特征是，婚姻集团按辈分划分，即在家庭范围内，一群直系或旁系的兄弟姊妹互相通婚，但婚姻关系基本上排除祖辈与孙辈、父母辈与子女辈的婚配。这种家庭的典型形式是一对配偶的子孙中，每一代都互为兄弟姊妹，也互为夫妻。在亲属称谓上无父系和母系的区别，祖父与外祖父、伯叔父与舅父、姑母与姨母、舅母与母亲等都使用相同的称呼。血缘家庭的出现与原始社会早期生产力的发展水平相一致。在旧石器时代中期，狩猎技术的提高导致了分工，使原始群体分裂为若干血缘家庭的小集团。同原始群体相比，血缘家庭已经抛弃了没有婚姻规定的杂乱性交共系，而产生了禁止父母与子女之间婚配的婚姻规例。在血缘家族集团内，人们共同生产，共同消费，过着共产主义的集体生活，这种由于血缘家庭的需要而产生的共产生活方式是一种共产制公社，因此也称为血缘家族公社。血缘家庭形式是美国民族学家亨利·摩尔根于19世纪70年代依据遗留在夏威夷的马来亚式亲属制和群婚的残余推论出来的。这一论点冲破了当时流行的一夫一妻制家庭自古就有的家庭形式观念，并得到了马克思、恩格斯的肯定。中国许多学者运用民族学有关血缘婚姻和马来亚式亲属制的材料补充阐述了血缘家庭存在的历史合理性与真实性，并认为在原始社会史领域，利用亲属制来复原家庭的发展史是摩尔根的一大贡献。

2. 普那路亚家庭

普那路亚家庭又称为伙婚制。“普那路亚”是夏威夷语“punaluan”的音译，意为“亲密的伙伴”。普那路亚家庭是指一个氏族的男子与另一个女子结成配偶关系而产生的家庭形式。因为此时，两性关系中出现了一种新的禁例，即不准兄弟姊妹之间发生婚姻关系。这样就出现了一种新的婚姻形式，即一列兄弟（同胞的或血统较远的兄弟）与另一列不是自己姊妹的女子通婚，一列姊妹（同胞的或血统较远的姊妹）与另一列不是自己兄弟的男子通婚。普那路亚家庭仍然是群婚形式，在家庭范围内相互共夫和共妻，只不过在这个家庭范围内把妻子的兄弟除外或把丈夫的姊妹也除外。

3. 对偶家庭

在普那路亚家庭基础上出现的对偶家庭是从群婚制过渡到一夫一妻制的一种原始家庭形式，存在于母系氏族社会中后期。与普那路亚家庭不同的是，其配偶关系相对稳定。在男女分属于不同的氏族，没有独立的家庭经济，依附于实行集体劳动、共同消费的原始共产制氏族公社等方面，其与普那路亚家庭没有区别。

4. 专偶家庭

专偶家庭是在父系氏族社会出现的家庭形式，建立在一夫多妻制和一夫一妻制的婚姻制度上。在这种家庭中，女子必须离开本氏族嫁到男子所在的氏族，并与丈夫一起生活，生儿育女。专偶家庭改变了过去子女只知其母而不知其父的情况，使血缘关系可以按父系延续，使家庭成员明确和固定，因而这种家庭逐渐形成一个独立的生产单位，劳动收获不再由氏族共同分配，父亲死后的财物由家庭成员继承。因此，随着专偶家庭制度的确立，氏族公社便趋于瓦解了。

资料来源：周先利，刘映含．早期教育概论[M]. 上海：同济大学出版社，2020.3

二、我国的家庭结构类型

家庭结构是指家庭成员及其相互作用、相互影响的状态，以及由这种状态形成的相对稳定的联系模式。家庭由两个或者两个以上成员组成，即夫妻、子女和祖辈等。我国的家庭结构可以分为核心家庭、主干家庭、单亲家庭、隔代家庭和联合家庭等。不同结构家庭的家庭教育模式和氛围有很大的不同。

（一）核心家庭

核心家庭是指已婚夫妻与未婚子女组成的家庭。家庭内只有夫妻关系、亲子关系、兄弟姐妹关系。这种类型的家庭具有较强的凝聚力，容易协调关系，有利于家庭教育功能的发挥，有利于为子女的成长创造和谐的家庭环境。父母与子女发生互动的频率和机会相对其他类型的家庭更高、更多，更容易建立亲子感情。调查表明，我国城市中绝大多数核心家庭夫妇都是双职工，但随着社会竞争意识的增加，他们的工作压力越来越大，陪伴孩子的时间越来越少。

（二）主干家庭

主干家庭通常是指由父母（或父母一方）和一对已婚子女及其子女组成的家庭。其在一个家庭中有两代以上，如祖父母、父母和孩子三代组成的家庭。其特点是，代际关系较为复杂，人口相对于核心家庭较多，包括夫妻关系、亲子关系、祖孙关系、婆媳关系或翁婿关系等。其有利的一面主要是，可弥补双职工家庭在料理生活及照顾、抚育孩子时间、精力的不足；其不利的一面主要是，不同的代际，由于观念、接受新事物的能力方面有差异，在家庭教育方面会出现矛盾，这种教育的不一致现象会削弱家庭教育的功能，不利于孩子的发展。

（三）单亲家庭

单亲家庭就是人们常说的残缺家庭，包括夫妻离异或一方去世，由父亲或母亲与孩子组成的家庭。近年来，由于离婚率的上升，客观上造成单亲家庭不断增加，越来越多的孩子生活在不完整的家庭，给家庭教育带来了不利的影响。

生活在单亲家庭的孩子，心里要么承受着父亲或者母亲离世带来的伤痛和阴影，要么忍受着父母离异带来的伤害。因为得不到父母完整的爱，他们通常会情绪低落、缺乏安全感、不自信，也容易出现反叛行为。离异的家庭从父母感情破裂开始，家庭关系失和、父母争吵不断，会对孩子的心灵造成严重的创伤。

拓展阅读

残缺家庭对孩子心理的影响

据统计，残缺家庭中，夫妻一方死亡的占 30.92%，离异家庭占 69.08%。许多调查研究结果表明，离异家庭中，由于父母长期冲突，相当一部分孩子产生了心理偏差。这些孩子有的性情孤僻，少言寡语；有的非常冷漠，悲观失望；有的有反社会行为，攻击性行为明显增加。问题学生中，家庭背景为父母离异或父母关系紧张一直在闹离婚的占了绝大多数。

（四）隔代家庭

隔代家庭是指由祖（外）父母与孙辈组成的家庭。隔代家庭的孩子长期与父母分离，亲子关系有隔阂，老人对孙辈的照顾主要是在生活方面，对孩子的教育力不从心。这样的孩子由于不能接受良好的家庭教育，会出现各种各样的问题。

（五）联合家庭

联合家庭即由一个以上核心家庭联合而成的家庭。这样的大家庭在我国尤其是城市中已为数不多。

不同的家庭结构对家庭教育的影响不是绝对的和一成不变的。

第二节 家庭教育

家庭教育、学校教育、社会教育是国民教育的重要组成部分。家庭教育越来越受到人们的重视。

一、家庭教育的含义

广义的家庭教育是指家庭成员之间互相实施的一种教育和影响，即在家庭里，父母与子女之间、长幼之间、同辈之间的一切有目的、有意识施加的影响都是家庭教育。家庭教育应当是家庭成员之间相互实施的一种教育，包括父母教育子女和家庭成员之间相互教育两个方面，父母教育子女是家庭教育中的主要方面。

狭义的家庭教育是指在家庭生活中由家长对其子女实施的教育和影响。这种家庭教育是父母自觉或者不自觉、有意或者无意地对子女实施的教育和影响。

拓展阅读

家庭教育是怎样产生的

恩格斯把人类社会的发展划分为三个时代，即蒙昧时代、野蛮时代和文明时代，分别与此相适应的婚姻家庭形式是群婚制、对偶婚制和一夫一妻制家庭。

人类社会发展到蒙昧时代中期，社会上出现了以通婚限制为主要标志的第一种家庭形式——血缘家庭。

血缘家庭还是群婚制家庭，性交关系处于杂乱状态，人们只能辨认母亲，不能辨认父亲。由于生产力发展水平低下，母亲还不能脱离生产劳动单独抚养、教育自己的子女，只好由群婚制家庭的老年人抚养、教育儿童。这虽然也可以说是家庭教育，但还是带有"公育"的意味，还不是真正意义上的家庭教育。

在蒙昧时代和野蛮时代相交的时期，人类社会出现第二种家庭形式——对偶婚制家庭。这种家庭里出生的孩子，虽然大体上能辨认谁是孩子的父亲，但是，由于生产力发展水平低下，还是不能由生身父母亲自抚养、教育自己的子女，这些孩子依旧是由大家庭的成员共同抚养、教育，这种教育仍旧不能认为是真正意义上的家庭教育。

人类社会发展到野蛮时代晚期，生产方式进步，生产力水平提高，个体的生产能力增强，特别是男人在生产劳动中的地位得到提高，男人通过个体劳动积累了属于自己的财产，即私有财产，希望能有专属于他自己的子女继承他的财产。由此，男人便产生了独占妻子的要求。而女人由于对过去那种杂乱性交逐步产生厌恶情绪，也产生了能与一个男子保持持久、稳定结合的愿望。就这样，在原始社会的末期就出现了一夫一妻制家庭。

如恩格斯所说，一夫一妻制这种个体家庭的出现，"它的最后胜利乃是文明时代开始的标志之一"，从那时起，子女就开始由其父母亲自进行家庭抚养和教育。这才是家庭教育的起源。

资料来源：www.sohu.com/a/154827719_125816

二、家庭教育的性质

家庭教育的性质就是家庭教育区别于其他形式教育的根本属性。

（一）家庭教育是一种非正规教育

从教育过程实施的组织形式来看，教育大体可以分为正规教育和非正规教育。所谓正规教育，是有组织、有领导、有计划、有目的、有系统地实施的教育。正规教育一般有受过专门训练、具有一定专业知识和教育能力，经考核合格，由国家或教育行政部门任命或聘任的专职教育工作者，有相对稳定的、按一定年龄和文化知识水平组织起来的

教育对象，有按照国家意志制定的教育教学大纲、教育教学计划和相对稳定的教育教学内容与教材，有一定的教育教学组织形式，教育教学工作有系统、有秩序、有要求、有检查、有考核、有评估、有明确的培养目标，如各级各类学校教育。非正规教育虽然有一定的目的，但不是有组织、有领导、有严密计划的教育。

家庭教育是一种非正规教育。在家庭教育中，教育者一般都没有经过教育方面的专门训练，也不具备专门的教育知识和能力，教育者资格的取得无须进行考核，也无须由谁任用，只要生育了子女，就自然而然地成为子女的教育者；教育内容没有统一的要求，没有带有法律性质的教育教学大纲、计划、内容和教材，究竟进行什么内容的教育和训练，如何进行教育和训练，要把子女培养成什么样的人，主要取决于家长的意志，社会和他人无权进行直接的行政干预；进行的教育和训练没有固定的模式、时间和地点，而是由家长自主选定，一般都是在家庭的日常生活中随时随地进行的。

家庭教育与家庭日常生活的关系密切，应寓教育于家庭日常生活之中。实施家庭教育不能脱离家庭日常生活，不要照搬正规化教育的模式，应防止家庭教育学校化。作为非正规教育，家庭教育有其特有的优势，如教育训练的内容丰富多样，教育的方式、方法和模式灵活，教育训练和实践密切结合，教育活动形象生动，等等。家长应注意发挥这些优势。

（二）家庭教育是一种私人教育

从教育者和受教育者之间的关系来看，教育大体分为两大类，分别是公共教育和私人教育。教育者与受教育者之间仅仅是教育和受教育、教与学的关系，不存在血缘和隶属关系，进行这种教育不是为了满足教育者个人的切身利益，也不是按照教育者个人的主观意志去实施的，这种教育就是公共教育，如当代的学校教育和社会教育。

家庭教育是在父母与子女之间、家庭的年长者与年幼者之间进行的一种教育，教育者与受教育者之间不仅仅是一种教育与受教育、教与学的关系，而首先是具有血缘关系和隶属关系的，进行这种教育是为了满足教育者个人的愿望和利益，如何进行教育、进行什么内容的教育和最终要把受教育者培养成什么样的人，主要取决于教育者个人的意志。因此，家庭教育是一种私人教育。

家庭教育转变为私人教育也是有一个过程的。家庭从它产生到现在，经历了血缘家庭、普那路亚家庭、对偶家庭和专偶家庭等形式演变的过程。血缘家庭、普那路亚家庭和对偶家庭是公共家庭，子女只知其母，不知其父。由于生产力发展水平低下，生身父母不能独立抚养和教育自己的子女，只能由大家庭的老年人共同抚养，实行公共教育。专偶家庭出现以后，子女才能确认生身父母，父母也才能确认自己的子女。父母亲自抚养、教育自己的子女，其目的是使子女能最后继承自己的家产和家业，对子女实施什么样的教育、把子女培养成什么样的人都取决于父母的意志。只是到了这时，家庭教育才由公共教育转变为私人教育。

（三）家庭教育是一种终身教育

从教育过程连续实施的时间长短来看，教育可以分为阶段教育和终身教育。系统的学校教育虽然要连续实施相当长的时间，但人们接受学校教育还只是人生整个历程中的一个阶段。至于毕业后的各种社会性质的教育，实施的时间更为短暂，就是人们常说的继续教育。

学校教育和其他社会性质的教育人们都只是断断续续地接受，所以称之为阶段教育。家庭教育则不同。人从一出生，甚至从未出生时就开始接受教育。从出生到入学之前，儿童主要的生活场所是家庭，每天都和父母生活在一起，朝夕相处，儿童一般主要接受的是家庭教育。入学以后，儿童每天仍有大约2/3的时间生活在家庭里，在父母身边活动，接受着父母或其他长辈的影响和教育。离开学校进入社会生活，家长仍对子女进行教育，只是教育的侧重点和方式、方法与以前有所不同罢了。

在学龄前和学龄期，家长对子女进行的教育多是行为规范、智力开发、文化学习、思想品德和身体保健等方面的教育；而子女成年之后，家长对子女进行的教育则是为人处世、就业选择、工作态度、恋爱、婚姻，以及成家、夫妻关系、养育子女等方面的教育。在我国，父母对子女的教育是典型的终身教育，父母在子女已到壮年，以至于老年都继续进行教育，一直延续到父母离开人世。像父母临终前留下的遗嘱，对子女来说也是家庭教育。

强调家庭教育是终身教育，目的是子女或晚辈应尊重并注意听取父母和长辈的教育，父母或长辈要切实负起教育子女或晚辈的责任，不能借故推卸。当然，就整个家庭教育过程来说，也是有重点的。家庭教育的重要阶段是子女从出生一直到成年，即身心发展未成熟以前，称之为未成年阶段，在此阶段内的0～6岁早期家庭教育阶段显得尤为重要。

三、家庭教育的特点

（一）教育内容全面

家庭要承担起儿童全面成长的重大责任，因而家庭教育的内容很全面。家庭既要负责儿童的衣食住行，提供儿童身体发育的良好条件，又要担负起儿童心理健康发展的重任，还要培养儿童的生活能力，让其养成良好的学习习惯，具有良好的品行修养等。

（二）无固定模式

家庭教育无固定模式，没有特定的教育教学大纲和正式的教育组织形式，也没有统一的教育内容和教材，更没有行政部门的评估、考核，一切教育都是在日常生活中进行的。

（三）影响因素复杂多样

影响家庭教育的因素复杂多样，如家庭的物质条件，家长的文化素养、世界观、心理素质以及自然条件等。

四、家庭教育的地位和作用

（一）家庭教育是整个教育体系中不可或缺的一个部分

苏联著名教育家苏霍姆林斯基说：“应当清楚地认识到，任何没有家庭教育的学校教育或没有学校教育的家庭教育都不能单独承担起塑造人这一细致、复杂的任务。”儿童的成长要受到家庭、社会、学校三方面的教育，家庭教育在人的发展过程中起到的作用是学校和社会教育不可替代的。

（二）家庭教育对儿童的社会化起着奠基作用

儿童社会化是指儿童形成适应现实社会和文化的人格、掌握社会公认的行为方式的过程。家庭作为社会的基本单位，从小给儿童营造了社会性的氛围，为儿童的社会化奠定了基础。

（三）家庭教育质量的高低直接影响着国民的素质与国家的综合实力

家庭教育最具广泛性和群众性。我国有两亿个家庭，这两亿个家庭承担着祖国未来建设者的教育培养重任，家庭教育质量的高低直接影响着国民的素质与国家的综合实力。因此，家庭教育不仅是家庭内的个体行为，它对社会发展所起的作用也不可低估。

第三节　心理健康与家庭教育心理学

家庭教育对子女心理健康水平、人格发展有着极其重要的影响和作用，这已成为心理健康教育领域的共识。

一、家庭教育心理学的含义

家庭教育心理学是对家庭教育进行心理学研究的学科，致力于研究家庭教育的心理机制、影响因素以及有效的教育方法等问题。

家庭教育心理学的研究意义在于有助于家长了解孩子的心理需求和发展规律，从而引导孩子的成长。同时，家庭教育心理学有助于家长发现自身教育方式和方法的不足，从而进行改进和提升。此外，家庭教育心理学有助于社会建立健康的家庭教育观念，促进社会和谐稳定地发展。

二、家庭教育心理学的研究内容

家庭教育心理学的研究内容非常广泛，主要包括以下几个方面。

（一）家庭教育的影响因素

家庭教育的影响因素很多，包括孩子的基因、家庭环境、家长的教育方式和方法等。研究这些影响因素有助于家长了解孩子的成长规律和需要，从而更好地进行家庭教育。

（二）家庭教育的心理机制

家庭教育的心理机制是指家庭教育对孩子心理发展的影响过程。研究家庭教育的心理机制有助于家长了解自己的教育方式和方法是否科学合理，从而提高教育的效果。

（三）家庭教育的有效方法

家庭教育的有效方法是指科学合理的家庭教育方式和方法。研究家庭教育的有效方法有助于家长引导孩子的成长，促进孩子的心理健康和全面发展。

三、家庭教育心理学的理论

（一）罗森塔尔效应

罗森塔尔效应亦称皮格马利翁效应、人际期望效应，是一种社会发展心理效应，指的是教师对学生的殷切厚望能戏剧化地收到预期效果的现象，由美国学者罗森塔尔和雅各布森于 1968 年通过试验发现。一般而言，罗森塔尔效应的关键是教师对高成就者和低成就者分别期待着不一样的个人行为，并以不同的方式对待他们，进而维持了他们原有的行为模式。

（二）超限额效应

超限额效应是指刺激性过多、太强或作用时间太久，从而造成心理极厌烦或叛逆的心理现象。超限效应在家庭教育中时常发生。当孩子犯错误时，父母会三次、四次甚至多次对一件事做出同样的批评，使孩子从内疚不安到不耐烦，最后反感讨厌，被“逼急”了，甚至会出现“我偏要这样”的反抗心理和行为，反而达不到教育的目的。

（三）德西效应

一般而言适当的奖赏有益于增强个人的内在动机；但过多的奖赏有可能减少个人对事物的兴趣，降低其内在动机。在某些情况下，人们在外在酬劳和内在酬劳兼顾时，不仅不会增强工作动机，反而会降低工作动机。此时，动机强度会变为两者之差。这种规律称为德西效应。这一结果表明，进行一项愉快的活动（内在报酬），如果提供外部的物质奖励（外加报酬），反而会减少这项活动对参与者的吸引力。

（四）霍桑效应

霍桑效应是当人们在意识到自己已经被关心或观察时，会有意地改变一些个人行为或者语言表达的效应。“霍桑”是坐落于芝加哥的美国西部电气公司一间工厂的名字，是一座开展试验科学研究的加工厂。试验最初研究的是工作中标准与生产率之间的关系，包含环境影响条件（如照明强度、环境湿度）和心理影响因素（如休息间隔、团队压力、工作时间、管理人员的领导能力）。

四、家庭心理健康教育的途径与方法

家庭教育是渗透在家庭全部生活之中的，父母对孩子的心理健康教育更是如此。家庭中每一天的氛围、家庭成员之间的关系、家庭对社会各种事物的评价、家庭生活的习惯等每时每刻都在塑造着孩子的心灵。父母要在生活中做好对孩子的心理健康教育。

（一）营造充满爱和民主的家庭氛围

影响孩子心理健康的社会因素之一是家庭环境。研究表明，在单调、贫乏环境中成长的孩子的心理发展将受到阻碍，并且会抑制他们潜能的发展。父母对孩子的态度是影响个体心理健康的重要因素。孩子如果能够在早期与父母建立和保持良好的关系，对其以后社会适应和人际关系有着积极的促进作用。对孩子的过分保护和过分严厉会影响他们的独立性及自信心的发展。所以，家庭成员之间建立一种相互关爱、相互尊重、民主和谐的心理氛围是孩子健康成长的必要条件，是个性心理健康发展的沃土。

（二）潜移默化，环境熏陶

孩子身上的多数习惯（无论是好习惯还是坏习惯）都是父母有意无意培养出来的。父母每时每刻都在教，以至于自己都没有意识到在教，这是一种隐性的教育力量，对孩子的各方面特别是心理方面产生潜移默化的影响。因为孩子的认知能力、情绪、性格等尚未成熟和完善，所以父母的所作所为对他们的影响更深。这就是潜教育比显教育威力大得多的、更本质的教育。

（1）父母应该做好孩子的榜样，要做建功立业、敬业进取的父母，勤奋好学、自强不息的父母，充满爱心、亲切活泼的父母，而不能做只图享乐、不关心孩子的父母，心胸狭窄、处事不公的父母，缺少教养、不讲公德的父母。据调查，父母对孩子的负面影响最大的行为有：夫妻吵架，互不相容；公共场所，不守公德；邻居相处，举措失当；怀疑一切，不满社会。

（2）父母应该使家庭环境对孩子的心理发展产生积极的影响，努力创造良好的生活环境和精神环境。

①安排好家庭的经济生活。很多有作为的人都出身贫寒。有研究指出，一些家庭社会经济地位处于中上时，子女的学习成绩较差；而一些家庭社会经济地位较低时，子女的学习成绩反而优秀。究其原因，是富裕使得一些孩子贪图享乐、不思进取；一些贫穷之家的孩子则早当家，艰难的生活磨炼了他们自强不息的品格。因此，父母应该注意科学安排家中的经济支出，勤俭持家，创造良好的经济环境，促进孩子的心理健康发展。

②美化好家庭的生活环境。家庭是孩子生活时间最长的场所，整洁、美观、优雅的环境足以起到陶冶孩子的情操、培养孩子的美感的作用。

③营造好家庭的学习环境。社会要求每一个人终身学习，父母应该把“学会做人，学会生活，学会学习”作为对孩子的终身教育目标。父母应该腾出时间与孩子一同学习，

一起探讨，平等沟通，从而享受学习的快乐，享受学习的成就感。

（三）共同游戏

一张一弛，文武之道。若一根弦一直处于紧绷状态，则弦易断。同理，如果人的心理一直保持紧张状态，也就极易崩溃，尤其是对于心理发展还没有成熟的孩子。在紧张的学习之余，要让孩子学会游戏、休闲。乐于游戏是孩子的天性，而孩子的智力和情感发展就是在游戏中得到的。适宜的游戏可以缓解紧张的情绪，也可以陶冶情操，有利于孩子健康人格的培养。父母与孩子一同游戏，有利于亲子关系的培养。因此，父母与孩子共同游戏是进行心理健康教育的有效手段。

章末小结

1. 家庭是按血缘、姻缘或收养关系建立起来的包括父母、子女及生活在一起的其他亲属在内的社会单位。

2. 家庭结构是指家庭成员及其相互作用、相互影响的状态，以及由这种状态形成的相对稳定的联系模式。

3. 我国的家庭结构可以分为核心家庭、主干家庭、单亲家庭、隔代家庭和联合家庭等。

4. 广义的家庭教育是指家庭成员之间互相实施的一种教育和影响，即在家庭里，父母与子女之间、长幼之间、同辈之间的一切有目的、有意识施加的影响都是家庭教育。家庭教育应当是家庭成员之间相互实施的一种教育，包括父母教育子女和家庭成员之间相互教育两个方面，父母教育子女是家庭教育中的主要方面。狭义的家庭教育是指在家庭生活中由家长对其子女实施的教育和影响。这种家庭教育是父母自觉或者不自觉、有意或者无意地对子女实施的教育和影响。

5. 家庭教育是一种非正规教育；家庭教育是一种私人教育；家庭教育是一种终身教育。

6. 家庭教育心理学是对家庭教育进行心理学研究的学科，它致力于研究家庭教育的心理机制、影响因素以及有效的教育方法等问题。

7. 家庭教育心理学的研究内容非常广泛，主要包括以下几个方面：家庭教育的影响因素，家庭教育的心理机制，家庭教育的有效方法。

第四章 自我意识

名人名言

- 世界上最难认识的还是自己，人生最大的误区就是你自己。——苏格拉底
- 先相信自己，然后别人才会相信你。—— 罗曼·罗兰
- 一个人要想真正成长，必须在洞悉自己，并坦然接受的同时，又有所追求。

——霍妮

学习目标

- 了解自我意识的含义、结构、作用及形成与发展。
- 理解大学生自我意识发展的分化、冲突和统一的过程，结合自身实际体会自我意识在认知、体验和调控方面的主要特点。
- 力争能够在大学生活中积极探索自我、肯定自我、接纳自我、健全自我，培养良好的自我意识，促进自我的积极发展。

案例导入

小琴是一名大三学生。在同学眼中，她学习努力，成绩优异，身材高挑，气质颇佳。可是小琴却对自己很不满意。她说自己的成绩和高中同学比，实在是不值一提，很多同学都考进了985高校或出国进修了；自己个子170厘米，可是54千克的体重实在是太重了。虽然别人夸她漂亮，可是她却认为自己长得很普通，对异性没有吸引力。小琴努力备战考研，内心却非常紧张焦虑，对自己能否考上完全没有信心。她总说自己没有任何优点，经常处于各种苦恼之中。

你与小琴有相似之处吗？你是否思考过以下问题：我是一个什么样的人？我期待中理想的自己是什么样的？我喜欢自己吗？如果用概括性的语言对自己做一个总体评价，

我会怎么评价我自己？我为什么上大学？

我该如何拥有一个更好的人生？什么样的人生才是更好的人生？我能有效管理自己的成长吗？如果可以，我又该如何去实现一次次的人生突破，向着那个理想的我的方向前进呢？

党的二十大报告中提出："重视心理健康和精神卫生。"这一政策导向强调了全社会对心理健康和精神卫生的关注，也为高校心理健康教育工作提供了重要指导。在大学生活中，大学生会对自己产生很多新的认识和思考，这些思考是自我意识发展的重要体现，也是心理健康和精神卫生的重要组成部分。在人生旅途中，每个人都会思考"我是谁""我的人生目标是什么""我为什么而奋斗"，每个人的一生始终都在探索自我、实践自我、完善自我，而对处于青年期的大学生来说，大学阶段更是自我意识迅速发展的特殊时期和关键时期。"自我"是大学生积极关注的课题，有时个体会这样想："我真弄不明白我是谁""我觉得我不是真实的自己""我真想属于我自己""我想做我自己"。个体对自己的思考是自我意识的真实体现。大学生自我觉察、自我认知、自我评价、自我控制和自我实现如何，对大学生的社会适应度和身心健康有重要影响。

第一节 自我意识概述

一、自我意识的含义和作用

"我是谁"这个亘古不变的话题一直备受人们的关注。古希腊德尔斐神庙上镌刻着"人啊，认识你自己"，这标志着人类自我意识的觉醒，人类开始关注自己，开始将目光从神的光彩转向人类自身。人类对自我意识的真正研究始于文艺复兴运动，人文主义者针对中世纪神学对人性的扼杀、对个性自我的否定进行了尖锐的批判，并喊出了"我是凡人，我有凡人的要求"的人性解放之声。此后，法国哲学家笛卡儿最先使用了"自我意识"这一概念，提出了"用心灵的眼睛去注意自身"的精辟论断，揭示了自我意识的发现途径。笛卡儿之后，有关自我的研究开始得到空前发展。

自我意识是每个人在与环境的互动中逐渐发展出来的。与环境的互动会让人形成各种各样的经验，会产生对外部世界和对他人的认识。其中，一部分互动经验会与"我"有关系。这些与"我"有关的经验逐渐帮助人们形成对自己的认识。

自我意识也称自我，是个体意识发展的高级阶段，是指人对自己以及自己与他人、自己与周围世界关系的认识是一个人在社会化过程中逐步形成和发展起来的，是个体通过提高自我观察、分析外部活动及情境、社会比较等多种途径获得的。

自我意识的形成是人类区别于动物的一个重要标志，是人类特有的一种心理活动。动物的心理只能反映周围的环境或指向躯体的某些部位；而人不但认识了自然界，还全面地认识了自我并且对自我和环境进行改造。

自我意识是人拥有自觉性、自控力的前提，对自我教育有推动作用。人只有意识到自己是谁、应该做什么，才会自觉、自律地去开始和坚持正确的行动，并且有毅力抵制诱导个体偏离正确方向的诱惑。人意识到自己的长处和不足，有助于其更好地发扬优点、克服缺点，达到自我教育的积极效果。总之，自我意识使人能不断地自我监督、自我修正、自我完善。

二、自我意识的结构

自我意识是一个完整的心理结构，可以从形式和内容两个角度对其进行划分。

（一）从形式上分类

从形式上，自我意识可分为自我认知、自我体验和自我调控三个层面，这三个层面相互联系、相互制约。

1. 自我认知

自我认知是主观自我对客观自我的认知，包括自我观察、自我概念、自我分析、自我评价。在与他人的交往过程中，人们根据他人对自己的反馈和评价，结合对自身的思考、分析，会形成对自身状况的反思，加上对自己的了解，从而回答“我是一个什么样的人”。例如，有的人会说自己善良、有耐心、坚韧，也有人会评价自己怯懦、不敢当众展现自己。每个人都是复杂多变的，在不同的人眼里，个人可能是不同的样子。

课堂活动

进行“我的素描”练习（表 4-1）可以促进你对自我的认知。请试着完成练习，并与你的同学交流分享。

表 4-1 我的素描

父亲眼中的我	
母亲眼中的我	
兄弟姐妹眼中的我	
同学眼中的我	
朋友 / 知己眼中的我	
我自己眼中的我	
自己理想中的我	
我重视的信念、价值与事物	

2. 自我体验

自我体验是伴随自我认知而产生的内心体验，是自我意识的情感成分，即每个人对自己所持有的一种态度。例如，“我喜欢自己”“我对自己是否满意”。自我意识会影响自我体验，自我体验又强化自我认知。每个人对自己的态度既有积极的，也有消极的。当个体对自己有较多的积极评价时，如“我是一个可爱的人”“我学习能力比较强”“我受人欢迎”等，就会体验到自爱、自信、自豪，认为自己是一个有价值的人；个体对自己消极评价过多，如感觉自己没有什么优点，能力不足或妄自尊大，就容易产生自卑、内疚、羞耻感、挫折感或自负。消极的自我体验常伴随着各种负性情绪，影响个体的身体健康，不利于个体的自我发展；而积极的自我体验可以帮助个体进行有效的自我控制，让其能遇难而进，走向成功。

3. 自我调控

自我调控是个体控制和指导自己的行动的方式，是个体对自己的思维、情绪和行为进行监察、评价、控制和调节的过程。自我监察包括自我检查和自我监督：自我检查是个体在头脑中将自己的活动结果与活动目的加以比较、对照的过程，自我监督是个体以其良心或内在的行为准则对自己的言行实行监督的过程。自我评价是指对自己行动状态的评估，如当前目标的达成度。自我控制是人对自身心理与行为的主动的掌握。自我调节是自我意识中直接作用于个体行为的环节，其实现是自我意识能动性的表现，如启动或制止行为，积极性的加强或减弱，根据所拟订的计划监督检查行动等。自我调控回答了“我应该怎么做”“我可以选择怎么做”“我当下的状态是否需要调整”等问题。自我调控是自我意识发展水平的最终体现，会对自我认知、自我体验产生重要影响。

（二）从内容上分类

自我意识从内容上可以分为生理自我、心理自我和社会自我三个层面。

1. 生理自我

生理自我是指个人对自己的身体、生理状态的认识和由此产生的情感体验，包括对自己身体、外貌、衣着、风度、体能等的认知，如英俊、漂亮、迷人等。个人对生理自我的认知和评价不同，会产生不同的情感体验及做出相应的行为。很多大学生对外表、身材很关注，会因体重达不到自身的期望值而苦恼，有的人会通过运动、饮食控制等方式来追求更理想的身材。

2. 心理自我

心理自我是个人对自己心理属性的认识。心理自我包括对自己的智力特点、个性特征、兴趣爱好、能力表现、情绪情感及行为模式的认识和体验，如聪明、开朗、随和、多愁善感、迟钝、细腻、情绪平和、执行力强等。心理自我是自我意识的核心部分，个体会根据成长的需要不断调节和控制自己，以期获得更好的发展。例如，人们会在压力大、心情不佳时寻求外界的帮助，或通过某些方式来释放压力和调节心情；会努力发展自己的兴趣爱好，提升自身能力，通过学习增强自身的本领。

3. 社会自我

社会自我是指个人对自己所处社会环境的认识，以及在此基础上产生的情绪体验和为实现目标而进行的行为调控。社会自我包括对自己的名望、家庭及社会地位、扮演的

角色、责任义务等的认识及相应的情绪体验等。例如，进入青春期的个体表达“我已经长大了”，以期得到他人的认可与肯定；少年周恩来“为中华之崛起而读书”激发了无数中国人为祖国的兴盛和民族的振兴而学习奋斗的行动。

生理自我、心理自我和社会自我相互联系、相互影响，它们都包含着自我认知、自我体验和自我调控。

三、自我意识的形成途径与发展阶段

（一）自我意识的形成途径

人的自我意识不是生来就有的，而是个体发展到一定阶段的产物，在个体与环境、与他人的互动中逐渐形成。自我意识的形成途径主要有以下三条。

1. 他人的反馈评价

在成长过程中，个体会得到来自父母、老师和同伴对自己能力、品质等给予的一定的反馈，这为其了解自己提供了线索。特别是当许多人的看法一致时，个体就会更加相信这些看法是正确的，从而认为自己是这样的人。很多时候，个体要对他人的评价持审视的态度，因为那些评价可能失真。例如，当孩子没有达到父母的期待时，不少家长倾向于指责孩子，“你怎么这么笨”“你看隔壁家王五，学习从来不用大人操心”。这种反馈评价容易让当事人觉得自己不够聪明、不够优秀。其实，家长的这些评价往往是其自身比较焦虑或表达对孩子的担心的一种表现，与孩子真实情况可能相差甚远，但是孩子容易把他人对他的评价内化为自我评价的一部分。赏识与激励对每个人的成长非常重要，而过多的否定性评价容易导致个体产生自卑心理。

2. 观察自己的心理活动和外部行为

每个人对自己心理活动的特点都有一定的觉知。例如，思考问题的速度、记忆的特点、思维的灵活程度等都会在学习活动中呈现，个体在长期的学习中会对自己的心理活动特点进行评估。在多数情况下，个体知道自己的情绪状态如何，有哪些兴趣爱好等。即使在内部线索微弱或模糊的情况下，人还可以依据外在行为来推断自己的内在品质（价值观、性格、气质、能力等）。例如，某个人结交朋友较多，他可能认为自己善交际；某个人常帮助别人，他可能认为自己具有乐于助人或热心的特点。

3. 进行社会比较

社会比较为大学生认识自我、评估自我提供了重要标准。美国社会心理学家利昂·费斯廷格提出的社会比较理论认为，人人都自觉或不自觉地想要了解自己的地位、能力和水平，而一个人只有在社会中，通过与他人进行比较，才能真正认识自己和他人；只有“在社会的脉络中进行比较”，才能认识到自己的价值和能力，对自己做出正确的评价。社会比较能够使人清楚地了解自己和他人，找出自己和别人之间的差距，发现自己的长处，找出自己的不足。个体具有将自己与他人进行比较，以从中确定自我的心理倾向。没有自我比较，就没有自我的进一步优化。

（二）自我意识的发展阶段

自我意识不是与生俱来的，是随着年龄的增长，在社会化过程中逐步形成的。自我意识的发展经历了萌芽、发展和完善等过程。

1. 自我意识的萌芽（8 个月至 3 岁）

在新生命降生之初，新生儿不具有自我意识，只有一些简单、片段的感觉，动作和本能的反射，他们认识不到自己的存在，分不清自己的身体与外界有什么区别。他们经常拿自己的手指玩耍，并放进嘴里吮吸，但并不知道手指是属于自己身体的一部分，而只是把它们当成玩具。

（1）8 个月左右时，婴儿的生理自我开始萌生，才开始把自己的动作和动作的对象加以区别，这是自我意识的最初级形态。

（2）1 周岁以后，幼儿开始逐步认识自己的身体，也慢慢意识到自身的感觉与知觉。但是，他（她）只是把自己作为客体来认识，从成人那里学会称呼自己的名字，并且像称呼其他东西一样称呼自己。

（3）2 岁以后，儿童在语言学习中学会了物主代词“我的”和人称代词“我”，由此产生了从把自己看作客体转变为把自己当作主体来认识的飞跃。这标志着他们真正的自我意识开始出现。

（4）3 岁左右的儿童，“我”的使用频率增加，产生了一些较为极端的“自我独立”要求。在成人的眼中，这时的孩子常常与父母“闹别扭”，原来顺从可爱的孩子变得很有“主见”，总想按照自己的方式去处理问题，达到自己的目的。这个阶段开始出现羞耻感、自主性和占有欲。例如，看到母亲喜欢其他的孩子时会生气、嫉妒，甚至动手打那个“抢走”母爱的孩子。这一时期的儿童的行为是一种以自我为中心的行为，即以自己的想法解释外部世界，并把自己的想法和情感世界投射到外界事物上去。这一时期又被称为生理自我时期或自我中心期，是自我意识的萌芽阶段。

2. 自我意识的发展（3 岁至青年初期）

3 岁至青春期是个体认识社会文化、社会角色的重要时期，儿童在家庭、幼儿园、学校中，通过游戏、学习等多种形式逐渐形成各种角色观念，如家庭的角色、学校的角色、性别角色等。3 ~ 4 岁儿童的自我评价开始萌芽；4 岁左右的儿童开始产生自我体验；4 ~ 5 岁儿童的自我控制开始出现，独立性、自觉性有所发展；到了学龄初期，儿童出现道德评价能力。

儿童期自我意识的特点为模糊、不太自觉、被动的心理活动。此时的儿童对自己的内心世界没有多少认识，如果问“你是一个什么样的人”，许多小学生会答不上来，说没有想过。即使回答，也往往是对自己一些外部特点的描述，或者表达教师、家长或其他成人对他的评价。他们也意识不到自己所面临的各种矛盾，因而内心世界很平静。

青春期少年自我意识的发展有了质的变化，独立性、自觉性和自律性都有了迅速发展，并能够深入自己的内心世界，意识到自己的个性品质，但水平还比较肤浅，不够清晰全面。

青年初期，自我意识经过分化、整合而接近成熟，其显著特征是把原来主要朝向外部的认识活动，转向自己的内心世界，探索自己的内心活动。开始重视“我是怎样的人”“别人怎么看我”“我有什么样的特长和才能”等问题。这个时期的自我意识常服从于他人，特别是权威，因此被称为客观化时期。

3. 自我意识的完善（青年中期到死亡）

从青年中期开始，个体的自我意识便开始进入完善与提高阶段，这一阶段持续至人的一生。自我意识的发展与完善是个体毕生的任务。青年中期，个体的自我意识接近成熟，他们不但重视“我是怎样的人”，还开始重视“我将来成为怎样的人”以及“我如何成为那样的人”，他们能够根据社会需要和自身发展的要求自我反省、自我调控，有意识地培养良好的品质。

大学生处于青年中期，他们的自我意识发展正经历着一个特别明显的“分化—冲突—统一”过程，出现“主体我”与“客体我”及“理想我”与“现实我”的分化。到青年晚期，个体自我意识已经成熟，他们努力实现理想自我与现实自我的统一，能比较客观地评价自我，能有意识地完善自我，个体的人格也趋于成熟。个体发展中逐渐建立起来的生理自我、社会自我、心理自我构成自我意识反映的内容。随着年龄的增长，个体的心理逐渐成熟，自我意识内容的三个组成部分也在逐渐丰富。

第二节 大学生自我意识的发展过程及特点

一、大学生自我意识的发展过程

（一）自我意识的分化

大学生自我意识的发展是从明显的自我分化开始的，当目光朝向自己内部时，原来笼统的“我”就一分为二,一个是处于观察地位的“我”，即理想的自我；另一个是处于被观察地位的“我”，即现实的自我。自我意识的分化是大学生自我意识开始走向成熟的标志，也是他们自我意识发展的最重要过程。正是这种分化过程促进了大学生思维和行为主体性的形成，从而为客观地评价自己或他人、合理地调节自身的言行奠定了基础。

（二）自我意识的冲突

自我意识的分化也意味着矛盾冲突的产生和加剧。大学生富于理想，有比较高的自我期望值，个人成才欲望强烈。当他们在进行自我观察、自我分析、自我评价时，发现理想自我与现实自我之间存在着较大差距，而这个差距又不是短时间内能消除的，因而产生了自我意识的矛盾。这些矛盾主要表现在理想与现实的冲突、独立意向与依附心理的冲突、交往需要与闭锁心理的冲突、自信与自卑的冲突、上进与消沉的冲突、激情与理智的冲突等方面。

（三）自我意识的统一

面对自我意识的矛盾，大学生常常感到焦虑、苦闷、失望或无能为力，他们会通过各种方法，力求获得自我意识的重新统一。统一自我意识通常有以下三种途径：坚持自己的理想，努力改善现实自我，使之与理想自我一致；一方面修正理想自我，另一方面改善现实自我，使二者逐渐接近；放弃理想自我的标准，自暴自弃，以迁就现实自我。

自我意识变化的这个过程不是一次完成的，而是循序渐进、经过多次反复才能最终达到新的发展水平。自我意识发展出现分化、矛盾、统一、转化，是大学生自我意识发展最重要的特征，它影响和制约着大学生心理品质的形成与发展，是大学生形成良好个性特征的重要前提条件。因此，这一过程是大学生进行自我教育的有利时机，再加上社会实践活动的锻炼，他们将逐渐成熟起来，形成健康的自我意识和良好的心理品质。

二、大学生自我意识的发展特点

大学的管理模式与中学有很大的差别，大学校园有一种宽松的氛围，十分强调独立，注重自我确立。大学生可以按自己的方式安排学习与生活。随着环境的变化以及个体心理的不断发展，大学生自我意识的发展达到了新的水平，自我认知、自我体验、自我调控三方面趋于协调发展，并呈现出一定的特点，而其自我意识的核心——世界观和人生观也基本确立。

（一）大学生自我认知方面的主要特点

1. 自我认知的广度和深度提高

微课

大学生自我意识的发展特点

大学的学习和生活环境为大学生提供了一个博览群书、自由发展、自我实现的新天地，这为他们的自我认知向广度和深度发展提供了便利条件。大学生的视野更开阔了，关心的社会问题也多了，他们的自我认知已不局限于自己的气质、风度和性格等问题，还涉及自己的社会地位、社会责任、自我价值等问题。

通过对这些问题的分析和思考，大学生的自我认知达到了新的广度和深度。

2. 自我认知的自觉性和主动性明显提高

大学是大学生走向社会前在校系统学习的最后阶段，大学生在这一阶段面临着许多深刻的课题：我将来做什么样的人？我能成就什么事业？我能为社会做些什么？大学生总是十分好奇而又急切地思考着这些问题，强烈地期待一个满意的答案，这种思考比少

年时期更主动、更自觉，具有较高的水平。

3. 自我评价能力提高

随着知识的增加、社会经验的丰富，多数大学生对自己的分析、评价逐渐变得全面、客观，对自己的优缺点有了较正确的认识和评价，开始具备“自知之明”。虽然大学生自我评价的能力有了整体提高，但也存在很大的个体差异。

（二）大学生自我体验方面的主要特点

1. 丰富性

大学生的自我体验比较丰富，大学生可以说是各种社会群体中“最善感”的群体。他们既有肯定的和否定的自我体验（喜欢自己或讨厌自己，满意自己或不满意自己等），也有积极的和消极的自我体验（开心或忧愁，自尊或自卑），还有空虚、紧张、轻松、敏感和孤独等各种自我体验。一般来说，大学生自我体验的情绪和情感基调是积极、健康的。

2. 敏感性与波动性

大学生的个性还不够成熟和稳定，驾驭情感的意志力量不够强大，生理的成熟、外界环境刺激等都对他们的心理造成巨大的冲击。大学生对涉及“我”及与“我”相联系的一切事物都非常敏感，尤其是在人际关系中，他人对自己的言行和态度常常会引起其各种情绪和情感反应。因此，大学生的自我体验有一定程度的波动性。当生活的各个方面进展顺利时，他们会产生积极、肯定的情绪体验，甚至骄傲自满、得意忘形；当遇到挫折时，他们则可能会贬低自我或丧失自信心，甚至悲观、失望。

（三）大学生自我调控方面的主要特点

1. 独立意识增强

大学生在生理发育上已完全具备成人的特点，心理成熟度也在不断提高，因此他们的成人感特别强烈。他们渴望自立、自主，并且希望自己尽快独立，像成人一样被尊重和理解，摆脱依赖和受到管束的状态。但由于经济上的依赖以及心理上的不成熟，他们往往眼高手低，很多时候不知该怎么做，或者由于惰性等原因不主动去做。

2. 自控力明显提高

大学学习方式和管理模式的变化让大学生逐渐意识到自我监督的重要性。低年级大学生的冲动性还比较明显，但进入中高年级后，大学生自我设计、自我完善的愿望强烈，逐渐学会了自觉地确立目标和采取行动，根据他人评价和自己的行动结果进行自我反省、自我监督，及时调整自己的行为和目标，行为的自觉性和自我控制能力明显增强。同时，由于心理品质还不够完善，很多大学生行动力不足，常常被决心立志与无所事事的矛盾困扰。

第三节　大学生良好自我意识的培养

大学生自我意识的矛盾冲突常常会给大学生带来不安或心理痛苦。不少大学生会出现自我意识的偏差，具体表现为自卑与自我拒绝、虚荣心与从众、自负心理、以自我为中心、过于追求完美等。如何培养健全的自我意识，寻找自我意识的和谐统一，是每一位大学生自我发展的重要议题。健全的自我意识是心理健康的重要标准，是人类自身内在的一种成功机制，在人才发展中发挥着重要作用。大学生培养健全的自我意识可以从以下三个方面入手。

一、建立正确的自我认知

“人贵有自知之明”，客观全面地认识自我，实事求是地评价自我，是自我调节和人格完善的重要前提，是培养健全的自我意识的基础。自我评价是自我认知的核心成分，它直接制约自我体验和自我调控，看不到自己的长处就很难有自尊、自信，看不到自己的不足就容易自我满足、自我膨胀。因此，进行自我意识训练，核心应放在自我评价能力的提高上。

（一）多元自我评价

个体只看到自己的个别方面时，容易形成片面评价，往往不是过高就是过低。因此，要提高个体的自我评价能力，就要纠正单一的、片面的自我概念，树立全面的观点，多元地、全面地认识自己。曾子说：“吾日三省吾身。”大学生不妨常常认真、仔细地进行自我观察、自我分析，用尽量多的形容词描述自己，要忠于自己的内心。自我认知训练的重点放在三个方面：第一，认识自己的身体特征和生理状况；第二，认识自己在集体和社会中的地位及作用；第三，认识自己的心理活动及其特征。大学生要树立发展的观点，看到自己的变化与未来的发展。

（二）多渠道自我评价

自我评价是从多方位、多渠道建立的，除了自己，还有来自他人的评价。比较是大学生自我评价的重要依据，每个人都会不自觉地与他人进行比较。大学生常常与同伴进行比较，并通过比较做出评价。比较时，与谁比、比什么、怎么比等都很重要，如果选择不好，评价结果就容易走偏。因此，大学生要学会合理地进行比较。这就需要有开阔的眼界、辩证的思路、发展的眼光、宽广的胸怀和高远的境界。

他人对自己的描述也是大学生自我评价的一个重要依据。正如眼睛看不见睫毛一样，个体很难全面看清自己，因此要多了解他人对自己的评价。唐太宗李世民说过：“以人为鉴，可以明得失。”大学生可以多了解父母、同学、老师、朋友、兄弟姐妹眼中的自己，再寻找这些描述中共同的品质，将其归类。获得的描述的维度越多，大学生就越能找到

比较正确的自我。但是，有时别人也可能有误解或只知其一不知其二，此时还需要大学生做出清晰的判断。大学生自认为的他人的评价常常被其认为就是真实存在的他人的评价，这会影响大学生的自我评价。

二、培养积极的自我体验

（一）接受自己的一切

无论优点还是缺点，无论成功还是失败，凡是自身现实存在的，大学生都应坦然接受，承认那是自己的一部分。当人们能以更平和的心态面对自己的缺点和失败时，往往能够理性地思考如何进行自我完善和自我提升。

（二）喜欢自己，肯定自己

每个人都是独特的，有存在的意义和价值。个体挖掘自己的优点和潜能，发现自己、接受自己、喜欢自己，就能产生价值感、自豪感、愉快感和满足感。大学是人才济济的地方，在各项活动和比赛中，总会体现出他人的长处或自己的不足，这是很正常的，己不如人的失败感人皆有之，只是程度不同、表现方式不同而已。大学生不应过分地挑剔自己，要发挥长处，改进不足，用发展的眼光看待自己。

（三）接纳自己的不完美

“尺有所短，寸有所长”，每个人都既有长处又有短处，接纳自己的不完美和失败更有助于自我完善。大学生不要时时刻刻抓住曾经不完美、不愉快的事情不放，那样只会让自己产生挫败感、自责与内疚，而各种负面情绪会成为自己发展的阻力。每个人在外表、身材、能力、个性等方面都有一定的限制，只有接纳不完美的自我，努力发现自己的“闪光点”，扬长避短，才能不断超越自我。

（四）建立内在的评价点

评价自己时，大学生要立足于自身，选择合理的评价参照体系，不盲目比较，按照自身条件，评定自己的价值。大学生应不过分寻求他人的赞同，不依赖他人提出的生活准则，不依赖他人来帮助自己做出决定或选择，而是要建立自己独立的内在评价点；多给自己创造成功的体验，多对自己的成就进行鼓励和欣赏，失败时多看看自己的长处，及时动态调整自己的目标或期望值。

（五）建立和巩固良好的自我感觉

良好的自我感觉对个人成长至关重要。大学生可以找出自己成长中做得比较成功的事，从中寻找积极的心理资源；回顾别人对自己的赞赏和表扬，增加自信心；运用“小步子”原则让自己经常体验成功；用发展的观点来看待自己，肯定自己的进步和能力；多关注自己的优点和成功，以便建立和巩固良好的自我感觉，增加自信心，释放出自己生命的光芒。

拓展阅读

用“高自尊”对抗物质匮乏

在涉及智商、语言、自控力等方面的心理和认知测试当中，来自贫穷家庭的孩子的整体表现都低于同龄人的平均值。一个哥伦比亚大学的研究小组对美国1 000多名儿童和青少年的大脑结构进行了分析。结果发现，那些家庭年收入低于2.5万美元的孩子的大脑表面积要比家庭年收入在15万美元以上的孩子的大脑表面积小6%。这种差别主要集中在负责记忆、语言加工、抑制冲动以及自我调节这四种重要功能的大脑区域。所以，贫穷不仅仅是限制了我们的想象力，还损伤了我们的想象。

那怎么才能打破这个“穷人恒穷，富人恒富”的恶性循环呢？

一个对夏威夷考艾岛698名儿童的追踪研究发现，并不是每一个贫穷的孩子都有悲惨的未来。一些孩子摆脱了贫穷的恶性循环，成长为有竞争力的、自信的成功人士。另外一个对伦敦高犯罪率的贫民窟的追踪研究也发现了类似的结果。这些从贫民窟里走出来的孩子有一个共性，那就是他们具有高自尊。

什么是自尊？自尊就是指个体对自己的总体态度。

你可以来做个简单的测试，回答一下这几个问题：你是不是认为你是一个有价值的人？你觉得你是不是拥有很多好的品质？你对自己满不满意？你对自己持肯定态度吗？如果你的回答是肯定的，那么恭喜你，你是一个高自尊的人。高自尊的人对自己的能力，还有自己存在的价值是高度认同的，从而呈现出自信的形象。

那些高自尊的人，还会进入一种良性循环：由于他们在生活和工作中都表现出了社会所期待的良好形象，社会也会给他们良性的反馈，使得他们不断地提升自尊。但是，如果你常常倾向于觉得自己是一个失败者，如果你常常感到自己一无是处，你可能就是一个低自尊的人。低自尊的人呈现给社会的往往是自暴自弃、自怨自艾、自轻自贱等，这些我们称之为自伤性的形象，自我伤害的“自伤”。

自尊是人类的一种重要资本，我们称之为心理资本。你家里有几栋楼房，有多少存款和投资，这些都是物质资本。物质资本的高低决定了我们在物质世界是富裕还是贫困；而心理资本的高低决定了我们的心理世界是富裕还是贫乏，是丰富还是寡趣，是幸福还是不幸。

既然自尊这么重要，那我们应该怎样提高自尊呢？

现代心理学创始人、哈佛大学心理学教授威廉·詹姆斯说：自尊＝成功/抱负，意思是自尊不仅取决于成功本身，还取决于你对于成功的预期。增大成功和降低抱负，或者说降低对于成功的预期，都能让你获得高自尊。大多数时候，我们都在小

心翼翼地呵护自己的自尊。一方面，我们会主动去追求正面的反馈，另一方面，我们会主动规避别人对我们的负面反馈。在一次实验中，心理学家选取了两组大学生。他们对一组大学生说，你的手越能忍耐刺骨的冰水，表明你的心脏越好。另外一组大学生却被心理学家告知，你的手越不能忍受冰水的寒冷，表明你的心脏越好。结果显示，那些被告知手在冰水里放得越久心脏越好的人，他们把手放在冰水里的时间更长。只不过为了证明自己有个强健的心脏，这些人不惜忍受刺骨的寒冷。可见，人们对于“证明自己很好”这件事是多么上心。同时，我们还会主动规避别人对自己的负面反馈。心理学家做过这样的实验：他们让一个人盯着镜中的自己或者尝试从一堆人的声音中把自己的声音分辨出来。实验发现，假设测试者刚刚得到一些负面评价，那么他们盯着镜子中自己的时间就会变短，也更难以把自己的声音从别人的声音当中分辨出来。这说明什么？说明他们在假装不认识自己，通过这种走神或者说逃避的方式维护自己的自尊。所以说，当我们获得负面反馈时，我们可能会刻意让自己的注意力分散，从而抵消负面评价的冲击，这种维护自尊的方法可被称作“走神大法”。

此外，还有另外一种我们常用的规避负面反馈的方法，叫作“代偿大法”。你肯定听过这样一句话：“虽然我丑，但是我温柔。”这就是一种代偿，也就是用一个我们擅长的特质，来代替、补偿我们不擅长的特质。

无论是“走神大法”，还是“代偿大法”，它们都是我们规避失败、呵护自尊的方法。但是，如果我们回顾一下刚才提到的自尊公式：自尊 = 成功 / 抱负，可以看出，真正提升自尊的有效方法是获得成功。你肯定会说，谁不想获得成功呢？成功是所有人都会去主动追求的。但是心理学研究发现，还真的不是这样。有很多人其实是害怕成功的，所以会主动逃避伟大的使命。发现这种现象的是人本主义心理学家马斯洛。马斯洛曾经问他的学生：“你们谁将成为伟大的领导者？”学生只是红着脸，咯咯地笑，不安地做小动作。马斯洛又问：“你们谁计划写一本伟大的心理学著作？”学生通常会结结巴巴地搪塞过去。马斯洛最后问：“你们难道不想成为一个心理学家吗？”所有学生都回答：“想。”这个时候，马斯洛说道：“难道你们想成为平庸的心理学家吗？这有什么好处？这不是自我实现。”

学生们在“想不想获得成功”这个问题上，羞涩忸怩、回避躲闪的这种心态，马斯洛称为约拿情结。约拿情结指的就是人们对成功的回避，对伟大的拒绝，对成长的恐惧。

马斯洛对此做出了解释，人其实不仅仅害怕失败，也害怕成功，害怕成功的原因正是我们担心自己的自尊会受到损害。你可能担心高处不胜寒，成功会引起朋友或亲人的妒忌；你可能担心成功之后，自己暴露在聚光灯下，会经历很多尴尬；你还可能担心爬得越高，跌得越惨；你也可能担心成功只是昙花一现，荣耀转瞬即逝。

其实，正是这种害怕成功的约拿情结，阻碍着我们获得成功，实际上也阻碍着我们获得真正的高自尊。马斯洛说："如果你总是想方设法掩盖自己本有的光辉，那么你的未来肯定黯然无光。"这就是为什么说，阻止一个人登上巅峰的最大敌人，不是别人，而正是他自己。

希望你能够反思：在生活中，你是不是对你的自尊过度保护，是不是有约拿情结。如果你的答案是肯定的，你的确有这些问题，那么你必须要做出改变了。这种改变对你的人生至关重要！

高自尊是我们每个人都应该去追求的理想状态。但是，我们的问题恰恰是，我们常常对自尊进行了过度保护，这种过度保护阻碍着我们实现成长，实现自我突破，最终获得成功。

思考：上一次你拒绝接受某一个挑战，或者放过了某一个机遇，是什么样的场景？现在回过头去分析，当时你的决定，是基于对自己能力的合理评估，还是你的约拿情结在作怪？

资料来源：https：//www.jianshu.com/p/4b486b04d03d，有改动．

三、学会自觉地自我调控

（一）筑理想，用青春书写华彩篇章

"得其大者可以兼其小"。每个人的成长都离不开社会这个大熔炉。青年大学生是与新时代共同前进的，只有将个人的发展扎根于中国大地，树立正确的理想信念，将个人的人生理想融入国家和民族的事业中，才能最终成就一番事业。大学阶段是青年大学生重要的人生积累阶段，大学生需要像海绵吸水一样汲取知识。正确的理想信念为大学生有效地自我调控提供了方向。大学生要从个人实际出发，在感悟时代、紧跟时代中珍惜韶华，把学习的具体目标同民族复兴的宏大目标结合起来，把小我融入大我，自觉按照党和人民的要求锤炼自己、提高自己，做到志存高远、德才并重、情理兼修、勇于开拓，在火热的青春中放飞人生梦想，在拼搏的青春中书写华彩篇章。

（二）增强自控力，培养良好的意志品质

意志是人自觉地确定目标并支配其行动以实现预定目标的心理过程。在进入大学以后，大部分大学生对自己的未来都有着美好的憧憬，也为大学阶段设置了远大的理想和目标。但是，在实现人生目标的旅途上，面对本能欲望的干扰和外部世界的种种诱惑，

不少大学生可能会松懈奋进的斗志，偏离正确的前进轨道。常有大学生说："我想早起，可就是起不来。""我想学习，可就是学不进去。"这些都是缺乏意志力的表现。因此，足够的自控力和意志力有助于大学生克服困难、战胜自己，从而实现理想和目标，并保证理智地约束自己的情感，把握自己的行为。

大学生如何增强自控力，培养良好的意志力呢？首先，大学生可以从小事做起、从平时做起，如保持良好、有规律的作息，记录自己每天的花销和饮食情况等。坚持做某件小事，把它变成一种习惯，这有助于训练大学生的自控力，提高意志力。其次，大学生要活在当下，立即行动，不要陷入"今天放纵，明天改变"的循环，不要想着明天总有时间做，而是脚踏实地，把握好每一个今天。再次，大学生要接纳自我、关心自我、提醒自己，在失控时告诉自己："一时的失败不算什么，我不能破罐子破摔"，而不是"我没救了，我就是个废物"。自我批评与否定是意志力培养的大敌，大学生可以多提醒自己真正想要什么，从中找到克服困难的动力。最后，大学生可以寻求社会支持，把自己的目标变成集体项目，如尽量让朋友、家人和你一起实现意志力培养目标，以及采取让自己坚定决心的有效策略——公开自己的意志力挑战。

（三）在实践中锻炼自我

正所谓实践出真知，正确的自我认知、客观的自我评价、丰富的自我体验都离不开各种各样的社会实践。大学生可以多参加勤工助学、志愿服务、社会调查、见习实习等各种形式的社会实践活动，逐步提高自我认知能力和自我教育能力。目前，不少学生在父母和老师的精心呵护下长大，生活在"蜜罐"里，习惯于我行我素、为所欲为，缺乏自我控制和调节的能力，缺少应对困难和挫折的锻炼和考验。社会实践有助于大学生发掘自己的潜能，开发自我，展示自我，增长智慧才干，在艰苦奋斗中锤炼意志品质，从而实现自己的远大理想，为社会做出自己的贡献。

（四）不断超越自我

客观认识自我、积极接纳自我都是为了遇见更好的自我。超越自我是每个人终身努力的目标。大学阶段是学习的黄金时期，也是大学生人格成长的重要时期，如果放任自己的惰性，停留在自己多年来形成的舒适区，那么就蹉跎了宝贵的时光。大学生有巨大的潜力和发展的可能性，每个人都需要认真思考"我要成为什么样的人"。在行动上，无论对人对事，均应全力以赴，最大限度地发挥自己的能力。

超越是种境界，更是一个过程，一个"新我、独特的我、最好的我"的形成过程，这个过程不是一帆风顺的，需要付出艰辛的努力。建立合理的报复水平，制定和落实一个个小目标，注重陶冶自己的性情，勇于尝试、自我雕刻、自我突破，按社会要求不断改造自我，大学生就一定可以让自己达到一种新的高度和境界。

总之，大学生要培养健全的自我意识，就要客观地认识自我，自尊、自爱、自信，培养顽强的毅力，积极参加实践，不断地超越自我、完善自我，接受"昨天的我"，珍惜

“今天的我”，努力塑造“明天的我”。这样才能实现从“旧我”向“新我”，从“小我”向“大我”的蜕变与成长。

改变的本质：创造新经验

改变，你一直都有选择。

当你告诉自己你不行的时候，你已经做了选择；当你用拖延躲避学习压力时，你同样做了选择。改变是一种选择，不改变也是一种选择。对很多人来说，似乎改变的成功经验并不多，对改变的失败却经验丰富。例如，在进入大学前，我们给自己制订了各种计划，可是截至现在，计划执行得如何呢？有时我们会又憧憬又悔恨地跟自己说下一阶段一定要不一样，要变成更好的自己。可是有时，我们在心里给自己做了不少计划，可最后，它们都仍然只是计划。

行为的改变为什么这么难？我们到底要怎么做，才能做更好的自己呢？

有一项医学调查显示，心脏科医生告诉患者，如果他们不改变自己的不良生活习惯，如不健康的饮食、不运动、抽烟等，他们将必死无疑。可即使在这种情况下，也只有1/7的人会真正改变。其余6/7的人是不想活了吗？当然不是。他们也知道该怎么做，可就是没法改变。这是我们在改变中经常遇到的问题。我们心里有一个行为标准，希望自己做到，却经常被现实“打脸”。好像心里有一个自己，而现实却是另一个自己。有时候，我们明明讨厌自己的某个行为，如拖延症，却怎么也改不了。这个时候，我们就会有很多的内疚和自责，就会怪自己意志力薄弱，不够努力。可是，内疚和自责并不能带来改变。你应该认真思考的是：我为什么控制不住自己呢？

我们的躯体里其实有两个自我。一个是感性的自我，另一个是理性的自我。区分这两个自我，理解他们之间的关系，对于理解改变非常重要。积极心理学家乔纳森·海特曾用一个有趣的比喻来描述两个自我之间的关系。他说：人的情感面就像一头大象，而理智面就像一个骑象人。骑象人骑在大象背上，手里握着缰绳，好像是他在指挥大象，但事实上，他的力量微不足道。一旦和大象发生冲突，骑象人想往左，而大象想往右，那他通常是拗不过大象的。对于改变，理智提供方向，而情感提供动力。如果你的理性想要改变，就需要了解感性大象的脾气和秉性，利用大象的特点，这样才能事半功倍，否则改变将非常困难。大象有三个特点：力量大，一旦它被激发了，理智就很难控制它；受情感激发，它既容易被焦虑、恐惧等消极情绪驱动，也容易被爱、怜悯、同情、忠诚等积极情绪驱动，所以它既可能成为改变的阻力，也能成为推动改变的强大动力；受经验支配，它只认我们切实体会过的“经验的好处”，而不认我们理智所构想的“期待的好处”。其中，第三个特点与

行为改变直接相关。期待的好处是我们想象中的好处。例如，我们都能想到每天早起跑步会更有精神；不拖延，学习会更高效、更有成就感；坚持健康饮食会让我们的身体变得更好。但是，这些是我们想象出来的，我们并没有深刻地体验过这种好处；相反，我们体验过睡懒觉时温暖的被窝，打游戏的快乐，胡吃海喝的感官刺激，这些都变成了我们亲身经历过的好处。期待的好处是抽象的，而经验的好处是具体的；期待的好处发生在未来，而经验的好处发生在过去或者现在；期待的好处是被教导出来的，而经验的好处是我们通过亲身体会真实感受到的。当这两个好处发生冲突时，虽然骑象人想要寻求那个"期待的好处"，而大象却不由自主地转向了那个"经验的好处"，哪怕有时候这个"期待的好处"要比"经验的好处"大得多。一旦我们的某个行为获得了这种好处，它就会被保留到我们的生命里，哪怕我们没有意识到，它仍然会影响我们的行为。

我们要有所改变，就要走出心理舒适区。心理舒适区是我们最熟悉、最常用的应对环境和问题的方式。心理舒适区并不一定意味着舒适，但是它能带来控制感，让大象重新回到它所熟悉的应对方式上来，这就是改变这么难的原因。

如何走出心理舒适区？当你思考以下问题时或许你内心就会找到答案：你希望达成的行为目标是什么？你正在做的跟改变相反的行为有哪些？这些相反的行为带给你的好处是什么？让这些好处成立的假设或证据是什么？如果你做不一样的行为，你最担心别人会怎么对你？你在寻找那些好处成立的假设或证据的过程中，可以试着用"如果……就……"这样的句型来归纳它们。当你通过做些不一样的事来检验这些假设时，你会发现它们真的只是一种假设，与实际并不相符。

有一个大学生去做心理咨询，和她的咨询师说自己很想跟别人建立好的关系，现实中却总是和别人发生冲突。通过探索，咨询师发现她内心的基本假设是：人与人之间的关系就是利益关系，如果别人对我好，那一定就是对我有企图。咨询师让她把人生中对她好的人都列出来，她列了好多，其中有父母，还有高中的班主任。当咨询师询问她父母或班主任对她好的企图是什么时，她说："我爸妈对我好，就是希望我将来为他们养老；高中老师对我好，就是为了我成绩能好一些，我考上更好的大学，他能拿更多的学校奖励。"在和咨询师的交流中，她也会思考为什么咨询师的想法会和自己的不一样，此时她已经在审视自己的假设了。一次半夜生病，室友主动送她去医院并陪伴她，给予她很好的照顾，这些新经验让她彻底摒弃了内心的错误假设。

因此，改变的本质是创造新经验。创造新经验需要通过新的行为，获得新的反馈，新的强化，并亲身感受到它。亲身感受到的经验，跟你听来的道理很不一样。如果你只有想象中的期待，而没有新行为所带来的新经验，改变就很难发生。

如何创造新经验？

（1）检验行为背后的假设、规则。这一点在上文已说明。

（2）积累一些小成功。遵循“小步子原则”，在改变的路上迈出小小的一步，获得一个小小的成功。专注到当下你能做的事情上，小成功能够让大象体会到改变的好处，也会塑造一种希望感，让大象相信改变是可能的，并促使大象不断迈开步伐。让每一次的小成功，成为下一次改变的基础。

（3）为自己制造改变的“场”。就像到了寝室你就想休息睡觉，到了图书馆你自然想读书，而到了餐厅自然想吃饭一样，不同的场景会影响我们的行为。很多人说，高中三年是自己最努力的时光。那是因为每个人都在努力学习，让高中教室变成了一个很有力的“场”。因此，养一个有利于自己成长的“场”特别重要。例如，学习的时候把手机放在一个自己看不到的地方，在书桌前只做与学习有关的事情；交几个志同道合的朋友。

（4）激发积极情绪。改变需要情感的触动。经常有人说：“知道很多道理，却依然过不好这一生。”其原因是，作为理智的骑象人和作为情感的大象，都有各自的主张，可是大象的力量要比骑象人大得多，让改变发生需要“动之以情，晓之以理”。这两个词的顺序是很有讲究的。你得先让大象有所触动，它才能听得进去道理。如果没有情感认同，就不会有改变的发生。越自责，越放纵。人们习惯用焦虑恐惧来促成改变。每次面临改变的时候，我们都会分裂成两个自我：一个上进、正义的自我，一个堕落、邪恶的自我。上进的自我总是责备那个堕落的自我，而堕落的自我经常会无地自容，觉得自己一无是处。焦虑和内疚就这么产生了。我们本能地相信，内疚和自责能够帮助我们实现改变。就像小时候，我们淘气、偷懒，严厉的老师或者父母就会监督我们做作业。你可能也会经常说：最好能把自己骂醒，如果不能改变，那一定是你骂得不够狠。可是，内疚和自责能推动改变吗？当然不能。越是自责，你就越容易放纵自己。这就陷入“放纵—自责—更严重的放纵”的恶性循环。对自己多一些理解、爱和怜悯等积极情感，舍弃对生活的过度控制和对“完美自我”和“完美世界”的幻想和执念，这就是自我改变。

资料来源：http：//events.jianshu.io/p/66f09577aeec，有改动.

自我和谐量表（SCCS）

指导语：表 4-2 是一些个人对自己看法的陈述，填答案时，请你看清每句话的意思，然后勾选一个数字：1 代表该句话完全不符合你的情况，2 代表比较不符合你的情况，3 代

表不确定，4 代表比较符合你的情况，5 代表完全符合你的情况。答案代表该句话与你现在对自己的看法相符合的程度。每个人对自己的看法都有其独特性，因此答案是没有对错的，你只要如实回答就行了。

表 4–2 自我和谐量表

对自己看法的陈述	选项				
1. 我周围的人往往觉得我对自己的看法有些矛盾	1	2	3	4	5
2. 有时我会对自己在某方面的表现不满意	1	2	3	4	5
3. 每当遇到困难，我总是首先分析造成困难的原因	1	2	3	4	5
4. 我很难恰当地表达我对别人的情感反应	1	2	3	4	5
5. 我对很多事情都有自己的观点，但我并不要求别人也和我一样	1	2	3	4	5
6. 我一旦形成对事物的看法，就不会再改变	1	2	3	4	5
7. 我经常对自己的行为不满意	1	2	3	4	5
8. 尽管有时候做一些不愿意的事情，但我基本上是按照自己的意愿办事的	1	2	3	4	5
9. 一件事好就是好，不好就是不好，没有什么可含糊的	1	2	3	4	5
10. 如果我在某件事情上不顺利，我往往怀疑自己的能力	1	2	3	4	5
11. 我至少有几个知心朋友	1	2	3	4	5
12. 我觉得我所做的很多事情都是不该做的	1	2	3	4	5
13. 不论别人怎么说，我的观点绝不改变	1	2	3	4	5
14. 别人常常会误解我对他们的好恶	1	2	3	4	5
15. 很多情况下我不得不对自己的能力表示怀疑	1	2	3	4	5
16. 我朋友中有些是与我截然不同的人，这并不影响我们的关系	1	2	3	4	5
17. 与朋友交往过多容易暴露自己的隐私	1	2	3	4	5
18. 我很了解自己对周围人的情感	1	2	3	4	5
19. 我觉得自己目前的处境与我的要求相距太远	1	2	3	4	5
20. 我很少去想自己所做的事是否应该	1	2	3	4	5
21. 我所遇到的很多问题都无法自己解决	1	2	3	4	5
22. 我很清楚自己是什么样的人	1	2	3	4	5
23. 我能很自如地表达我想表达的意思	1	2	3	4	5
24. 如果有足够的证据，我也可以改变自己的观点	1	2	3	4	5
25. 我很少考虑自己是一个什么样的人	1	2	3	4	5
26. 把心里话告诉别人不仅得不到帮助，还可能招致麻烦	1	2	3	4	5
27. 在遇到问题时，我总觉得别人都离我很远	1	2	3	4	5
28. 我觉得很难发挥出自己应有的水平	1	2	3	4	5
29. 我很担心自己的所作所为会引起别人的误解	1	2	3	4	5

表 4-2（续）

对自己看法的陈述	选		项		
30. 如果我发现自己在某些方面表现不佳，总希望尽快弥补	1	2	3	4	5
31. 每个人都在忙自己的事情，很难与他们沟通	1	2	3	4	5
32. 我认为能力再强的人也可能会遇上难题	1	2	3	4	5
33. 我经常感到自己是孤立无援的	1	2	3	4	5
34. 一旦遇到麻烦，无论怎样做都无济于事	1	2	3	4	5
35. 我总能清楚地了解自己的感受	1	2	3	4	5

计分方法及结果解释：

自我和谐量表共有三个分量表，各分量表的得分为其所包含的题项分直接相加。三个分量表包含的项目及题号如表 4-3 所示。

表 4-3　三个分量表包含的项目及题号

分量表	包含题目	大学生常模	自测分数
自我与经验的不和谐	1、4、7、10、12、14、15、17、19、21、23、27、28、29、31、33，共 16 项	46.13±10.01	
自我的灵活性	2、3、5、8、11、16、18、22、24、30、32、35，共 12 项	45.44±7.44	
自我的刻板性	6、9、13、20、25、26、34，共 7 项	18.12±5.09	

评分说明：

表格中参考的常模为 502 名大学生（男 260 人，女 242 人，平均年龄为 18.5 岁）的平均得分，分别为 46.13、45.44、18.12；其标准差分别为 10.01、7.44、5.09。均无性别差异。

（1）分量表自我与经验的不和谐反映的是自我与经验之间的关系，包含对能力和情感的自我评价、自我一致性、无助感等。它所产生的症状更多地反映了对经验的不合理期望。

（2）分量表自我的灵活性与敌对和恐惧显著相关，可能预示了自我概念的刻板和僵化。

（3）分量表自我的刻板性与偏执显著相关，说明这一分量表的含义有待进一步研究，在应用时也应小心。

此外，还可以计算总分，方法是将“自我的灵活性”反向计分（原有 1 分计为 5 分，2 分计为 4 分，4 分计为 2 分，5 分计为 1 分），再与其他两个分量表的得分相加。得分越高自我和谐程度越低。在大学生中，以低于 74 分为低分组，75 ~ 102 分为中间组，103 分以上为高分组。

自我和谐量表可以作为评估心理健康状况的一般工具。在使用时应注意以下两点：目前主要的常模来自大学生样本及军事飞行员样本，在应用于其他样本时还应进行进一步的

标准化；本量表仅能解释身心症状的一部分方差（10%～20%），因此用于身心症状的评估时还应与其他量表结合使用。

章末小结

1. 自我意识也称自我，是人对自己以及自己与他人、自己与周围世界关系的认识。每一个个体可以通过他人的反馈评价、观察自己的心理活动和外部行为、进行社会比较等途径增强自我觉察，发展个人的自我意识。

2. 自我意识是一个完整的心理结构，可以从形式和内容两个角度对其进行划分。从形式上，自我意识可分为自我认知、自我体验和自我调控三个层面；从内容上，自我意识可分为生理自我、心理自我和社会自我三个层面。

3. 自我意识不是与生俱来的，是随着年龄的增长，在社会化过程中逐步形成的。自我意识的发展经历了萌芽、发展和完善等过程。

4. 大学时期是大学生自我意识发展的特殊关键时期，自我意识发展会经历非常明显的、典型的“分化—冲突—统一”的过程。大学生在自我认知上表现为广度和深度、自觉性和主动性、自我评价能力提高；自我体验带有丰富性、敏感性与波动性的特点；独立意识和自控力明显增强。

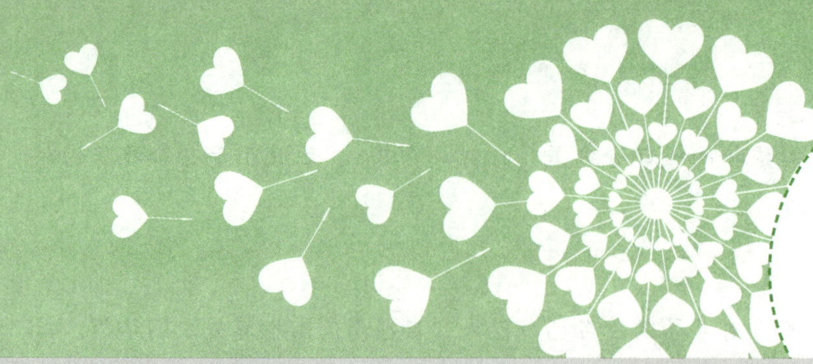

第五章

大学生人格发展

名人名言

▶ 世界上最浩瀚的是海洋，比海洋更浩瀚的是天空，比天空还要浩瀚的是人的心灵。——雨果

▶ 知己知彼，百战不殆。——《孙子兵法》

▶ 世界上没有两片完全相同的树叶，也没有两个完全相同的人。——莱布尼茨

学习目标

▶ 了解什么是人格，以及四种人格理论。

▶ 了解并分析当代大学生人格发展特点及其影响因素。

▶ 了解并分析大学生气质与性格特点及其关系。

▶ 了解大学生的主要人格发展缺陷。

▶ 掌握大学生健康人格塑造的标准和途径。

案例导入

有一天，一位国王独自到花园里散步，使他万分诧异的是，花园里除了小小的忘忧草，其他的花草树木都枯死了，园中一片荒凉。后来国王了解到，橡树觉得自己没有松树高大挺拔，因此轻生厌世死了；松树因为自己不能像葡萄那样结出美丽的果子，也自惭死了；葡萄羞愧自己终日匍匐在架上，不能直立，不像桃树能开出美丽可爱的花朵，于是也死了；牵牛花叹息自己没有茉莉那样的芬芳，其余的植物也都觉得自己缺点太多，比不了别人而枯死了，只有细小的忘忧草并不觉得自己卑微，独自欣赏着自己，一直茂盛地生长。

这个案例告诉我们这样一个道理：在这个世界上，每个人都是独一无二的。没有一

个人是完美无缺的。大学生要积极主动地接受自己，学会欣赏自己的优点，不断提升自我，找到属于自己的那片天空。

第一节 人格概述

一、人格的含义

微课
什么是人格

"人格"一词来源于拉丁文的"persona"，原指古希腊时期演员在舞台上戴的面具，它代表剧中人物的角色、身份和性格。人格的含义实际上包含两层意思：一是指个人在生活舞台上表演出的各种行为，表现于外，给人印象的特点或公开的自我；二是指个人蕴藏于内、外部未露的特点，即被遮盖起来的真实的自我。

人格是个很复杂的概念，我国心理学家对人格的定义有很大差异。《心理学大词典》对人格的定义反映了多数学者的看法："个性，也可称人格，指一个人的整体精神面貌，即具有一定倾向性的心理特征的总和。"为了本书内容的选择与统一性，这里为人格下一个定义：人格是个体在先天生物遗传素质的基础上，通过与后天社会环境的相互作用而形成的相对稳定的和独特的心理行为模式。人格结构是多层次的，是复杂的心理特征的独特结合构成的整体。这些层次包括能力、气质、性格、兴趣、爱好、需要、理想、信念等。其中，气质、性格是人格的重要组成部分。

二、人格的特征

（一）独特性

"人心不同，各如其面"，这句话为独特性做了很好的诠释。一个人的人格是在遗传、环境、教育等因素的交互作用下形成的。不同的遗传环境、生存及教育环境导致个体形成了各自独特的心理特点。例如，固执性这一人格特征在不同人身上被赋予了不同的含义。作为娇生惯养、过度溺爱的结果，这种固执性带有"撒娇"的含义，而在冷淡疏离、艰难困苦的环境下形成的固执性则带有"反抗"的含义。

（二）稳定性

"江山易改，禀性难移"，这句话是说一个人的某种人格特点一旦形成，就相对稳定下来了，要想改变它，是件比较困难的事。这种稳定性还表现在人格特征在不同时空下表现出一致性的特点。例如，一位性格内向的大学生不仅在陌生人面前缄默不语，在教师面前少言寡语，而且在参与学生活动时也沉默寡言，甚至毕业几年后同学聚会时还是如此。

（三）整体性

人格是由多种成分构成的一个有机整体，受自我意识的调控，具有内在的一致性。

个体只有正确地认识和评价自己的人格结构，及时调整人格结构中的矛盾与冲突，协调主观与客观、内部与外部的关系，才能使行为和动机保持和谐一致，否则一旦失去统一和协调，其行为动机就会发生冲突，最终导致人格分裂。

（四）可塑性

人格表现绝非静水一潭，各种人格结构组合千变万化，随着生理的不同和环境的改变而呈现出千姿百态。儿童的人格在早期形成的过程中易受到环境的影响而发生较大的改变，因而可塑性较大；成人的人格比较稳定，可塑性较小，但也不是不能改变。由于生活环境发生巨大变化或受到重大事件的影响，一个人的人格也可能会发生明显的改变。

（五）功能性

人格决定了一个人的生活方式，甚至有时会决定一个人的命运。人们经常会使用人格特征来解释某人的言行及事件的原因。面对挫折与失败，坚强者发奋拼搏，懦弱者一蹶不振；面对悲痛，一些人可以将悲痛化为力量，而另一些人则表现为消沉。人格功能正常时，其表现为积极而有力，支配着一个人的生活，决定了一件事的成败；人格功能失调时，一个人就会表现出懦弱、无力、失控，甚至变态。

三、四种人格理论

（一）人格特质理论

人格特质理论起源于20世纪40年代的美国，主要代表人物是美国心理学家高尔顿·奥尔波特、雷蒙德·卡特尔。人格特质理论认为，特质决定个体行为的基本特征，是人格的有效组成元素，也是测评人格常用的基本单位。

（二）人格结构理论

弗洛伊德将人格结构分为本我、自我、超我三个部分。本我是指原始的自己，包含生存所需的基本欲望、冲动和生命力。它按照快乐原则行事，不理会社会道德、外在的行为规范。自我处于本我和超我之间，代表理性。它按照现实原则来行事，充当仲裁者，监督本我的动静，给予其适当满足。超我代表道德、社会准则，是人格的高层领导。它按照至善原则行事，指导自我，限制本我。弗洛伊德认为三个“我”和睦相处，保持平衡，才会健康发展。

（三）自我同一性理论

自我同一性理论代表人物是美国精神分析学家和发展心理学家埃里克森，他主张研究的自我是弗洛伊德的人格结构中的一部分，但是却是一种独立的力量，不受本我和超我的压迫。他认为自我是一种有意识的心理过程，是过去经验和现在经验的综合体，并能综合进化过程中的两种力量——人格的内部发展和社会发展，引导人的心理性欲的合理发展。

（四）社会学习理论

社会学习理论是20世纪60年代兴起的一种理论。它的创始人是美国新行为主义心理学家班杜拉。社会学习理论阐明了人是怎样在社会环境中学习的，从而形成和发展其个性理论。社会学习是个体为满足社会需要而掌握社会知识、经验和行为规范以及技能的过程。

第二节　大学生人格

一、大学生人格发展的特点

微课

大学生所处的人格发展阶段

大学生是一群正在全面发展的青年，他们在这个时期不断发展和完善，最终形成健全的人格。他们正处在走向成熟但又未完全成熟，世界观、人生观、价值观正在逐步形成的阶段，他们不停地思考与探索，使大学生这一群体形成了相对应的人格发展特点。

（一）认知水平提高，思维达到了较高程度

随着对校园生活的慢慢适应，大学生在学习上知识不断增多、社交上人脉不断扩大，认知水平也迅速得到了提高。他们开始调整中学时代的学习方式和思维方式，逐步从经验型转向理论型。在思维的独立性、批判性和创造性上都显著增强，表现为有主见，不人云亦云，不盲目服从。

（二）能较正确地认识、评价自我，保持与环境的平衡

大学是自我同一性发展的关键时期，随着年级的升高和认知的全面发展，大学生能够科学合理地为自己树立目标，不轻易让自己随波逐流；能够给自己合理的评价，既不清高自大，又不自轻自贱；能够认可自我，接纳自己，也能容忍他人与自己在价值观上存在差异，能够根据现实情况在日常生活中调节自己的行为并使其与环境保持平衡。

（三）情感极其丰富，易出现消极情绪

大学生热情奔放，具有较强的好强、好胜、好冲动的心理，并且敏感好奇，追求时尚。他们独立、自尊、自信，有强烈的民族自豪感和爱国情操。他们大多疾恶如仇、善恶分明、富有正义感，有一定的调节和克制自己情绪的能力，使情绪的表现具有文饰的、内隐的和曲折的特点，在大多数情况下能做到保持内心的平和，泰然自若地面对生活，有勇气和毅力去迎接生活的挑战。但由于大学生在生理、心理等方面的不成熟，使得他们的情绪和情感也同时具有不稳定因素，表现在情绪的情感的波动性大、动荡多变、容易走极端等方面，易产生消极情绪，如自卑、过度焦虑、嫉妒等。

（四）富于理想，有时会脱离实际

大学生对自己的未来充满幻想，也开始设计自己的未来。积极的幻想是符合事物发展规律，并具有一定的社会价值和实现可能的幻想，一般称为理想。大学生富于理想，憧憬自己美好的未来。但是，有的理想表现得过于现实化和功利化。有的幻想则完全脱离实际，成为空想。多数大学生能够处理好个人理想和社会理想的关系，注重把两者有机结合起来，树立正确的理想，少数大学生则会出现偏差。总体来说，大学生理想信念的主流是积极的、健康的、奋发向上的。他们对祖国的前途十分关心，认识到个人的命运与国家的发展是紧密相连的，但也存在理想信念模糊、价值取向扭曲等问题。

（五）富有事业心，具有一定的创造性和竞争意识

大学生自进入大学的那天起，就应对自己的未来进行规划，把学习与将来的就业联系在一起，把自己将来可能从事的事业看成生活的重要组成部分，在事业上有较强的进取心和责任感，努力学习相关的知识。由于大学与社会的紧密联系，社会上的竞争意识和行为渗透进大学，在大学里广泛存在，影响着大学生的心理和言行，使大学生具有较强的竞争意识，具有开放性的思想观念，少有保守思想，喜欢创造，勇于创新，甘愿冒险，独立性强，富有幽默感，态度务实。

（六）知识较扎实，智能结构健全而合理

随着时间的推移和学习的深入，大学生掌握的科学文化知识也就越丰富。大学生不仅能根据大学开设的课程掌握学科基础知识、学科专业知识和通识知识，还能充分利用网络、图书馆等途径，通过自学掌握发展性知识，奠定较扎实的知识基础。在知识获取和相关训练的过程中，大学生的观察力、记忆力、思维能力、注意力和想象力、创造力等得到发展，形成健全而合理的智能结构，各种认知能力能有机结合并发挥其应有的作用。

二、大学生人格发展的影响因素

（一）先天遗传因素

根据对新生儿的观察发现，有的新生儿哭声洪亮，好动，是兴奋型；有的新生儿哭声细微，安静，是抑制型。这样的神经类型的特点显然是遗传的。有人对双生子的精神病同病率问题进行了调查，发现同卵双生子的精神病同病率显著高于异卵双生子。寄养研究也表明，寄养于正常人家庭的精神病患者的子女患精神病的概率比正常人的子女高得多，表明遗传对人格的影响确实存在。

（二）后天环境因素

1. 文化环境

人从诞生之日起，就无时无刻不在受社会文化环境的影响，在特定的社会文化关系中不断成长、成熟。从这个意义而言，人不仅仅是一个生物个体，而更多地体现为一个

社会成员，人在成长过程中会随时随地地对社会要求做出各种独特的反应，调节个体生物需要与社会文化环境的关系，主动或被动地实现个体社会化的过程。在这个过程中，个体会形成独特而稳定的人格。所以，社会文化环境的方方面面都对大学生人格的形成有潜移默化的影响。

2. 家庭

家庭是大学生最早接受社会化的地方，而父母就是社会化的最初媒介。对于一个人来讲，对客观现实的认识往往是从家庭生活、家长的言行举止开始的。家庭对人格的影响因素包括家庭的组成状况、家庭的社会地位、父母的人格特征与夫妻关系、父母的教养态度与教养方式等。

3. 学校

学校对学生人格的影响主要是校园文化的影响以及教师和同伴的影响。校园文化是大学生人格健康发展的重要影响因素。校园文化构成了高校的育人环境，具有导向、调适、辐射和凝聚的作用，对大学生的人格发展有潜移默化的影响。

人格在实践过程中形成，在人与人交往的过程中形成。教师的言行举止、情绪反应方式都可能成为学生模仿的对象，从而潜移默化地影响学生待人处事的方式、学习的态度和对自己的看法等。同伴的影响在大学生中更为显著，因为这个年龄阶段的青少年更倾向于赢得同龄人的赞许和认可，同辈群体之间的共同语言、共同情感体验、共同需要使他们相互认同、相互模仿、相互接纳，获得心理上的满足，为他们提供了一个适合其心理适应和发展的小环境。

4. 大众传媒

大众传媒迅速地为人们提供社会事件、社会变革的消息，还向人们提供各种不同的角色模式、角色评价、价值标准、行为规范等，对个体的发展有着潜移默化的影响。

5. 自我调控

人格是遗传与环境交互作用的结果，在人格的形成过程中，各种影响因素相互碰撞，会产生一些矛盾，这时候就需要教育引导和自我调节。自我调控是指面对矛盾时变革自我、塑造自我，不断完善自己，将自我价值扩展到社会中去，在对社会做出贡献的同时体现自己的价值，把实现自我的个人价值变为实现自我的社会价值。需要指出的是，有些人缺乏自我调控能力，把自己的人格缺陷归罪于遗传因素和环境因素，这是不对的。要知道，人格不仅是社会锻造、文化熏陶的被动产物，也是个体适应环境、主动选择与积极创造的主动产物。所以，大学生应该客观地分析自己的人格缺陷，有效利用个人资源，发挥个人长处，努力地改善自己和完善自我。

三、大学生的气质

气质与性格是人格结构的重要组成部分，气质与性格特点构成了人们各不相同的个性心理特征。

（一）气质及其类型

气质是人格结构中比较稳定的并与遗传因素联系密切的成分。气质反映的是人们心理活动动力方面的特征，是指心理过程的强度、速度、稳定性、灵活性等各方面特点。心理过程的强度是指情绪和意志力的强度。例如，有的人性子急、脾气大、火气壮；有的人慢性子，遇事不慌不忙，不紧不慢；有的人意志力强，越挫越勇；有的人意志薄弱，颓废懈怠。心理过程的速度是指反应的快慢。心理过程的稳定性是指注意力时间长短，有的人能持续关注一件事，有的人兴趣不稳，经常转移。心理过程的灵活性是指思维的灵活性，有的人能举一反三，变通思维，有的人僵化保守。

古希腊医生希波克拉底把气质分为多血质、黏液质、胆汁质和抑郁质四种类型，不同的气质类型具有不同的心理和行为特征。

1. 多血质

多血质属于敏捷而好动的气质类型。多血质的人灵活性强。其感受性低；耐受性高；反应快而灵活；情绪兴奋性高，外部表露明显；外倾性明显；行为可塑性大。多血质的人典型的行为特征是：活泼好动，敏感，反应迅速，喜欢与人交往，注意力容易转移，兴趣容易变换，情绪易表现和变换，对行为的改造比较容易等。这种气质类型的人更容易适应环境的变化，性格开朗热情，善于交际，在群体中精神愉快，相处自然；在工作和学习上肯动脑筋，办事效率高；对外界事物有广泛的兴趣。但是，他们往往不安于现状，情绪不够稳定，容易浮躁，缺乏耐心和坚持性。

2. 黏液质

黏液质属于沉默而安静的气质类型。黏液质的人神经过程强而平衡且灵活性低。其感受性低；耐受性高；反应速度缓慢，具有稳定性；情绪兴奋性低；内倾性明显；行为有一定可塑性。黏液质的人的行为特征是：安静，稳重，反应缓慢，沉默寡言，情绪不易外露，注意力稳定又难于转移，善于忍耐，对兴奋性行为的改造容易等。这种气质类型的人无论环境如何变化，都能基本保持心理平衡，凡事力求稳妥、深思熟虑，一般不做无把握的事，具有很强的自我克制能力，很少流露内心的真实情感；与人交往时，态度稳重适度，不爱抛头露面；行动缓慢而沉着，能够恪守既定的生活秩序和工作制度。但是，他们往往过于拘谨，不善于随机应变，墨守成规，常常沉稳有余，灵活性不足。

3. 胆汁质

胆汁质属于兴奋而热烈的气质类型。胆汁质的人神经过程强而不平衡。其感受性低，有一定的耐受性，反应快而灵活，情绪兴奋性高，抑制能力差，外倾性明显，行为有一定可塑性。胆汁质的人的行为特征是：直率热情，精力旺盛，情绪易于冲动，心境变换剧烈，脾气急躁，对兴奋性行为的改造较不容易等。这种气质类型的人一般表现为有理想抱负，有独立见解；行为果断，表里如一；有魄力，敢于负责，喜欢指挥别人。但是，他们往往比较粗心，缺乏自制力，容易感情用事，刚愎自用。

4. 抑郁质

抑郁质属于呆板而羞涩的气质类型。抑郁质的人神经过程呈弱型。其感受性高；耐受性低；反应速度慢，刻板而不灵活；情绪兴奋性高而体验深；内倾性特别明显；行为可塑性小。抑郁质的人的行为特征是：孤僻胆小，行动迟缓，不易动情，体验深刻细心，感受性很强，敏感多疑，缺乏果断和自信，精力较不足，忍耐力较差，对行为的改造较难等。这种气质类型的人喜欢独处，交往拘束；常因微不足道的小事而神经紧张，情绪波动；极少对外表露自己的情感，但内心体验相当深刻；他们遇事三思而后行，求稳不求快，因而显得迟缓刻板；性情怯懦自卑，优柔寡断。

气质主要是由人先天的高级神经活动类型决定的，仅使人的行为带有某种动力的特征，没有好坏之分。每一种气质类型都有积极的方面，也都有其消极的方面。气质也有一定的可塑性，大学生可以通过环境、学校教育和自我教育等途径，自觉地发扬自己气质中的积极方面，努力克服气质中的消极方面。气质不决定一个人性格的倾向性和能力的发展水平，也不决定一个人活动的社会价值和成就的高低。

（二）气质的现实意义

1. 气质对学习活动的影响

气质类型不决定一个人的智力水平，但影响智力活动的特点。多血质者机智灵敏，适应性好，兴趣广泛，但烦躁、不踏实；黏液质者刻苦认真，但迟缓、不灵活；胆汁质者思维敏捷，学习热情高，刚强，但粗心、急躁；抑郁质者思维深刻，谨慎细心，但迟缓、精力不足。

2. 气质对职业的影响

某些气质特征往往能为个人从事某种职业活动提供有利条件。多血质者不适宜做过细的工作，对单调、机械的工作也难以胜任；变化、需要灵活的工作会使黏液质者感到压力；胆汁质者适应于喧闹、嘈杂的工作环境，而对于需要长期安坐、细心检查的工作则难以胜任；对于抑郁质者来说，胆汁质者无法胜任的工作由他们来做则恰到好处。

3. 气质对人际交往的影响

在人际交往方面，多血质者新朋友多，老朋友少，交际广泛，主动热情；黏液质者新朋友少，老朋友关系持久，交往缺乏主动性；胆汁质者易怒，容易产生人际冲突，但直率、心眼好，比较讲义气；抑郁质者通常找同频率的人。因此，与胆汁质者打交道时应避免发生冲突；如果向黏液质者提出要求，应让他有时间考虑；对抑郁质者应多给予关心和鼓励等。

4. 气质对环境适应能力的影响

一般来说，多血质者机智灵敏，容易用很巧妙的办法应付环境的变化；黏液质者常用克己忍耐的方法应付环境，也能达到目的；胆汁质者脾气暴躁，在不顺心的时候容易产生攻击行为，造成不良后果；抑郁质者过于敏感，比较脆弱，容易受到伤害，感受到挫折。后两种类型的人适应环境的能力都不强。

5. 气质对人身心健康的影响

不同气质类型的人的情绪兴奋性强度不同，情绪兴奋性太强或太弱，适应环境的能力都比较差，容易影响身体的健康。现代医学证明人的气质特性与人的身心健康有关系。美国两位医生曾对某大学的毕业生进行了 30 年的追踪研究，发现 77.3% 易发怒的学生患了癌症、高血压、心血管疾病、良性肿瘤等疾病；而安静的学生和开朗的学生患各种疾病的概率只有 25% 和 26.7%。

6. 气质对性格特征形成难易的影响

不同气质类型的人在形成这些性格特征时有些比较容易，有些就比较难。例如，胆汁质的人容易形成勇敢、果断、坚韧的性格特征，却难以形成善于克制自己情绪的性格特征。多血质的人容易形成热情好客、机智开朗的性格特征，却难以形成耐心细致的性格特征。

人的行为不取决于气质，而是取决于社会环境和教育影响下形成的动机和态度。如果具有正确的动机和积极的态度，各种气质类型的人都可能在学习上取得优良成绩，在劳动中做出出色的贡献。

四、大学生的性格

（一）性格的含义与特征

性格是一个人比较稳定的对现实的态度和习惯化了的行为方式，是人格结构中表现最明显也最重要的心理特征。性格主要由以下四个方面的结构特征组成。

1. 性格的态度特征

性格的态度特征是指人在对客观现实中多种多样的对象和现象的态度中表现出来的性格特征。这些特征主要是有关处理社会关系各方面的内容，包括对社会、集体、他人态度的性格特征，如自私或无私、合群或孤僻、礼貌或粗暴等；对劳动和学习态度的性格特征，如勤劳或懒惰、认真细致或马虎粗心、创新或守旧等；对自己态度的性格特征，如谦虚或骄傲，严于律己或自我放纵等。

2. 性格的理智特征

性格的理智特征是指表现在认识过程中的性格特征。其主要包括：感知特征，如主动观察型或被动观察型、罗列型或概括型等；记忆特征，如形象记忆型或逻辑记忆型、快记型或慢记型等；想象特征，如幻想型或现实型、宽广型或狭窄型等；思维特征，如独立型或依赖型、分析型或综合型等。

3. 性格的情绪特征

性格的情绪特征是指人们在情绪活动中表现出来的性格特征。例如，有的人情绪体验强烈长久，有的人情绪体验微弱短暂，有的人情绪平静易控制，而有的人情绪大起大落不易自控等。性格的情绪特征主要包括四个方面：强度特征，表现为个人受情绪影响

的程度和以意志控制情绪的程度；稳定性特征，即情绪波动程度；持久性特征，即情绪作用时间长短；主导心境特征，表现为不同心境在一个人身上的稳定程度。

4. 性格的意志特征

性格的意志特征是指人自觉调节自己行为的方式和水平方面的性格特征。性格的意志特征包括：对行为目的明确程度的特征，如目的性或盲目性、独立性或依赖性等；自觉控制行为水平的特征，如主动或被动、自制或冲动等；在长期工作中表现出来的特征，如坚韧或动摇等；在紧急危难时刻表现出来的特征，如勇敢或胆怯、果断或迟疑、冷静或惊慌等。

在性格的这些特征当中，态度特征和意志特征最为主要，它们直接表现了人对事物的倾向和影响方式。这四个方面的特征相互联系、彼此制约。在它们的共同作用下，个体才形成了不同于他人的独特性格。性格会随个人的角色转变、环境和情境的变化以及自我要求的不同而呈现出不同的特征，从而使人的性格表现具有丰富性和复杂性。

（二）性格与气质的关系

性格和气质都是描写个体典型行为的概念，这两个概念既有区别又有联系。

1. 性格与气质的区别

（1）从起源方面看。气质是先天形成的，一般产生于个体发育的早期阶段，主要体现为神经类型的自然表现。性格是后天形成的，在个体生命的早期，并没有性格的表现。性格是行为主体与社会环境互相作用的产物，反映了人的社会属性。

（2）从可塑性方面看。气质变化较慢，可塑性较小，即使可能改变，也很困难。性格的可塑性较大，环境对性格的塑造作用是明显的，即使已经形成的性格是较稳定的，改变起来也要比气质容易。

（3）从社会评价方面看。气质无好坏善恶之分，不能做社会评价；性格有好坏善恶之分，可以做社会评价。因为气质所指的典型行为特征，如胆汁质者的暴烈，多血质者的活泼、灵巧，是一个人心理活动动力方面的特征，与个人行为的内容无关。而性格特征主要是指一个人行为的内容，反映了行为主体与社会环境的关系，如一个人对集体、对他人、对工作的态度，有好与坏、善与恶之分。

2. 性格与气质的联系

性格与气质既有区别，又有联系，既相互依赖，又相互制约。

（1）气质对性格能够产生影响和作用。一个人性格特征的形成主要依赖于其接受教育的方式和其与社会相互作用的性质和方法。而气质会影响一个人接受教育的环境和与社会相互作用的方式，这种影响在儿童的早期即可表现出来。例如，有的婴儿喜欢哭或笑，有的婴儿安静或好动。这些不同的气质特征必然会对家庭环境产生不同的影响和作用，引起父母或其他哺育者不同的行为反应，这些不同的行为反应，反过来也就必然会影响一个人性格的形成。

（2）气质不仅可以影响一个人接受教育的方式和其与社会相互作用的性质和方法，还可以按照自己的动力方式渲染性格特征，从而使性格特征具有独特的色彩。例如，同样是乐于助人的性格特征，多血质的人在帮助别人时表现为动作敏捷、情感外露、热情；而黏液质的人在帮助别人时则表现为动作沉着，情感含蓄、深沉。

（3）气质影响性格特征形成和改造的速度。例如，要形成严谨自律的性格，胆汁质的人往往需要极大的努力和克制；而抑郁质的人则比较容易形成此类性格，不用特别控制和努力。

（4）性格也能对气质产生影响和作用。性格对气质有掩蔽作用，可以在一定程度上掩盖或改变气质，使气质服从于生活实践的要求。例如，领导者必须具备冷静、沉着稳重等性格特征，在长期从事领导实践活动的锻炼中，这种性格特征的形成有可能掩盖或改造胆汁质的人易冲动和不可遏制的气质特征，使其更像是黏液质的人。

（三）大学生性格的自我培养

1. 重视性格的自我修养

（1）自省。自省是指个体通过内心的自我检查、自我分析、对性格进行反思，总结优点、改正缺点。应该提醒的是，个体在自省时要找出自己的缺点并不难，难的是下决心改正它。个体取得“自省”实际效果的最大心理障碍就是“自我原谅”。

（2）自警。个体可针对自己的性格弱点选择相关的名言警句作为自己的座右铭，用以提醒和勉励自己。

（3）自居。认同某个个性榜样，处处将自己作为该榜样的形象出现。自居有两个特点：一是出发点积极，二是过程积极，都是为了提高和完善自己。

2. 加强性格的自我训练

（1）从小事入手。性格是在环境、教育等各种内外因素长期作用下逐步发展起来的，对其改变也需要一个长期的渐变过程。对性格的训练，刚开始时不能要求过高。例如，性格急躁、爱发脾气的人，自我训练的第一步应当是设法克制火气，使自己冷静下来；过一段时间再提出进一步要求，如要求自己抑制火气时能挥洒自如、豁达大度。如此循序渐进，性格才会逐渐由急躁易怒变得宽容大度。

（2）习惯潜化。从改变习惯到改变性格，这是实现性格转化的途径之一。有人曾把习惯比作人的“第二天性”。实际上，人的性格中的很大一部分所表现的正是一个人习惯化了的行为方式。俗话说“积习难移”“习惯成自然”，在对自己行为的支配中，习惯的力量比任何理论原则的力量来得更大。因此，大学生在性格修养过程中要努力培养自己良好的学习习惯和生活习惯。

（3）实践磨炼。性格的改变过程首先是一个实践过程。在实践中检验和判断性格，到实践中去培养磨炼性格，是个体进行性格修养的根本途径。性格向良好方向转变往往不是由良好的训练计划、指导性修养方法所决定的。一百个空头计划不如一个具体的培

养锻炼的行动。因此，性格修养应当坚持从实践做起，在学习、与同学的交往及业余爱好的发展中培养自己的良好性格。没有什么捷径和窍门，只有针对自己性格上的缺点，制订一个在实践中克服这些缺点的长期计划，并按这个计划持久地实践下去，个体才能逐步取得理想的性格培养效果。

五、大学生的主要人格发展缺陷

这里所说的人格发展缺陷是介于健康人格与病态人格（人格障碍）之间的一种人格状态，表现为人格发展的不良倾向。大学生中有相当一部分人存在不同程度的人格发展缺陷，常见的有以自我为中心、自卑、羞怯、嫉妒、多疑、怯懦、懒惰、狭隘、拖拉和虚荣心等。

1. 以自我为中心的心理

以自我为中心表现为有些大学生自视甚高，觉得自己知识面广，他们只顾发表自己的高见，而不希望听到别人的意见；只关心与他自己有关的问题，而不管别人是否有兴趣。以自我为中心的人往往不为大家所接受。由于缺乏同学、朋友之间的友谊与欢乐，其交往需要得不到满足，内心必然苦闷、压抑，感受不到周围人的温暖，同时会对周围的人感到厌烦，产生戒备。以自我为中心倾向严重的大学生在与他人交往的过程中常常忽视平等互助交往的原则，凡事以自我为中心，表现得自私自利，凡事从自己的立场进行价值判断，从不考虑对方的需要。这种交往方式的后果是：生活中他们难以找到真正关心自己的朋友，学习上大家也都不愿意与他们沟通。

2. 自卑心理

自卑心理是心理咨询中的常见问题，其实质是一种消极的自我评价或自我意识。一个自卑的人往往过低评价自己的形象、能力和品质，总拿自己的弱点和别人的长处比较，觉得自己事事不如人，在人前自惭形秽，从而丧失信心，悲观失望。

具有强烈自卑感的人一般自我封闭、内向，不愿意与别人来往。自卑有多种表现方式，其中最明显的是退缩或过分争强好胜，尤其是过分畏怯、退缩，不能独立而依赖性太强，这些都会妨碍一个人积极而恰如其分地与他人交往。一般来说，自信的人容易与人相处，他们往往显得乐观、宽容，能客观地评价自己和他人；而自卑的人则容易消极地评价自己，总觉得自己在各方面都不如别人，低人一等，害怕与人交往。

3. 羞怯心理

羞怯是人类的特征，几乎每个人都经历过。羞怯是普遍存在的心理现象，年轻人面对新环境中的交往活动，常常表现为害羞、胆怯、拘谨、不自然，但随着年龄的增长和人际交往的频繁，羞怯心理会逐步减弱与消失。

4. 嫉妒心理

好嫉妒者把别人的优势视为对自己的威胁，因而感到恐惧和愤怒，怕别人的优势对比出自己的差距，但他并不是通过自己的努力去弥补已经存在的差距，而是借助贬低、诽谤、中伤等手段攻击对方，拉对方后腿，以求心理上的满足，似乎这样就可以缩短自己与对方的差距。

5. 多疑心理

多疑是一种凭主观推测而产生的不信任心理。既然是主观推测，就难免会出现偏差。要调整这种偏差，个体就要锻炼自己，使自己的心胸豁达，用时间和事实检验自己的主观意识是否正确，客观公正地对待任何事物。归根结底，心胸豁达是克服多疑心理的良药。

6. 怯懦心理

怯懦主要表现为缺乏勇气和信心，害怕可能面对的困难和挫折，在挫折、困难面前知难而退，甚至不战而败。有些大学生由于胆怯，不敢与人讲话，不敢出头露面，也不敢表明自己的态度，甚至不敢向老师提出问题。有些大学生由于软弱而不敢冒风险，不敢担重任，不敢与坏人坏事做斗争，不敢坚持自己正确的观点，但越是这样回避矛盾、躲避失败，越是容易体验到强烈的挫折感。在挑战和机遇并存的现代社会，怯懦者会失去很多成功的机会，并可能会成为落伍者。克服怯懦心理的最好办法是要敢于抓住机遇，积极锻炼，不怕失败，不怕丢面子，不怕担子重，多给自己鼓励和压力，在生活中去掉“不敢”二字。积极应对挑战，争做生活的强者才是明智的选择。

7. 懒惰心理

懒惰是不少大学生感到苦恼并难以克服的一种人格发展缺陷，是意志力薄弱的表现，是影响大学生积极进取、张扬青春活力的天敌。要克服懒惰心理，大学生就应充分认识到其危害性，对自己负责，振作精神，起而行之，从日常小事做起，并努力做到不给自己找借口，不原谅自己的偷懒，力争今日事今日毕，多与人交往，多关心外部世界，多参加有益身心的社会活动。而要做到这一切，坚定而有价值的理想是不可或缺的。

8. 狭隘心理

凡斤斤计较、耿耿于怀、好嫉妒、好挑剔、容不得人等，都是心胸狭隘的表现，即日常说的“气量小”。心胸狭隘往往会影响人际关系，伤害他人感情，也常给自己带来烦闷、苦恼，影响自己的情绪和在他人心目中的形象，于人于己有百害而无一利。狭隘人格多见于内向者。克服狭隘心理，一要胸怀宽广坦荡，一切向前看；二要丰富自己，一个人的视野越开阔，就越不会陷入狭隘心理之中，这就是所谓的站得高，看得远；三要学会宽容，做到宽以待人。

9. 拖拉心理

拖拉是大学生的通病。导致拖拉的原因主要有：一是试图逃避困难的事，二是目标不明确，三是惰性作祟。拖拉一方面耽误学习、工作；另一方面也并没有使人感到轻松，反而会导致心理压力，引起焦虑，让人总觉得有事情没完成，做别的事情也难以安心，还会贻误时机。克服拖拉心理，首先，大学生要充分认识其危害性，找到自己拖拉的原因，下决心改变；其次，要科学安排时间，凡事有轻重缓急，要一件一件完成，还要讲

究科学的学习和工作方法；再次，要敢于做不合心意或者需要花大力气的工作，必须完成的事，与其拖着、欠着，还不如及早动手，完成后会有一种如释重负的感觉，会有一种欣喜感、满足感、成就感，而拖拖拉拉只会带来疲倦、松垮及焦虑。

10. 虚荣心理

虚荣心普遍存在于每一位大学生身上，这是正常的，虚荣心往往与自尊心、自卑感联系在一起。虚荣心是自尊心和自卑感的混合物。虚荣心强的大学生一般性格内向、感情脆弱、多愁善感。虽然自惭形秽，却害怕别人伤害自己的自尊心，过分介意别人的批评与评论，与人交往时总有一种防御心理，不允许有稍微侵犯，且常会千方百计地抬高自己的形象，但他们捍卫的往往是虚假的、脆弱的、不健康的自我。克服虚荣心理，大学生要做到以下几点：自尊与自重，大学生要理性看待物质和精神需求，不能为了一时心理上的满足而不惜代价，避免在外界因素的诱惑下失去人格；有正确的自我认知，树立合理的人生目标，大学生要根据自身具体的能力和水平树立正确、合理的人生目标，避免树立华而不实、无法实现的人生目标；对荣誉有正确的认识，大学生要正确认识自身已取得的荣誉，在已有成就的基础上扬长补短，努力进步。

第三节　大学生健康人格塑造

一、大学生健康人格的标准

（一）具有正确的自我意识

人格健康的大学生对自己的知识、能力、道德等有恰如其分的认识和评价，既不高估也不低估自己，对自己充满自信，善于扬长避短，在日常生活中能有效地调节自己的行为，保持与环境的和谐、平衡。

（二）具有良好的情绪调控能力

人格健康的大学生具有调节和控制情绪的能力，经常保持愉快、开朗、乐观的心境，并且拥有一定的幽默感。当消极情绪出现时，能合情合理地对其宣泄、排解、转移、升华，不成为消极情绪的奴隶。具有人格发展不足或者人格障碍的大学生往往缺乏相应的情绪调控能力，容易被消极情绪支配。

（三）具有远大而稳定的奋斗目标

奋斗目标是大学生根据实际确立的发展方向，是其学习、生活的内驱力。具有远大而稳定奋斗目标的大学生能调动自身的各种积极因素，围绕奋斗目标持之以恒、百折不挠地进行活动，心无旁骛、一心一意地为实现奋斗目标而努力。这种有远大志向的大学生很少有认识误区、情绪误区、态度误区、意志误区和行为误区等，人格因此能得到健康发展。

（四）具有和谐的人际关系

人格健康的大学生能把自己融入群体或集体之中，乐于与他人交往，能与别人建立良好的关系，与人相处时多表现出积极的情绪情感，尊敬、信任等正面态度多于妒忌、怀疑等负面态度。健康的大学生常常以客观、诚实、公平、公正、信任、宽容、平等的态度对待他人，接纳他人，同时也受到他人的喜爱和接纳，具有较强的社会适应能力。

（五）具有乐观的生活态度

乐观的人常常能看到生活的光明面，对前途充满希望和信心，对自己所从事的工作或学习抱有浓厚的兴趣，并在工作和学习中发挥自身的智慧和能力，获得成功。即使生活中遇到困难和挫折，乐观的人也会勇于面对，不畏艰险，勇于拼搏。只要大学生对生活充满爱意，就会发现大学中有许多有助于自身发展的事物；只要好好地珍惜，付出自己的爱意，就会生活在快乐之中。大学生只要能够正确面对失败，并从中获得快乐而不只是痛苦和烦恼，客观地判断实际，不掉以轻心，也不缺少信心、畏首畏尾，就会朝气蓬勃，乐观开朗，不为琐事纠结。

（六）具有高尚健康的审美情趣

高尚健康的审美情趣对于大学生树立科学、正确的审美观、人生观、世界观，塑造健康的人格结构具有重要作用。高尚健康的审美情趣可以使人提高自身的修养，自觉抵制各种不健康思想的侵蚀，陶冶情操，追求更高的人生价值，实现人格的自我完善。高尚健康的审美情趣可以使大学生形成追求美、向往美、鉴赏美的能力和行为，陶冶美的情操，提高审美能力；可以提高大学生的思想道德和修养境界，提升大学生的人生价值，使他们感到人生的愉悦和幸福，从而使精神得到净化；也能够使大学生开阔审美视野，让精神世界更加丰富和美好，提高他们的思想品德素养，创造更有价值的人生。此外，正确的理想和信念、科学的世界观和人生观、高度的责任感和义务感、合理的需要和兴趣以及解决问题的能力等，也是构成大学生健康人格的重要内容。

二、培养大学生健康人格的途径

微课

大学生如何塑造健全的人格

大学生的健康人格不是自发形成的，除了需要自我调节外，还需要有意识地培养。一般来说，培养大学生健康人格的途径主要有以下几条。

（一）加强大学生人生观、价值观和世界观的培养

大学生正处于人生观、价值观和世界观形成的关键时期，帮助他们确立崇高的理想与信念，形成正确的人生观、价值观和世界观，对他们健康人格的塑造具有重要意义。各高校只有采取行之有效的措施帮助大学生形成正确的人生观、价值观和世界观，才能把大学生的人格塑造成健康人格。

1. 加强理论学习，拓宽知识面

学校要引导大学生认真学习马克思主义哲学、政治经济学、科学社会主义等学科的

理论以及法律、科技、历史、文学等方面的知识，学会以理论知识为指导，运用辩证唯物主义和历史唯物主义的观点和方法去分析问题和解决矛盾，提高解决问题的能力，并确立崇高的理想与信念，为大学生形成健康人格提供坚实的基础。

2. 认真进行思想改造，提高个人修养

大学生除认真学习外，还要认真地进行自我改造，提高自己的修养。要以马克思主义世界观为标准，不断检视自己的思想和行为，进行必要的批评和自我批评，克服懒散、虚荣、自我中心、退缩、任性、偏私、嫉妒、怯懦、空虚等消极心理和行为。大学生要敢于向一切错误的思想观念，如有需求找关系、有钱就有了一切、享乐主义等宣战，勇于接受组织和同学的监督。只有这样，才能达到改造思想的目的，以助于大学生形成正确的人生观、价值观、世界观和塑造健康的人格。

3. 以教育者和典型人物为榜样，培养高尚的情怀和情操

榜样的力量是无穷的。在高校，班主任、教师和辅导员是教育者，也是大学生学习的榜样，是与在校大学生相处最多的人群。他们通过教育教学活动和自身完整的人格影响大学生，帮助大学生形成正确的世界观、人生观和价值观。其中，高校思想政治教育教师工作在学校德育的第一线，与大学生朝夕相处，深入大学生的学习生活的各个层面，可以通过深入细致的思想政治工作、组织工作和管理工作向大学生传播马列主义，宣传党的方针政策，用科学的思想从理论上武装大学生的头脑，使之形成正确的世界观、人生观和价值观。

4. 明辨观念的是与非，把握好自己的言与行

不同的人生观、价值观和世界观所形成的观念也不同。有时，一些错误的观念经过伪装隐藏在正确的人生观、价值观和世界观之下，如果大学生没有清醒的认识，时间稍微长久一些，就有可能使其原有的正确的人生观、价值观和世界观发生消极变化。因此，高校要通过教育使大学生常常自我反省，区分自己头脑中观念的是与非，发扬积极因素，克服消极因素，运用正确的观念指导自己的言行。

（二）强化校园环境建设，发挥其育人的功能

优美、和谐的育人环境是校园内良好精神氛围和与之相适应的物质环境的和谐统一，反映了学校的办学风格、学校特色和校园精神，影响大学生的身心发展。

对大学生人格影响比较明显的是校园环境中的校园文化。校园文化特别是校园精神文化作为一种特殊的环境对大学生人格的形成和发展具有独特的价值。美国课程专家杰克逊认为，校园文化在促进学生社会化的非学术过程中构成了“隐性课程”，以及德国教育学家贝尔提出的“名副其实的教育，本质上就是品格教育”，实际上强调的都是校园文化对大学生人格的塑造功能。校园文化是以潜移默化的方式影响学生的，在校园文化建设中，高校可通过开展一些健康的文化活动，如各种学术、科技、体育、艺术和娱乐活动等，把德育与智育、体育、美育有机结合起来，寓教育于文化活动之中。其具体做法

包括以下四个方面。

（1）努力搞好校风建设。校风作为构成教育环境的独特的因素，体现了一个学校的精神风貌，并通过校训、校歌、校徽和校旗来表现。好的校风具有深刻“强制性”的感染力、凝聚力，形成集体成员心理特性最协调的心理相容状态，催人奋进，而对不良的心理倾向和行为具有强大的抵御作用，能有效排除各种不良心理和行为的侵蚀与干扰。

（2）切实抓好教风建设和学风建设。教学是培养人才的基本途径，也是高校的中心工作之一。通常，教风好，学风也就好。因此，高校要通过在教师中树立起为人师表、教书育人、治学严谨、认真负责、耐心细致、开拓进取的教风，来引导和促进勤奋学习、积极向上、严谨求实、尊师重教、遵纪守法、举止文明等优良学风的形成，使大学生在良好的教风和学风中发展。

（3）建设良好的人际关系。学校人际关系包括学校领导之间的关系、学校领导与教职工之间的关系、教师之间的关系、教师与学生之间的关系、学生与学生之间的关系。良好的学校人际关系有助于广大师生员工密切合作，形成一个团结统一的集体，更好地发挥整体效应，有助于大学生健康人格的发展。

（4）规范好制度文化的建设。校园制度文化作为校园文化的内在机制，是维系学校正常秩序的保障机制，是校园文化建设的保障系统。通过各种途径，规范好制度文化的建设，约束师生的不良言行，形成良好的风气，推动大学生健康人格的形成。

（三）积极开展心理健康教育，增强大学生塑造健康人格的能力

大学生健康人格的形成与发展有赖于大学生自己的塑造。大学生只有掌握了相关心理知识，具备相应的心理素质，才能形成健康的人格。因此，高校积极开展心理健康教育，提升大学生的心理素质，增强大学生塑造健康人格的能力十分重要。

1. 大学生心理健康教育的内容

大学生心理健康教育的内容如下。

（1）要使大学生接纳自我、积极评价自我，同时接纳他人，就应激发大学生的主观能动性，使其认同自己和他人，让大学生在自身优势的基础上积极地进步或创造。

（2）引导大学生学会调节情绪，控制消极情绪，做情绪的主人。

（3）提高大学生的人际交往能力，使其建立良好的人际关系。

2. 高校促进大学生心理健康的措施

要使大学生做到这些，高校应该做到以下三点。

（1）开设“大学生心理健康教育”课程，使大学生掌握心理和心理健康的基础知识和调节不良心理的基本技能技巧。

（2）成立相应的心理咨询机构，为心理健康方面有问题而需要帮助的大学生提供咨

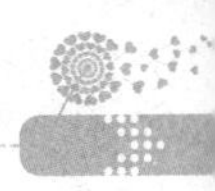

询的场所，在心理咨询师的指导下，使大学生逐步掌握调节心理的技巧。

（3）通过拓展训练，使大学生在解决问题、应对挑战的过程中磨炼克服困难的毅力，培养健康的心理素质和积极进取的人生态度，学会在一些活动中宣泄消极心理的方法。

（四）重视实践活动，培养大学生良好的行为习惯

大学生健康人格的形成和发展需要他们在实践活动中的锻炼。在很多情况下，健康人格直接体现在大学生的实践活动中，同时，丰富的实践活动又将进一步促进人格的健康发展。因此，实践活动是培养大学生健康人格的重要举措。

实践活动有利于大学生了解国情、了解社会，增强社会的责任感和使命感；有利于大学生正确认识自己，对自身成长产生紧迫感；通过广泛的社会实践活动，大学生能够看到自己和市场需求之间的差距，看到自身知识和能力上存在的不足，比较客观地去重新认识、评价自我；有利于大学生对理论知识的转化和拓展，增强运用知识解决实际问题的能力；也有利于大学生提高个人素养，完善人格。通过各种形式的实践活动，大学生能够进一步了解社会、增强社会责任感和社会适应力、提高综合素质。

高校应该创造条件，加强实践环节，如在校内广泛开展科学实验、科技创新、专业设计、学术辩论，创办学术刊物和组织学术讲座等活动；让大学生走向社会，到农村、街道、企业、军营等进行社会调查，注意观察，从中发现社会科学和自然科学中的热点、难点和疑点等问题，训练他们的创新思维，磨炼他们的创新意志品质，陶冶情操，培养合作精神，提高竞争实力，使他们养成创新行为习惯，最终形成创新人格。

（五）注重感恩教育，塑造大学生的健康人格

“感恩”一词被解释为“对别人所给的帮助表示感激”，感恩是人类生活的重要情感行为，这种情感和行为包含尊敬师长、关爱他人、回报祖国、珍爱生命、追求和谐等伦理价值。注重感恩教育，就是要加强和改进对大学生思想政治教育和行为锻炼，塑造大学生的健康人格，使其怀有一颗感恩的心，成为高尚的人。

进行感恩教育需从认知层面、情感层面、实践层面进行识恩、知恩、感恩的教育，使大学生知恩于心，报恩于行。具体可从以下四个方面入手。

（1）坚持以党的正确方针为指导，牢固树立大学生科学的世界观、人生观和价值观。当前社会瞬息万变，很多大学生极易在当前错综复杂的形势下迷失方向，只有以党的正确方针为指导，确立科学的世界观、人生观和价值观，才能不断提高自身的是非鉴别能力，增强抵御不良文化的免疫力，并逐步培养和提升感恩意识。

（2）以传统文化中感恩材料为依据，加大感恩文化教育。

（3）培养大学生养成广阔的胸怀。心胸狭窄的人喜欢凡事从小处着眼、斤斤计较，难以容人。所以，感恩教育必须要进行以善于宽容和接纳他人为主要内容的胸怀教育，

使大学生心胸宽广。

（4）引导学生主动参与，形成感恩的行为习惯。采用多方位、多形式、多场合的正面教育，引导大学生主动参与活动，让学生认识到知恩在心，感恩重行，从小事做起，付诸于行动。

气质类型测试

指导语：下面60道题大致可以确定你的气质类型。若与你的情况“很符合”计2分，“较符合”计1分，“一般”计0分，“很不符合”计−2分。

1. 做事力求稳妥，不做无把握的事。（　　）
2. 遇到生气的事就怒不可遏，想把心里话说出来才痛快。（　　）
3. 宁可一个人做事，不愿很多人在一起。（　　）
4. 到一个新环境后很快就能适应。（　　）
5. 厌恶那些强烈的刺激，如尖叫、噪声、危险镜头等。（　　）
6. 与人争吵时总是先发制人，喜欢挑衅。（　　）
7. 喜欢安静的环境。（　　）
8. 喜欢与人交往。（　　）
9. 羡慕那些善于克制自己感情的人。（　　）
10. 生活有规律，很少违反作息规律。（　　）
11. 在多数情况下情绪是乐观的。（　　）
12. 碰到陌生人觉得很拘束。（　　）
13. 遇到令人气愤的事，能很好地自我克制。（　　）
14. 做事总是有旺盛的精力。（　　）
15. 遇到问题常常举棋不定，优柔寡断。（　　）
16. 在人群中从不觉得过分拘束。（　　）
17. 情绪高昂时，觉得干什么都有趣；情绪低落时，觉得干什么都没有意思。（　　）
18. 当注意力集中于某一事物时，别的事物就很难使自己分心。（　　）
19. 理解问题总比别人快。（　　）
20. 遇到不顺心的事从不向他人诉说。（　　）
21. 记忆能力强。（　　）
22. 能够长时间做枯燥、单调的事。（　　）
23. 对符合兴趣的事，做起来劲头十足，否则就不想干。（　　）
24. 一点小事就能引起情绪波动。（　　）

25. 讨厌做那种需要耐心、细致处理的工作。(　　)
26. 与人交往不卑不亢。(　　)
27. 喜欢参加热烈的活动。(　　)
28. 爱看感情细腻、描写人物内心活动的文学作品。(　　)
29. 工作、学习时间长了，常感到厌倦。(　　)
30. 不喜欢长时间谈论一个话题，愿意实际动手做。(　　)
31. 宁愿侃侃而谈，也不愿窃窃私语。(　　)
32. 别人说我，我总是闷闷不乐。(　　)
33. 理解问题时常比别人慢些。(　　)
34. 疲倦时只要短暂的休息就能精神抖擞，重新投入工作。(　　)
35. 心里有事，宁愿自己想，也不愿说出来。(　　)
36. 认准一个目标就希望尽快实现，不达目的誓不罢休。(　　)
37. 与别人一样学习、工作一段时间后，常比别人更疲倦。(　　)
38. 做事有些莽撞，常常不考虑后果。(　　)
39. 别人讲授新知识、技术时，总是希望他讲慢些、多重复。(　　)
40. 能够很快忘记那些不愉快的事情。(　　)
41. 做作业或完成一件工作时总比别人花费的时间多。(　　)
42. 喜欢参与运动量大的活动或参加各种文体活动。(　　)
43. 不能很快把注意力从一件事转移到另一件事上去。(　　)
44. 接受一个任务后，就希望把它迅速解决。(　　)
45. 认为墨守成规要比冒风险强些。(　　)
46. 能够同时注意几件事物。(　　)
47. 当我烦闷的时候，别人很难使我高兴。(　　)
48. 爱看情节跌宕起伏、激动人心的小说。(　　)
49. 对工作抱认真谨慎、始终如一的态度。(　　)
50. 和周围人总是相处不好。(　　)
51. 喜欢复习学过的知识，重复做已经掌握的工作。(　　)
52. 喜欢做变化大、花样多的工作。(　　)
53. 对小时候会背的诗歌，似乎比别人记得清楚。(　　)
54. 别人说我“出语伤人”，可我并不觉得这样。(　　)
55. 在体育运动中，常因反应慢而落后。(　　)
56. 反应敏捷，大脑机智。(　　)
57. 喜欢有条理而不甚麻烦的工作。(　　)

58. 兴奋的事情常使我失眠。（　　）

59. 别人讲新概念，我常常听不懂，但是弄懂以后就很难忘记。（　　）

60. 假如工作枯燥无味，马上就会情绪低落。（　　）

评分方法：

（1）如果某一项或两项的得分超过 20，则为典型的该气质。

（2）如果某项或两项以上得分在 20 分以下、10 以上，其他各项得分较低，则为该项一般气质。

（3）如果各项得分均在 10 以下，但某项或几项得分较其余项高（相差 5 分以上），则为略倾向于该项气质（或几项的混合）。

（4）一般来说，正分值越高表明该项气质特征越明显，正分值越低或得负分值则表明越不具备该项气质特征。

各种气质类型对应题号：

胆汁质：2、6、9、14、17、21、27、31、36、38、42、48、50、54、58。

多血质：4、8、11、16、19、23、25、29、34、40、44、46、52、56、60。

黏液质：1、7、10、13、18、22、26、30、33、39、43、45、49、55、57。

抑郁质：3、5、12、15、20、24、28、32、35、37、41、47、51、53、59。

自信心测试

指导语：请按照自己的情况选择“是”或“否”。

1. 当你进入一间有很多人的房间，而你只认识其中少数几位时，你是否会感到紧张？（　　）
2. 当你遇到不认识的人时，你是否会自告奋勇地自我介绍？（　　）
3. 在大庭广众之下讲话，你是否会害怕？（　　）
4. 你是否因担心可能的失败而避免尝试一种新的工作？（　　）
5. 你交新朋友困难吗？（　　）
6. 和陌生人交谈时难以启齿吗？（　　）
7. 当一群人看到你便停止交谈，你会觉得他们是在讨论你的不足吗？（　　）
8. 你是否老想知道别人在背后是怎么讨论你的？（　　）
9. 别人冷嘲热讽时，你觉得受到伤害吗？（　　）
10. 你是否经常有意争取别人的恭维？（　　）
11. 你敢不敢承认自己的主要缺点？（　　）
12. 你曾幻想如何去对付那些伤害你的人吗？（　　）
13. 在你尝试某件事情失败后，你会轻易放弃吗？（　　）
14. 当别人在你面前受到赞美和恭维时，你会觉得不舒服吗？（　　）
15. 当别人在竞赛中赢了你，你会整天闷闷不乐吗？（　　）

16. 你常嫉妒朋友或同事的成功吗？（　　）

17. 别人成功时，你会立即真心赞美吗？（　　）

18. 别人批评你以后，你会长时间耿耿于怀吗？（　　）

19. 你喜爱与别人比较，因而产生不平衡心态吗？（　　）

20. 你容易受流行观念的影响吗？（　　）

评分标准：

用 5 乘以答“是”的题目数，就是你的总分。

（1）0 ~ 20 分，你很有自信心。

（2）25 ~ 45 分，你的自信心尚佳，但还应改进。

（3）50 ~ 75 分，你的自信程度不理想，应努力加以改善。

（4）80 ~ 100 分，你缺乏自信，必须抓紧时间加以提高。

章末小结

1. 人格是个体在先天生物遗传素质的基础上，通过与后天社会环境的相互作用而形成的相对稳定和独特的心理行为模式。

2. 人格特质理论认为，特质决定个体行为的基本特征，是人格的有效组成元素，也是测评人格常用的基本单位。

3. 弗洛伊德将人格结构分为本我、自我、超我三个部分。本我是指原始的自己，包含生存所需的基本欲望、冲动和生命力。它按照快乐原则行事，不理会社会道德、外在的行为规范。自我处于本我和超我之间，代表理性。它按照现实原则来行事，充当仲裁者，监督本我的动静，给予其适当满足。超我代表道德、社会准则，是人格的高层领导。它按照至善原则行事，指导自我，限制本我。弗洛伊德认为三个“我”和睦相处，保持平衡，才会健康发展。

4. 自我同一性理论的代表人物是埃里克森。他主张研究的自我是弗洛伊德的人格结构中的一部分，但是却是一种独立的力量，不受本我和超我的压迫。他认为自我是一种有意识的心理过程；是过去经验和现在经验的综合体，并能综合进化过程中的两种力量——人格的内部发展和社会发展，引导人的心理性欲的合理发展。

5. 社会学习理论是阐明人怎样在社会环境中学习，从而形成和发展其个性理论。社会学习是个体为满足社会需要而掌握社会知识、经验和行为规范以及技能的过程。

6. 气质是人格结构中比较稳定的并与遗传因素联系密切的成分。气质反映的是人们心理活动动力方面的特征，指心理过程的强度、速度、稳定性、灵活性等各方面的特点。

7. 气质分为多血质、黏液质、胆汁质和抑郁质四种类型，不同的气质类型具有不同的心理和行为特征。

8. 性格是一个人比较稳定的对现实的态度和习惯化了的行为方式，是人格结构中表现最明显也是最重要的心理特征。

9. 人格发展缺陷是介于健康人格与病态人格（人格障碍）之间的一种人格状态，表现为人格发展的不良倾向。常见的人格发展缺陷有以自我为中心、自卑、羞怯、嫉妒、多疑、怯懦、懒惰、狭隘、拖拉和虚荣心等。

第六章

大学生情绪管理

名人名言

▶ 怒中之言，必有泄漏。——冯梦龙

▶ 成功的秘诀就在于懂得怎样控制痛苦与快乐这股力量，而不为这股力量所反制。如果你能做到这点，就能掌握住自己的人生；反之，你的人生就无法掌握。——安东尼·罗宾斯

学习目标

▶ 了解关于情绪的心理学知识，掌握情绪的概念、结构、分类和功能。

▶ 了解大学生的情绪特点和影响大学生情绪的因素。

▶ 掌握大学生情绪调控的方法。

案例导入

小 A 是某高校一名大四的学生，今年 22 岁的他有一个相恋了 3 年的女友。一个月前，女友突然提出分手，理由是两人毕业后很难在同一个地方工作，她无法承受异地恋的压力。同时，女友的家人也表示小 A 家境不好，不能给女儿提供较好的生活环境，遂力促二人分手。种种压力之下，小 A 最终同意了女友分手的要求，但其心理上却出现了裂痕。据他的室友描述，小 A 的情绪越来越低落，晚上常躲在被子里偷偷哭泣，功课基本荒废了，考研的复习课程也被他抛在了脑后。小 A 说过："我觉得好丢脸，觉得所有人都在嘲笑我。"

失恋对小 A 而言不仅意味着失去爱人，也意味着自我否定，严重影响了他正常的学习生活。小 A 走不出失恋的阴影与他的不合理的信念（恋爱失败了，就代表他整个人都不好）有关。小 A 需要调整自己的认知，恋爱失败并不代表他其他方面都不好，要摒弃过分概括化的不合理认知方式。

从这一案例可以看出，引导大学生正确认识情绪心理，学习情绪调控管理的方法对促进大学生的学习与生活有很大意义。

第一节 情绪概述

情绪每时每刻都存在于人们的生活中，影响人们的自我认知评价、学习和工作效率。学习情绪的心理知识可以帮助大学生保持好的情绪状态。

微课
什么是情绪

一、情绪的概念

人类在不断认识和改造客观世界时会产生高兴、愤怒、悲哀等一系列复杂的心理现象。这种人对客观事物是否满足自己的需要而产生的态度体验及相应的行为反应称为情绪。如果客观事物能够满足人类的需要，人就会产生积极正面的情绪体验，如开心、满意、快乐；相反，则会产生消极负面的情绪体验，如悲伤、愤怒、难过等。

二、情绪的结构

一个完整的情绪体验过程是由情绪的主观体验、生理唤醒和外部表现三个要素共同构成的，且三者必须同时获得、同时存在。

（一）情绪的主观体验

情绪的主观体验是个体对不同情绪和情感状态的一种自我感受。每一种情绪都代表了人们对特定事物的不同感受，每个人体验到的情绪内容、性质、强度等都是主观的。例如，一场突降的雷阵雨，对于路上的行人来说觉得很烦恼甚至讨厌，但对于卖雨伞的商贩来说却觉得很开心，因为突然降雨可以让他卖出更多雨伞。

（二）生理唤醒

生理唤醒是指伴随情绪与情感发生时的生理反应，它涉及一系列生理活动过程，如呼吸系统、神经系统、循环系统、内分泌系统等的活动。在不同的情绪体验和情绪强度下，其生理唤醒的水平会有所差异。每种情绪都伴随着一系列的生理变化，这些变化可作为情绪状态变化的客观指标。

拓展阅读

情绪的“辐射”专区

芬兰阿尔托大学的研究人员对来自芬兰、瑞典和中国的700名志愿者进行了情绪对生理变化影响的实验。他们将人体在不同情绪下各个部位的温度用热成像图展示出来（图6-1），其结果如下。

愤怒：所有情绪中最强烈的一种，人体上下半身的温度形成鲜明对比，上半身体温明显升高，表示人体已做好战斗准备。

恐惧：胸腔温度升高，与愤怒不同的是，四肢温度很低，也就是我们常常感受到的四肢冰凉。

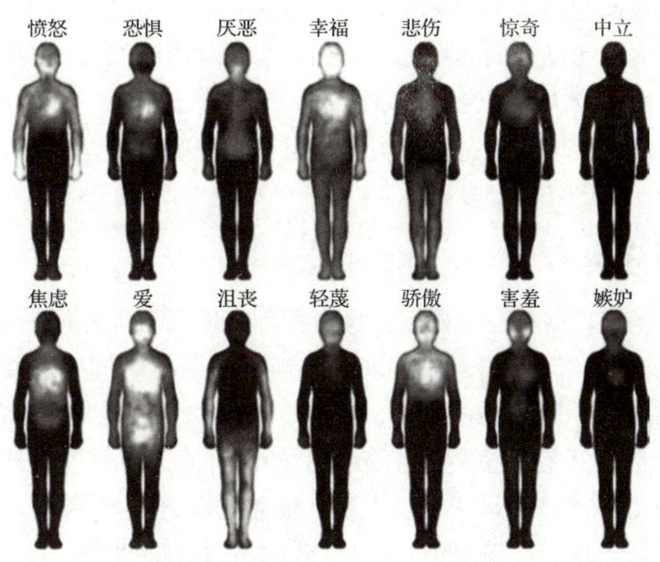

图 6-1　不同情绪下人体各个部位的热成像

厌恶：咽喉部温度最高，大概跟我们常说的恶心得想吐有一定关系。

幸福：全身洋溢着代表温暖的红黄色，与我们感到快乐时全身温暖的感觉不谋而合，即所谓的红光满面。

悲伤：四肢温度显示为代表寒冷的蓝色，只有胸腔一小部分温度高点儿，也会出现四肢冰凉的感觉。

惊奇：头部和胸腔温度稍高。

中立：几乎全身呈黑色，没有明显的体温波动，也就是说情绪稳定。

焦虑：胸腔温度特别高，看来焦心、呕心沥血之类的表述还是有一定科学根据的。

爱：除了双腿，其他部位温度都明显升高，心中往往充盈着异样的快感。

沮丧：四肢温度格外低，咽喉部温度也偏低，往往感到呼吸困难，所谓万念俱灰便是对此时心情的最好形容。

轻蔑：头部和双手温度较高，臀部（盆腔）温度偏低，这倒是个奇怪的表现。

骄傲：头部和胸腔温度极高，难怪文学作品中对骄傲的描述通常都是昂首挺胸。

害羞：头部尤其是两颊温度较高，所以会羞红了脸。

嫉妒：头部尤其是眼部温度稍高一点儿，大概就是常说的妒火中烧的烧红眼吧。

资料来源：http://www.360doc.com/content/14/0226/13/535749_355824675.shtml，有改动．

（三）外部表现

情绪的外部表现包括面部表情、体态表情、言语表情。面部表情是情绪的主要表现形式，如眉开眼笑、愁眉苦脸、目瞪口呆等都表示了不同的情绪状态。体态表情即身体各部位姿态的变化，也是情绪的表现形式之一，如人们常在高兴时手舞足蹈，悔恨时捶胸顿足，惋惜时扼腕叹息，失望时垂头丧气，烦躁时坐立不安。言语表情主要是指言语的声调、音色、节奏、速度方面的变化。例如，悲伤时语调低沉、语速缓慢、语言间断，高兴时语调高昂、语速较快、语音高低差别大。

不同的情绪表情在生理反应过程上类似，但在表现方式及程度上往往存在个别差异，从而使表情带有个性特点且丰富多彩。

三、情绪的分类

人的情绪复杂多样，很难有准确的分类。我国古代名著《礼记・礼运》中提出“喜、怒、哀、惧、爱、恶、欲”七情之说，现代心理学按照情绪的发展将其分为原始情绪、基本情绪和复合情绪。一般认为，快乐、愤怒、恐惧和悲哀是最基本的原始情绪。成人除了上述基本情绪外，还有许多复合情绪。例如，对他人有喜欢和厌恶、羡慕与嫉妒；对自己有骄傲感与自卑感，都是两种以上基本情绪的混合。焦虑也是几种基本情绪的混合，如焦虑包括恐惧、痛苦、羞耻、自罪感等成分；抑郁包括痛苦、恐惧、愤怒、厌恶和羞耻等成分。

一些心理学家将情绪状态划分为心境、激情与应激三种形态。

（一）心境

心境是一种持久而微弱的情绪状态，通常叫作心情。心境具有渲染性和弥散性的特点。心境并不是对某一事件的特定体验，而是以同样的态度对待所有的事件，让遇到的事件都具有当时心境的性质。心境愉悦时，人觉得轻松愉快，看到周围的人和事时都觉得很美好。心境不愉悦时，人低沉、易被激怒，看什么事都不感兴趣。心境持续的时间短则几分钟，长则数日、数月或数年，时间的长短取决于客观事件对人影响的大小和人的性格特征。心境对人的影响分为消极和积极两个方面，消极悲观的心境会让人萎靡不振，降低学习工作效率，使人消沉，不利于身心健康；积极乐观的心境会使人精神焕发，对学习生活充满活力和信心，有益于健康。

（二）激情

激情是一种强烈的、爆发式的、持续时间短的情绪状态，具有明显的生理反应和外部行为表现。激情的发生一般是由重大事件突如其来的发生或意向冲突导致的。在激情状态下，个体的自控力和理性思考的能力减弱。正性的激情可以成为个体或群体奋勇前进的动力，负性的激情会产生暴怒、悲痛、绝望等过于强烈的情绪体验，甚至会导致行为失控等不良后果。人应该善于控制自己的激情，学会做自己情绪的主人。

（三）应激

应激是出现意外事件或遇到危险情境时出现的高度紧张的情绪状态，是个体对意外情境做出的适应性反应。应激比激情的激动水平更高、更强烈。在应激状态下，人体会发生一系列的生理变化，如心率加快、血压升高、呼吸急促等，从而增加身体应对事件的能力。在应激状态下，人有时能产生常态下所不及的能力来抵御风险，但同时也会产生知觉狭窄、注意力受限等问题。过于强烈的应激情绪及长期的应激状态持续会导致机体受到损害，甚至休克或死亡。

拓展阅读 心理学实验：人为什么会感觉到快乐或痛苦

人为什么有时候会感觉到快乐，有时候又会感觉到痛苦？这是因为我们碰上了令人高兴的事或痛苦的事。我们努力地做成了一件事，这满足了我们获得成功的愿望，于是我们就感到欢欣鼓舞；反之，如果我们的努力受到挫折，我们就会不高兴，甚至感到痛苦。

除了以上这个原因之外，心理学家还发现了一些其他的原因。其中一个很重要的发现就是，刺激大脑的某些部位也能使个体产生欢乐或痛苦的情绪。原来，在我们的大脑里有专门分管快乐和痛苦的情绪中枢。

20 世纪 50 年代，美国心理学家奥尔兹用微电极技术研究老鼠的脑功能。微电极是一种极微小的电极，可以插入脑部而不影响动物的健康和各种功能。奥尔兹利用微电极向所插入的部位施加电流刺激，以观察动物的反应。奥尔兹在研究过程中偶然发现，如果在某个地点对老鼠的下丘脑附近进行电流刺激，那么这只老鼠以后经常会向这个地点跑。这引起了奥尔兹和他的同事的兴趣。于是，他们精心设计了一个实验。

他们做了一个控制电流刺激的开关装置——横杆，可以由老鼠自己掌握。只要老鼠一按这根横杆，埋藏在下丘脑附近的那个微电极就会产生电流刺激，持续时间为 0.5 秒。实验开始了，奥尔兹等看到了一个令人惊讶的情景：老鼠一旦学会按压横杆来获得刺激，就会以近乎于疯狂的热情来刺激自己。实验中的每只老鼠都会以极高的频率按压横杆，平均频率为每小时 2 000 次，有的竟高达每小时 5 000 次，而且要连续按压 15 ~ 20 小时，直至筋疲力尽地睡去。但一醒来，老鼠就又会去按压横杆。

奥尔兹等为了进一步搞清楚老鼠对这种刺激的迷恋程度，特意在老鼠和横杆之间设置了一个通有很强电流的架子。但老鼠竟不顾触电的痛苦，拼命穿过架子，扑向那根能给它们以刺激的横杆。

奥尔兹通过进一步实验还发现，把微电极插入脑部的另一个重要系统——边缘系统后，也能看到老鼠拼命按压横杆的情景。据此，许多心理学家认为，下丘脑和边缘系统内存在“快乐中枢”。老鼠之所以一个劲儿地按横杆，就是因为在刺激“快乐中枢”后可以体验到欢快的情绪。

后来，这个实验在医院脑外科患者那里也得到了类似的结果。医生征得患者的同意之后，在动手术时顺便刺激了一下相应脑部位。他们发现，患者十分喜欢这种刺激，如果把刺激装置的开关交给患者，他也很乐意去按压几下。这说明人脑中也有“快乐中枢”。

既然有“快乐中枢”，那么有没有“痛苦中枢”呢？心理学家把微电极插入实验老鼠脑部的其他部位，同时把开关装置改装一下，使老鼠按压横杆时能截断电流刺激。实验时，先对老鼠的这些脑部位进行电流刺激，老鼠会很不舒服，并学会按压横杆截断电流。这说明实验中被电流刺激部位可能就是老鼠的“痛苦中枢”。这一实验结果立即在社会上引起轰动。人们不禁要问：“人的下丘脑中有‘快乐中枢’和‘痛苦中枢’吗？”

20 世纪 60 年代，美国医生扎克布森和汤尔可逊大胆地进行了尝试，用电极刺激患者下丘脑的有关部位。结果他们惊讶地看到被刺激的患者面带微笑，表示感觉良好。当然，此结果尚不能充分证明在人脑中存在“快乐中枢”，但这些发现促使人们对情绪的脑机制进行深入的研究。

资料来源：http ://www.360doc.com/content/17/0915/15/191726_687413464.shtml，有改动 .

四、情绪的功能

在日常生活中，无论喜怒哀乐，任何情绪都有其功能。通过各种情绪，人们可以了解自己的需求和处境，真实自然地应对各种情况。情绪在日常生活中的主要功能如下。

（一）情绪的适应功能

情绪是个体适应生存和发展的一种重要方式。人类婴儿出生时还不具备独立的维持生存的能力，主要依赖情绪来传递信息，与照顾者进行交流，得到成人的抚养。照顾者也正是通过婴儿的情绪反应，及时为婴儿提供各种生活条件的。当遇到危险状况时，个体马上就会产生害怕的感觉，伴随着心率加快、呼吸急促、肾上腺素分泌，从而会产生“奋力对抗”或“落荒而逃”的反应以保护自己或远离危险。不同的情绪有不同的适应功能，如恐惧有逃避威胁、自我保护、延续物种的进化意义，愤怒有保护领地和资源不被侵犯的进化意义。积极情绪提示环境中无危险威胁，尽可以放松，有利于与他人建立亲

密、合作关系，获取生存资源。

（二）情绪的交流功能

除生存意义外，人们还通过情绪的表达在社会中更好地适应和发展。情绪在社交活动中有广泛的作用。情绪表达可以增进人们之间的了解和理解。生活中所产生的各种情绪使个体能够体会人际交往中的真实情感；当个体向他人表露真实的情绪时，才能让别人对自己有所了解。当你无法理解别人的情绪时，也就失去了社会交际能力。因此，情绪在人际交往中具有非常重要的信息传递和调节作用。例如，用微笑、热情、喜悦表示友好，用冷淡、猜疑、排斥传递厌恶。

（三）情绪的认知调控功能

情绪影响和调节人们的认知过程，既有积极作用，又有消极作用。情绪能促进或阻碍学习、记忆、判断和问题解决过程。心理学家研究发现，处于温和愉快情绪中的人，比起那些处于消极情绪中的人在创造性测验中表现得明显要好。对于大多数学生来说，考试焦虑是一种很常见的情绪。那么考试焦虑是会帮助你更好地进行考前复习及应考，还是会妨碍你的学习呢？心理学家发现这在很大程度上取决于个体的情绪唤醒水平（焦虑水平）和考试难度。一般来说，焦虑和考试表现之间的关系曲线呈倒“U”形。焦虑水平偏高的人在考试难度较低或压力较小的情况下表现得更好；考试难度中等时，焦虑水平会提高其表现，直到达到某个点。但高度焦虑时，个体会变得心烦意乱、注意力不集中，考试结果会越来越差。焦虑水平较低的人通常会在考试难度较大或面临挑战时能做到最好。

（四）情绪的激励功能

情绪能够以一种与生理性动机或社会性动机相同的方式激发和引导人的行为，能带来快乐和喜悦的事情会让人们更加愿意去做。根据情绪的动力性特征，其分为积极增力的情绪和消极减力的情绪。快乐、热爱、自信等积极增力的情绪会提高人们的活动能力，而恐惧、痛苦、自卑等消极减力的情绪则会降低人们活动的积极性。有些情绪同时兼具增力与减力两种动力性质，如悲痛可以使人消沉，也可以使人化悲痛为力量。

情绪对大学生的学业和人际交往有重要影响。当大学生情绪积极乐观时，其学习效率高；当大学生情绪低迷、抑郁或烦躁不安时，则学习难以正常地进行。良好的心态是一个人最大限度地发挥自己的能力的基础和前提。一个人再聪明，但如果没有一个好的心态，那么他的能力也无法得到发挥。

（五）情绪的健康功能

情绪对健康的影响作用众所周知。积极情绪有益于身心健康，消极情绪不利于身心健康。我国古代医书《黄帝内经》中就有“怒伤肝，喜伤心，思伤脾，忧伤肺，恐伤肾”的记载。长期严重的不良情绪会导致心理障碍，如焦虑症、抑郁症、恐惧症等。古人云：

“气大伤身”，长时间的不良情绪会影响身体健康。许多心因性疾病与人的情绪失调有关，如胃溃疡、偏头痛、月经失调等。愉快的情绪能使机体的免疫系统和体内的化学物质处于平衡状态，从而增强对疾病的抵抗力。美国哈佛大学曾对 206 名男学生进行了 20 年的追踪研究，结果表明：经常保持乐观积极进取情绪者患重病的概率低于 3%，而情绪不佳、稍受挫折就抑郁、焦虑者患重病甚至死亡的概率高达 9%。其中，在科学上有重大成就者大多是精神乐观、善于排除烦恼和抑郁的人。

可见，如果人们善于控制和调节自己的情绪，使愤怒、忧愁、恐惧等不良情绪适时地得到调整，甚至转变为喜悦、安静等良好的情绪，就可以防止身心疾病的侵袭，保持身心健康。

第二节　大学生情绪

大学生正处在生理、心理快速变化、逐渐成熟的青年期，内心体验丰富，情绪色彩很浓，容易因外界的影响而出现内心的强烈震荡。心理学家霍尔认为，青年期处于“蒙昧时代”向“文明时代”发展的过渡期，把这一时期的情绪比作疾风迅雨，不失为形象之喻。

一、大学生的情绪特点

（一）丰富性与波动性并存

大学生活内容丰富多彩，使得大学生的情绪活动对象扩大，出现很多以前未经历过的情绪体验。而且，大学生的生理日渐成熟，自我意识也不断增强，对自身性格、能力素质、道德文化等方面有了更深入的自我认知和了解。同时，对知识积累、社会交往以及自我发展等提出了更高的要求，理所当然地，专业兴趣、人际交往、就业等问题随之呈现在大学生的面前，于是，各种各样的情绪体验，使大学生的情绪变得丰富。

然而，大学生面对复杂的社会现象易产生困惑和迷茫，价值的判断、认知的取舍、前途的选择会让大学生心理产生许多矛盾；对大学新的学习方式的不适应、寝室人际关系的处理、未来职业的选择等个人生活事件都会影响大学生的情绪，使大学生的情绪跌宕起伏，时而热情激荡，时而悲观消沉，表现出极大的波动性。

（二）冲动性与爆发性并存

大学生的情绪具有强烈的冲动性，这与他们生理、心理发展水平是紧密相连的。他们对各方面的需求强度大，为了满足这些需求，他们倾注旺盛的精力，投入极大的热情。大学生情绪的爆发性是指大学生情绪变化在时间上很少过滤和酝酿，来势迅猛，不易控制，具有突发性。当情绪激荡时，人的大脑皮质下中枢的兴奋，引起身体各部器官的激烈变化，同时出现了“意识狭窄”的现象。这种现象使意识被固定在引起情绪变化

的那个对象上，因为降低或失去了理智控制，忘却了其他东西的存在。处于青年时期的大学生，单纯、理想、敏感，具有较强的自尊心。在面对和处理事情时其情绪表现强烈，尤其当遇到自己无法接受和处理的紧急或者突发事件时表现更为明显，容易莽撞行事。

（三）外显性和内隐性并存

大学生思维敏捷、反应灵活，对外界刺激敏感，喜怒哀乐常形于色，表现出情绪外显性的特点。然而，大学生的情绪外在表现和内心体验并不总是一致的，在某些场合和特定问题上，有些大学生会掩饰、隐藏或抑制自己的真实情感，不像少儿时期那么坦率直露。大学生情绪的内隐性是大学生有意识控制和无意识防御的结果，与表里不一的虚伪不同。随着大学生社会化的逐渐完成与心理逐渐成熟，他们能够根据特有条件、规范或目标来表达自己的情绪，平衡自己的外部表情与内部体验的不一致性。

（四）层次性与复杂性并存

大学生的情绪心理发展过程既有明显的层次性，又是错综复杂的。大学生情绪发展的层次性表现为不同年级大学生的情绪情感有差异。一般认为，随着年龄的增长、年级的升高，大学生的社会性情感日趋丰富，更多地表现出关心他人和社会、积极思索人生的情感倾向，并且情绪的稳定性增加，波动性和冲动性减少。大学阶段各个年级的学生面临的问题不同，使不同年级间的大学生表现出不同的情绪特点。大学新生需要适应新的校园环境，调整已有的学习方法，建立新的人际圈，确立新的目标等，可能会有焦虑、感到压力大以及因初到大学与更优秀的同学相比而出现自卑感等情绪波动。二、三年级的大学生与大一新生相比已经适应了大学校园的学习生活，也有了比较稳定的交友圈，情绪较为稳定，情绪困扰会不同于大一新生。毕业年级的学生面临毕业的压力、考研还是就业的抉择、自身能力与理想的职业之间有差距等多方面重大问题，压力增大，导致他们的情绪波动较大。

不同的个体在情感发展、情绪表现上呈现出一定的差异性，男女生的情绪各有自己的特点，并且大学生的情绪中还表现出一种过渡性特征，即既有青少年时期残留下来的天真幼稚，又有成年期的深思熟虑，而两性情感的介入更使大学生的情绪表现出更多的色彩。

了解大学生的情绪特点有助于正确认识大学生的心理行为特点，从而帮助其扬长避短，实现情绪自我调控。

2003 年，四名大学生因一颗梨核引发校园聚众斗殴后被判刑。据《扬子晚报》2003 年 11 月 8 日报道，由一颗梨核引发的大学生校园聚众斗殴案在南通市崇川法

院公开开庭审理，法院当庭做出宣判：陈某甲、仇某、方某、陈某乙四名大学生以聚众斗殴罪分别被判处有期徒刑 3 年，缓刑 3 年 6 个月至 4 年。

四名被告都曾是南通某高校的在校大学生。2003 年 9 月 12 日晚 6 时许，大学生何某在该校教学楼上随手扔下一颗梨核，差点打在陈某甲的身上，双方为此发生口角。当晚 11 时许，何某与同学仇某等人在学校 2 幢 204 宿舍商谈此事。此时，在该宿舍楼阳台上的陈某甲见何某准备了棍棒等家伙，即找来方某、陈某乙并准备了棍棒，以防何某报复。不多时，同校的案外大学生钱某等人经过陈某甲所在的 502 宿舍时，陈某甲等三人以为钱某是对方的人，遂持棍棒冲上来欲对钱某大打出手。钱某见势不妙，溜进 503 宿舍将门关上。在二楼的仇某听到楼上有打闹声，立即与梁某等人随手抓起木板、扫帚、钢管等物冲上去，欲助钱某。陈某甲等三人见有人冲上来，便上前“迎战”。他们在五楼走廊里发生一场混战，致一人左手手掌被砍伤，一人手臂被打成骨折，四名被告人也不同程度地受伤。案发后，四名被告人分别被校方开除或勒令退学。不久，崇川区检察院对陈某甲等人聚众斗殴案提起公诉。

案例中，陈某甲等人聚众斗殴的起因是一件很小的事情（差点被一个梨核砸到），首先是因此发生口角，然后是错把只是经过的钱某当作来报复的人就大打出手，而楼下的仇某听到楼上有动静也是冲上去用武力解决问题，从他们面对冲突时的应对方式可以看到大学生情绪的冲动性和爆发性的特点。案例中的大学生在遇到突发事件时失去了理智，莽撞行事。而这种情绪的爆发也与案例中大学生理智性不够、情绪调控能力差有关。可见，了解大学生的情绪特点，对大学生进行情绪调控方面的引导和教育很有必要。

资料来源：http://news.sohu.com/27/37/news215353727.shtml，有改动 .

二、影响大学生情绪的因素

大学生的情绪之所以丰富多彩但又有一定的复杂性，是因为他们受到生活环境和自身特点的影响。影响大学生情绪的因素主要有以下四种。

（一）社会环境因素

大学生的情绪常会受到社会环境的影响。社会环境包括社会文化背景、社会变革、社会风气、社会的经济政治文化条件等。不同的文化背景对情绪的认知和表达存在一定的差异。例如，不同的文化对攻击、满足、悲伤、失落、冒险等行为的定义都不一样，这必然会影响个人在情绪上的反应、感受和表达。近年来，我国的经济发展增长较快，人们的生活节奏加快，社会竞争越来越激烈。同时，由于大学扩招，就业市场竞争加剧，对人才要求高，出现了就业难的问题。这些社会经济背景都会影响大学生的心理和行为，进而影响大学生的情绪。大学生要以理性平和、积极乐观的心态来看待社会发展。

（二）家庭因素

家庭是个体成长的第一所学校，家庭结构、家庭氛围、父母关系、父母情绪特征以及教养方式都会影响大学生的情绪。许多研究表明，家庭结构稳定、家庭氛围融洽和谐、父母情绪稳定、民主型的教养方式等都有利于儿童和青少年情绪心理的健康发展；而家庭压力过大，气氛紧张或淡漠，教养方式不当，过于溺爱、严厉或漠视，都可能使青少年适应不良，产生情绪困扰。很多因情绪困扰前往学校心理中心寻求专业心理帮助的大学生都会有一些家庭的问题。父母离异后缺乏关爱、留守儿童与父母感情疏远或者父母的教养方式过于严苛等问题都会导致大学生的情绪出现困扰。

（三）学校环境因素

学校环境会直接影响大学生的情绪，主要包括教育方法、学习压力、人际关系、教师身心健康状况等因素。国外的心理卫生专家认为，学生中的学校恐惧症大多与学校环境有关。学校环境中人际关系的紧张、繁重的学习压力、单调的教育方法，以及教师的人格缺陷、不当的教育方式等都会引起大学生的情绪问题。寝室关系对于大学生来说是最重要的人际关系之一。如果不能处理好寝室人际关系，通常会给大学生，特别是女大学生带来情绪困扰。

（四）个体因素

影响大学生情绪的个体因素包括个体的生理因素和心理因素。在生理因素中，除了神经类型等因素外，个体内部的生物节律变化也会影响情绪。

有研究认为，人的体力、情绪和智力呈现一种周期性的盛衰节律。早在20世纪初，德国医生菲里斯和奥地利心理学家斯瓦波达经过长期临床观察发现，人体生物节律中体力周期是23天、情绪周期是28天。此后，奥地利的泰尔其尔教授在研究了许多大、中学生的考试成绩后发现智力周期是33天。这三个近似月周期的循环统称为生物节律，在每一周期内有高潮期、低潮期、临界日或临界期。人体生物节律理论认为，这些循环从人出生的那一刻开始，就分别按各自的周期循环变化，首先进入高潮期，然后经过临界日变换为低潮期，按规律持续不断地变化，一直到生命结束为止。当这些循环都处于高潮期时，人们的行为处于最佳状态，体力旺盛、情绪高昂、智力开阔。当三种循环都处于低潮期时，体力衰减、耐力下降、情绪低落、心神不宁、反应迟钝、智力抑制、工作效率低。当三者处于临界期时，体内生理变化剧烈，各器官协调机能下降，容易发生错误行为。

影响情绪的心理因素有很多，知识经验、认知方式、情感成熟水平、意志品质和个性特点都可能给大学生的情绪带来影响。场依存型与场独立型的人在人际交往中的情绪敏感度会有较明显的差异。不同个性特点的人在应对外界事物时也会表现出不同的情绪状态。活泼开朗的人即便遇到很不顺心的事情也能很快调整好情绪，但是多愁善感的人遇到一些小的压力事件都可能会怨天尤人。此外，大学生的抗挫折能力也会影响大学生的情绪，因为挫折感是导致大学生产生各种情绪困扰的最直接原因。

第三节　大学生情绪管理与调控

人有七情六欲。情感的丰富复杂和情绪的波动变化是大学生心理发展的正常表现。然而，对于大学生来说，学会表达、管理和调节情绪，保持情绪的健康，做自己情绪的主人有重要意义。

一、情绪健康的标准

情绪是心理健康的窗口，对人的发展影响很大。因此，心理卫生学家对如何评价一个人情绪的健康和成熟做了不少研究，主要有以下观点。

美国心理学家赫洛克提出情绪成熟的四条标准：一是能够保持健康，自己能控制因身体疲劳、睡眠不足、头痛、消化不良、疾病等引起的情绪不稳定；二是能够控制环境，不是想做就做，而是先预料后果，再采取行动；三是能使情绪的紧张消解到无害方面，不是压抑情绪，而是将情绪转变，升华到社会性的高度；四是能够洞察、理解社会。

日本心理学家关忠文在他的《青年心理学》一书中提出情绪成熟的两个标志：一是在客观评价自己的基础上能控制一时的情绪和欲求，忍耐不满情绪；二是能够设计现实的生活。他还提出达到情绪成熟的方法是在现实生活中注意自己的情绪，深入了解自我、调整情绪、珍惜现在的时光，重视现在自己内心深处的东西，面对现实生活等。

一般来说，情绪的目的性恰当，反应适度，正性作用强是情绪健康的总的标准。大学生情绪健康的标准如下。

1. 情绪的目的性明确，表达方式恰当

情绪健康的大学生能通过语言、仪表和行为准确表达情绪，能够采用为自己和社会所接受的方式去表达或宣泄情绪。

2. 情绪反应适时、适度

情绪反应不论是积极的还是消极的，都是由一定原因引起的。情绪反应的时间、强度与引起情绪的情境相符合。

3. 积极情绪多于消极情绪

情绪健康并不是不允许消极情绪出现，消极情绪的存在也有一定的合理性和意义。例如，愤怒会让我们排斥他人，不利于社会个体化，但目标受阻时产生的愤怒情绪有时会帮助我们克服阻碍，激励行为。大学生的情绪基调应该是积极、乐观、愉快、稳定的，也就是积极情绪多于消极情绪，对不良情绪具有调节、控制能力使消极情绪出现的时间较短、程度较轻，不涉及与产生消极情绪无关的人和事，即对象明确。

具体来说，一个情绪健康的大学生应具有以下特点。

（1）开朗、豁达，遇事不斤斤计较。

（2）能及时、准确、适当地表达自己的主观感受。

（3）情绪正常、稳定，能承受欢乐和快乐的考验。

（4）充满爱心和同情心，乐于助人。

（5）正确地认识自己和他人，人际关系良好。

（6）对前途充满信心，富有朝气，勇于进取，坚忍不拔。

（7）善于寻找快乐，创造快乐。

（8）能面对、承认和接受现实，善于把个人需要和社会的需求协调起来。

二、健康情绪的培养

（一）养成快乐的习惯

在日常生活中，人们追求快乐，期望能快乐，但并不是每个人都能感受到快乐、享受快乐，因为许多人对快乐的理解走进了误区。例如，有人可能会说："如果我成功，人们都喜欢我，我就会快乐。"其实这句话更正确的说法是："保持快乐，你就会干得好，就会更成功、更健康，就会更受人们的喜爱。"

郁郁寡欢的人经常会以为自己还不到快乐的时候，没有快乐的理由，或者认为是别人没有给自己带来欢乐。他们总是在等待快乐的来临。然而，这种等待多半会落空，这类人会一直生活在不快乐中。

快乐是一种心理习惯，一种心理态度，如果不在当下的生活中去实践，将来可能会一直都体会不到。快乐不应该只在解决某种外在问题后才产生，因为一个问题解决了，另一个问题又会出现，生活本身就是由一系列的问题组成的；快乐也不只是在达到某种目的、获得某种满足后才会到来，因为快乐也存在于生活实践本身。如果你经常不快乐，并不是你没有快乐的源泉，而是你没有养成快乐的习惯。例如，坚持跑步等体育锻炼就有利于健康情绪的养成。运动能使人体内分泌内啡肽，这种物质能使人产生兴奋、愉悦的感觉，促进身心健康。而且，运动会促进人体血液循环，协调内分泌，提高心肺功能和人体免疫力，促进身体健康。因此，运动是消除紧张的最有效又很容易实施的方法。

积极的心境也能保持人体内分泌的良性运转，有利于充分调动细胞功能，促进血液循环，提高学习和工作效率。而消极的心境会导致人体内分泌紊乱，意志消沉，不利于身心健康。每个人都应学会一些对自己有效的培养和制造良好心境的方法。

其实，在丰富多彩的大学校园生活中，大学生身边处处都有快乐的源泉。大学生需要一双会发现快乐的眼睛，一颗能感受快乐的心灵，积极主动地养成快乐的习惯，使自己一生都受益。

（二）自我接纳

每个人都是一个独特的个体，有自己的优点，也有不足。正是因为这些不足和不完美，个体才会产生认识、学习和成长的动力与机会，才使自己的人生丰富多彩，充满无限可能。人的一生是一个学习爱自己、爱他人、爱世界万物的过程。在这个过程中，人们容易出现几个问题：喜欢与他人比较，缺乏自信，容易追求完美，容易自我责备。而中国传统文化特别强调通过内省来调控情绪，谋求心理平衡，提高自身修养。孔子强调“见贤思齐焉，见不贤而内自省也”，禅宗推行“自修、自行、自成佛道”，儒家鼓励“吾日三省吾身”。中国传统文化这种检视自我的方法有助于大学生调控情绪，保持平和豁达的心态。

（三）适当的自我定位

从中学到大学，无论是学习环境还是生活方式都有很大的变化，会使不少同学感到心理不适应，失落感明显。因此，大学生在大学生活中给自己一个适当的自我定位十分重要。

大学生血气方刚、积极进取，这是积极的一面。然而，自身的不成熟以及某些错误的认知方式容易造成一些大学生争强好胜、相互攀比、盲目竞争的现象，这样不利于心理健康。大学校园里，佼佼者众多，每个人都有自己的优势，假如盲目地事事、处处都要与他人竞争、攀比，就有可能因为自己某方面的劣势而产生自我挫败感，有的甚至会自我否定，陷入自卑境地。同时，事事与人竞争、攀比还会给自己造成过度紧张，心理上承受过大的压力，从而对自己的身心健康产生不良影响。

因此，大学生在与他人竞争时应该有所选择和侧重，注意发挥自身优势，在竞争中把主要精力放在有意义的方面，尽量避免精力分散，做无谓的竞争。这样，既有利于自身发展，又有利于心理健康，也有利于处理好同学关系。

此外，还有部分大学新生有这样一种困惑，就是同一时间想做很多事情，如想在抓好学习的同时做好学院学生会、学校社团的工作，但是人的精力和时间又是有限的，没有平衡好就会造成心理紧张、焦虑、烦恼。其实，我们应该根据自己的时间和精力安排自己的学习和其他事情，不能贪多求快，把自己的注意力集中在主要想做的事情上，踏踏实实地一件一件去做，这样就会感到充实、轻松，不再会仓促和焦虑，而且更有效率。

（四）善于与人交往

作为社会人，人际交往是人生发展的内在需要。当一个人的交往需求没有得到满足时，就会情绪低落，甚至会产生孤独、空虚、抑郁、自卑和恐惧等不良心理，严重的会在行为上表现出自我封闭、逃避现实、自暴自弃，或与外界冲突、对抗，甚至丧失生活的信心和勇气。

处在青年早期的大学生的这种交往需要更加强烈。许多大学生可能都有这样的感受，与朋友一起进行一项有意义或有趣味的活动时，感觉情绪放松，可以集思广益、获得启迪，感到轻松、愉快，生活多姿多彩。中国传统文化特别强调建立和谐的人际关系。“和合”思想是中国传统文化的精髓，即重视人与自然、人与人之间的和谐与统一，强调“天人共存、人我共存”的辩证立场。《论语·学而》有云：“礼之用，和为贵。”孟子

所说的“天时不如地利，地利不如人和”，也是强调了“人和”的重要性。儒家强调人际关系“以和为美”，提出的“仁爱”“孝悌”“忠恕”“诚信”等一系列伦理道德规范，其目的就在于实现人与人之间的普遍和谐，并把它作为一种价值尺度规范每一个社会成员。孔子提倡的“已所不欲，勿施于人”“推己及人”的思想告诉人们应该爱人如爱已，学会站在他人的立场上尊重别人。大学生学习并传承中国传统文化中的和谐人际观，有助于建立良好的人际关系，促进情绪健康。

（五）正确看待生活的不幸和挫折

生活是五颜六色的，有开心也有痛苦，有成功也有失败，跟月亮一样有阴晴圆缺。大学生遇事要想得开，心胸开阔，只有这样，才会在顺境时觉得幸运，在逆境中也能承认这是不可避免的。中国的传统文化也告诉我们应该适应环境，直面挫折。《孟子·告天下》说：“天将降大任于斯人也，必先苦其心志，劳其筋骨，饿其体肤，空乏其身，行拂乱其所为，所以动心忍性，曾益其所不能。”司马迁说：“文王拘而演《周易》；仲尼厄而作《春秋》；屈原放逐，乃赋（离骚》；左丘失明，厥有《国语》；孙子膑脚，《兵法》修列；不韦迁蜀，世传《吕览》。”人要成就一番事业，必须先经历种种痛苦磨砺和挫折考验，才能有所作为。中国传统文化也教给我们面对挫折应该有良好心态，比如“塞翁失马，焉知非福”“小不忍则乱大谋”等。

三、大学生情绪调控的方法

情绪调控不是要你成为只会乐而不会悲、知喜不知忧的人，因为这是不可能的，也是没有意义的。人们应该让情绪为自己服务，而不是让情绪成为自己的主人。这里从情绪的觉察、表达、调控和疏解四个角度谈如何有效管理自己的情绪，做自己情绪的主人。

（一）觉察情绪

情绪调节的第一步就是要觉察自己的情绪，清楚地知道自己处于怎样的情绪状态，要与自己的感觉在一起。无论你处在什么情绪里，都应该首先确认自己当时的情绪是什么，而不是确认应该是什么，不进行“对”或“错”的价值判断。进行情绪的自我觉察时，个体可以问问自己这些问题：“我现在感觉到了什么？”“我现在在想什么？”“我此刻在做什么？”“我呼吸顺畅吗？”例如，你和朋友约好一起出游，但是由于他迟到错过了火车，你冲他吼叫，试着问问自己上面提到的几个问题，于是可以觉察到自己吼叫背后的情绪是生气、愤怒。只有认清我们自己此时此刻的情绪，明了自己的感受，才能对自己的情绪负责，用合理的方式去调节情绪，不被不良情绪控制，让事情变得更糟。

情绪本身是复杂多变的，直接感受或表现出来的情绪可能是经过伪装或包装的情绪，也可能是复杂情绪中的一部分，如有时突然联系不上亲人朋友，对他们你可能表达出来的是愤怒、生气，其实愤怒、生气是因为担心亲人朋友的安危。

有时候人们因为一些挫折事件产生了挫败、自责、痛苦的感受，这时觉察和辨识可以避免自己再沉浸在持续恶化的情绪中，有助于将注意力集中在自己内心，有助于安定情绪。觉察和辨识可以帮助人们保持冷静，了解发生了什么事，弄清楚事情发生的缘由，而且有助于人们更清楚地了解自己，更敏锐地觉察环境的实际状况。例如，在日常生活中，个体有时只是粗略地感觉不舒服，至于那个“不舒服”具体是什么，却一下子说不上来，这时候如果任其发展，这种不舒服的感觉可能会持续很久。

如果个体进一步探索情绪，试着问自己：是什么让我感觉到不舒服？这种不舒服是气愤、愤怒、悲伤、害怕还是羞耻？如果是愤怒，那再回想下刚刚发生了什么事情，是什么事情让自己产生了愤怒的感受。这种感受是当时的诱发事件的适当的情绪反应吗？如果是不合适的反应就应该调整，如果是合适的反应就应该尝试接受，并在以后的生活中去调整行为。这样一步步地引导自己，就可以将原来模糊、笼统的情绪分化成比较具体、明确的情绪，分析情绪产生的原因，合理地应对。

当觉察到自己的情绪出现比较严重的问题时，大学生可以及时寻求专业人士的帮助。而且，一些精神疾病通常都伴有一定的情绪反应，其中尤以焦虑症和抑郁症更为突出，因此，临床上也常对焦虑症和抑郁症进行判定。常用的评定量表有汉密尔顿抑郁量表（Hamilton depression scale，HAMD）、汉密尔顿焦虑量表（Hamilton anxiety scale，HAMA）、Zung的抑郁自评量表（self-rating depression scale，SDS）和Zung的焦虑自评量表（self-rating anxiety scale，SAS）。人格评定量表中也有情绪评定，如艾森克人格问卷（Eysenck personality questionnaire，EPQ）、卡特尔16种人格因素问卷（Cattell 16 personality factor questionnaire，16PF）、明尼苏达多相人格调查表（Minnesota multiphasic personality inventory，MMPI）等常用量表也能显示情绪状况。

（二）表达情绪

很多人常常认为别人“应该”知道自己的感受，不需要向别人表达自己的真实情绪，继而因为别人没有理解自己的真实感受而乱发脾气，或冷漠相对，或一味指责，影响人际关系的和谐。但事实上，没人会读心术。

情绪的合理表达有益于心理健康。心理学研究表明，情绪表达得越多的人体验到的快乐越多。善于表达情绪的人很少有抑郁倾向，而且自尊感更强。

有效地表达情绪主要包括自发表达和有意地、理性地控制两者之间适当的平衡。医学心理学不鼓励人们无限制地任凭情绪反应发展，也不认为“压抑”是适当的方法，但赞同对情绪有适当的控制。这里说的控制不是说完全压抑情绪，而是要使情绪有适当的表现。情绪化和冲动的人需要理性地控制，以免在表达情绪时不假思索就脱口而出，从而造成矛盾。倾向把情绪置于严格控制下的人则需要更多地有意地表达，更多地意识到自己的情感，并且更轻松地表达情绪。

经常分享自己的日常感受会让人们在情绪表达方面变得更熟练。当你渐渐习惯于分享自己安全的情绪时，你也会更加了解自己的情感生活。另外，当你体验着愤怒或厌恶

这类强烈情绪时，你可能会发现，承认自己的情感并用合适的方法将其表现出来会让你感觉更轻松。以建设性的方式公开表达自己的情感，会使气氛更明朗，有利于双方的交流。

人的情绪表达能力对人际关系有重要的影响。合理的情绪表达越多，在人际关系中遇到的问题就越少。

（三）调控情绪

调控情绪是对情绪进行认知方面的重构。通过改变人们看待情境的方式来遏制一些情绪或激发其他情绪。通常人们认为愤怒、生气、忧郁等消极情绪是由外在的情境引发的。心理学中理性情绪疗法理论认为，情绪并不是直接源自外在的诱发事件，而应该归因于个体对诱发事件的观念和看法。也就是说，人们并不是为事件所烦恼，而是为自己看待事物的方式所烦恼，引发情绪的原因主要是自己的信念。

理情行为疗法（rational emotive behavior therapy，REBT）是由美国著名心理学家艾利斯提出来的。理情行为疗法的人性观认为，人与生具有理性和非理性的特质。人有理性思考的潜能，也有非理性思考的倾向，当人按照理性去思维、去行动的时候，就会体验到愉快，就是卓有成效的人。而情绪又是伴随人的思维产生的。人们情绪的困扰源自本身的非理性思考，而非外在世界的事件。人运用理性思考时，会产生积极正向的情绪；人运用非理性思考时，则会带来消极负向的情绪。且任何人都不可避免地具有或多或少的不合理思维与信念。有时单凭思考及想象即可形成观念或信念，理性的思考方式会形成“理性信念”；非理性的思考方式会形成“非理性观念”。人类的思维又借助于语言进行，不断地用内化语言重复某种不合理信念，会导致不能排除的情绪困扰。情绪困扰的持续是那些内化语言持续的结果。与此同时，艾利斯认为人们也具有改变思维、调节情绪及行为的天赋能力，具有自我对话、自我评价及自我支持的特性。人们可以通过调整自己不合理的、不符合逻辑的思考方式，以合理的、理智的思维方式进行代替，从而摒弃那些持续已久的、不合理的信念，树立合理的信念，最终实现对影响生活各方面的情绪的调控。

该方法的核心理论是 ABC 理论，认为激发事件 A（activating event，A）只是引发情绪和行为后果 C（consequence，C）的间接原因，而引起 C 的直接原因则是个体对激发事件 A 的认知和评价而产生的信念 B（belief，B），即人的消极情绪和行为障碍结果，不是由于某一激发事件直接引发的，而是由于经受这一事件的个体对它不正确的认知和评价所产生的错误信念直接引起的。错误信念也称为非理性信念。如图 6-2 所示，A 指事情的前因，C 指事情的后果，有前因必有后果，但是有同样的前因 A，产生了不一样的后果 C_1 和 C_2。这是因为从前因到后果，一定会透过一座桥梁 B，这座桥梁就是信念和我们对情境的评价与解释。同一情境之下（A），不同的人的理念以及评价与解释不同（B_1 和 B_2），所以会得到不同的结果（C_1 和 C_2）。因此，事情发生的一切根源是人们的信念（指人们对事件的想法、解释和评价等）。

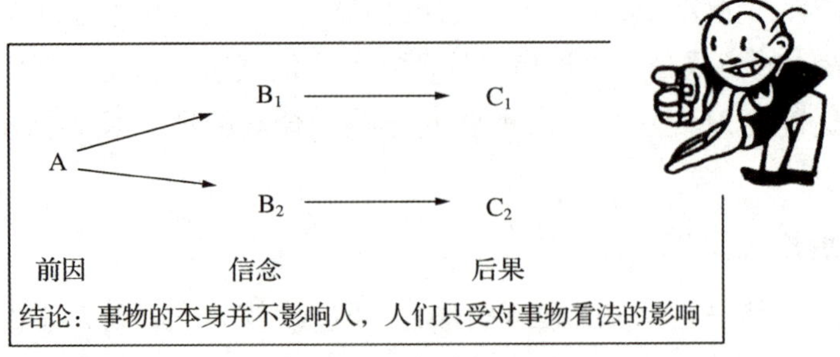

图 6-2　ABC 理论

理情行为疗法是要通过引导来访者与不合理信念进行辩论 D（disputing，D）达到一定的效果 E（effects，E），而使来访者产生新的感觉 F（new feeling，F），如图 6-3 所示。

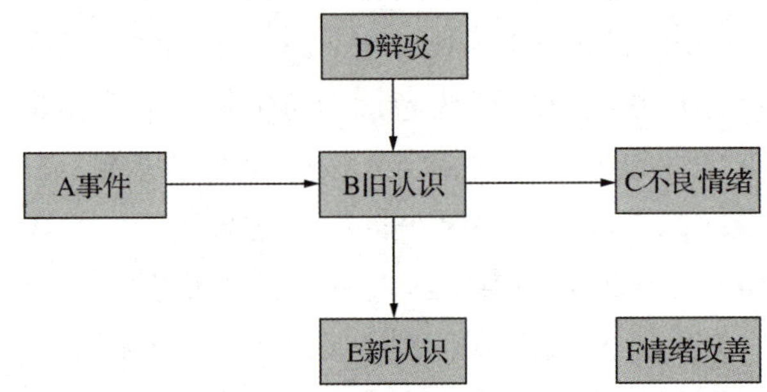

图 6-3　理情行为疗法

艾利斯认为正是由于常有的一些不合理的信念，人们才会产生情绪困扰。如果这些不合理的信念长期存在，还会引起情绪障碍。引起不良情绪的非理性信念通常有三个特征：要求绝对化、过分概括化和糟糕至极。

1. 要求绝对化

要求绝对化是指人们以自己的主观意愿为出发点，对某一事物怀有认为其必定会发生或不会发生的信念，它通常与“必须”“应该”“一定”这类字眼连在一起。例如，“我必须获得成功”“别人必须很好地对待我”“生活应该是很容易的”等。然而，客观事物的发生往往不以个人的主观意志为转移，常出乎个人的意料，因此怀有这种看法或信念的人极易陷入情绪的困扰。

2. 过分概括化

过分概括化是一种以偏概全、以一概十的不合理思维方式的表现。一方面是人们对其自身的不合理的评价，常凭自己对某一事物的结果的好坏来评价自己为人的价值，其结果常导致自暴自弃、自责自罪，认为自己一无是处、一钱不值而产生焦虑抑郁情绪；另一方面是对他人的不合理评价，即别人稍有差错就认为他很坏、一无是处，其结果是一味地责备他人，并产生敌意和愤怒情绪。其实在生活中，没有哪一个人可以做到十全十美。因此，个体要接受自己的不完美，也要能接受别人的错误，不用放大镜看别人，也不要用显微镜看自己。

3. 糟糕至极

糟糕至极是一种认为如果一件不好的事发生了，将是非常可怕、非常糟糕，甚至是一场灾难的想法，是一种充分夸大不良后果的心态。例如，“失恋让人无法忍受”。这种非理性信念常使个体陷入羞愧、焦虑、抑郁、悲观、绝望、不安、极端痛苦的情绪体验中而不能自拔。

上述非理性的信念都是从个体对己、对人、对周围环境事物的要求绝对化中产生的，将导致个体陷入极端情绪之中，影响其心理健康。在了解了理情行为疗法后，个体可以用更积极理性的态度来调适情绪困扰，具体步骤如下。

（1）找出使自己产生不良情绪的诱发事件。

（2）分析自己对诱发事件的看法、解释和评价。

（3）分析自己对诱发事件同时存在理性的和非理性的看法或信念，并将两者区分开来。

（4）意识到自己的那些自动思维、习惯性想法（非理性信念）与产生的不良情绪之间的关系，并把它们区别开来。

（5）用自我辩论的方法证实自己对诱发事件持有的信念是不现实、不合乎逻辑、没有根据的，分清什么是理性的信念，什么是非理性的信念，并用理性的信念取代非理性的信念。

（6）进一步探索是否还存在与该不良情绪无关的其他非理性信念，并与之辩论，让自己学习逐渐养成与非理性信念进行辩论的方法。用理性方式进行思维的习惯，建立新的情绪。

表 6-1 是将非理性思维换成理性思维的一些建议，可供参考。

表 6-1　将非理性思维换成理性思维的一些建议

非理性思维	理性思维
人人都要喜欢我，认同我	我当然希望被喜欢，否则我会感到失望或寂寞，但我知道我可以面对这种感受，而且我可以采取建设性的行动改善人际关系
我不能犯错，要时时刻刻有建树，才有价值	我真想把事情做好，但如所有人一样，我偶然还是会失败或犯错，导致不开心。我知道我可以应付的，而且我可以积极改善，下次做好些
坏人一定要受到惩罚	社会上不少人偶然会做坏事，有些人甚至会做很多坏事。然而，即使我不高兴，也不能改变这事实
当事情不如我所想般发生，一切就都完了	事情不如自己所想般发生，我固然会失望，但我可以应付。我会尽力令事情如自己所想般发生，不然的话，再失望也是无济于事
我的难受是由我控制范围外的事所引起，所以我不能做什么	我的问题，可能是被一些我控制范围以外的因素影响，但我的想法与行为却在我控制范围以内
凡危险的、不如意的或可怕的事，都是应该非常担心的	只担心出问题，并不能阻止它发生，反而令自己现在更不快乐，倒不如积极面对问题，尽一己之力做应做的事。所以，现在的我无须为将来的事担心与忧虑

表 6-1（续）

非理性思维	理性思维
困难或不如意的事情，搁在一旁，比正面面对容易	面对困难，我觉得难受，但我还是可以应付的。将问题搁在一旁，并不会令它变得简单，反而只会令我一直忧虑
我需要有人给我依靠	在有需要时，有人支持自己固然重要，但我真正需要信赖的人是我自己
我的问题是过去的事遗留下来的	我的问题，也许是因为过去的事而引起的，但令问题留存下去的，可能是我的想法与行为，这是我控制范围以内的事
别人有问题或困难时，我亦要陪他受困扰	看到别人遇到问题，自己当然会难过，但一块儿伤心也帮不了忙嘛！悲哀的心情，我可以应付，有时我还可以用积极的方式帮助他们

（四）疏解情绪

视频

控制不住要发怒，怎么办？

疏解情绪是以合适的方法疏导情绪，避免或减小情绪产生的负面影响，从而使自己感到轻松和愉快。

1. 合理宣泄法

作家罗兰在《罗兰小语》中写道：“情绪的波动对有些人可以发挥积极的作用，那是由于他们在适当的时候发泄，也在适当的时候控制，不让他们泛滥而淹没了别人，也不任他们淤塞而使自己崩溃。”

情绪的宣泄，尤其是消极情绪的宣泄具有重要意义。从心理卫生的角度来讲，长期压抑自己的情绪并不会让情绪消失，只会使情绪困扰加重，很不利于人们的心理健康。合理的宣泄可以把不良的情绪释放出来，从而减轻人们的心理压力。当然，情绪的宣泄不能毫无顾忌、不择手段，而要合理地将其程度控制在既能降低自己的紧张情绪，又不至于使他人受到伤害的范围内。大学生如何宣泄自己的情绪呢？

（1）诉说。诉说就是把自己的情绪用恰当的语言坦率地表达出来，把心中的苦闷、委屈倾诉出来。通常，大学生可以向亲人、朋友等自己信赖的人诉说自己的烦恼和忧虑，既能得到他们的理解，又能收获一定的疏导和指导。如果身边没有合适的对象可以倾诉，大学生可以主动预约心理咨询，向心理咨询师诉说。平时，大学生还可以通过写日记、写信、发微博等方式倾诉自己心中的不快。

（2）眼泪宣泄。如果因为一些较大的突发打击而产生了严重的悲伤、愤怒、委屈等情绪，个体可以用痛哭的方式发泄自己的情绪，以便缓解情绪压力。生物学家经过研究发现，因情绪冲动流出的眼泪的成分与眼睛受到刺激时流出的眼泪的成分不同。情绪冲动之后能把体内与精神受到沉重压力有关的化合物排出体外。因此，通常人们在痛哭之后会感觉到放松了一些。另外，情绪具有一种自我调节机制，情绪表达出来后原本的情绪会有所缓解。在情绪缓解后，由情绪紧张而带来的感觉、记忆和思维障碍也会自行消退，人们客观地感知外界事物的能力也会恢复，有利于理智思考、分析挫折的原因和寻

找应对办法。大学生要学会让不良情绪随眼泪释放一部分，特别是男性应该转变“男儿有泪不轻弹”的传统观念，该哭的时候就找个合适的场所大哭一场。

（3）行动。如果没有倾诉对象或不方便痛哭，大学生也可以找个空旷不会影响到他人的地方大声呐喊，引吭高歌，释放集聚的负能量，宣泄情绪。

2. 积极暗示法

自我暗示是运用内部语言或书面语言的形式给自己灌输某种观念，并使其影响自身心理和行为的方法。积极暗示法对人们的情绪有一定的影响和调节效果，既让紧张的情绪舒缓，也增强自信，激励自我。例如，林则徐写了张“制怒”的条幅挂在墙上，进行自我警戒。情绪激动时，个体可以暗示自己“冷静”“不要发火”，以使自己保持冷静。一般个体在平静、排除杂念、专心致志的情况下进行自我暗示，就会对情绪的调节有更好的把握。

3. 转移注意力法

在某种情绪影响了自己或者即将要影响自己，而自己又难以进行控制时，个体对这种情绪不理睬，并将自己的注意力转移到其他能控制的方面去，这就是情绪的转移注意力法。有研究表明，当情绪反应发生时，大脑皮质上会出现一个强烈的兴奋中心，这时如果另外建立一个或几个新的兴奋中心，就会抵消或冲淡原有的兴奋中心。因此，当不良情绪出现时，个体要有意识地转移注意力，建立新的兴奋中心，减少不良情绪对自己的影响，如听音乐调节情绪。有研究发现，贝多芬的《田园交响曲》能使人心情平静，柴可夫斯基的《悲怆交响曲》使人悲哀，现代流行的摇滚乐、迪斯科舞曲使人情绪激昂。因此，个体可以根据自己的情绪状态选择不同的音乐来调节情绪。

4. 运动缓解法

教育部等十七部门印发的《全面加强和改进新时代学生心理健康工作专项行动计划（2023—2025 年）》文件中提到，大学生要以体强心，发挥体育调节情绪、疏解压力作用，在体育锻炼中享受乐趣、增强体质、健全人格、锤炼意志。当人们被不良情绪困扰时，可以尝试用慢跑、快走、爬山或者健身房器械锻炼等方式释放压力。

5. 放松训练法

放松训练法是以一定的暗示语来集中注意，调节呼吸，使肌肉得到充分放松，从而调节中枢神经系统兴奋性的方法。它有以下几个功能：降低中枢神经系统的兴奋性；降低由情绪紧张而产生的过多能量消耗，使身心得到适当休息并加速疲劳的恢复；为进行其他心理技能训练打下基础。进行放松训练的一般要求为：将注意高度集中于自我暗示语上；需要清晰、逼真地想象带有情绪色彩的形象；能够清晰知觉肌肉不同程度的紧张状态，从极度紧张到极度放松；进行深沉而缓慢的腹式呼吸。

放松训练的方法

1. 深度呼吸放松训练法

采用鼻子呼吸，腹部吸气。双肩自然下垂，慢慢闭上双眼，然后慢慢地、深深地吸气，吸到足够多时，憋气 2 秒，再把吸进去的气缓缓地呼出。

自己要配合呼吸的节奏给予一些暗示和指导语：“吸—呼—吸—呼—”，呼气的时候尽量告诉自己我现在很放松、很舒服，注意感觉自己的呼气、吸气，体会“深深地吸进来，慢慢地呼出去”的感觉。重复做这样的呼吸 20 遍，每天两次。

2. 肌肉放松训练

心理紧张和躯体紧张是并存的，肌肉放松可以帮助缓解心理紧张。肌肉放松是一项技术训练，需要学会绷紧、放松各部分肌肉，要注意体验紧张和放松时的感觉。要掌握好它，需做大量、反复的练习。掌握这项技术后，当你感到紧张时，就可以自我引导肌肉放松。活动的基本动作包括：紧张你的肌肉，注意这种紧张的感觉；保持这种紧张感 10 秒，然后放松 5 ~ 10 秒；体验放松时肌肉的感觉。

3. 想象放松训练法

想象放松训练法的基本原理就是通过想象轻松、愉快的情境（如大海边、山水、蓝天白云下），达到身心放松、情绪舒畅的目的。想象的生动性和逼真性影响想象放松训练的效果，想象越清晰、生动，放松的效果就越明显。在进行想象放松训练时，我们可以想象某一个特定的情境，也可以像旅游一样，从一个地方到另一个地方逐一想象，采取何种方式要看哪种情况更适合你。

资料来源：http：//www.360doc.com/content/15/0913/06/27702067_498897056.shtml，有改动 .

情绪稳定性测验

指导语：情绪是身心健康的重要标志，一个人的情绪是否稳定反映了他的身心健康状况。下面请你来测试一下自己的情绪处在何种状态。

1. 看到自己最近拍摄的照片，你有何想法？（　　）

A. 觉得不称心　　B. 觉得很好　　C. 觉得可以

2. 你是否想到若干年后会有什么使自己极为不安的事情发生？（　　）

A. 经常想到　　B. 从来没有想到过　　C. 偶尔想到过

3. 你是否被朋友、同事、同学起过绰号、挖苦过？（　　）

A. 这是常有的事　　B. 从来没有　　C. 偶尔有过

4. 你上床以后，是否经常再起来一次，看看门窗是否关好、炉子是否封好等？（　　）

A. 经常如此　　B. 从不如此　　C. 偶尔如此

5. 你对与你关系最密切的人是否满意？（　　）

A. 不满意　　B. 非常满意　　C. 基本满意

6. 你在半夜的时候，是否经常觉得有什么让人害怕的事？（　　）

A. 经常　　B. 从来没有　　C. 极少有这种情况

7. 你是否经常因梦见什么可怕的事而惊醒？（　　）

A. 经常　　B. 没有　　C. 极少

8. 你是否曾经有多次做同一个梦的情况？（　　）

A. 有　　B. 没有　　C. 记不清

9. 有没有一种食物使你吃后呕吐？（　　）

A. 有　　B. 没有　　C. 记不清

10. 除去看得见的世界外，你心里有没有另外一种世界？（　　）

A. 有　　B. 没有　　C. 说不清

11. 你心里是否时常觉得你不是现在的父母所生？（　　）

A. 时常　　B. 没有　　C. 偶尔有

12. 你是否曾经觉得有一个人爱你或尊重你？（　　）

A. 是　　B. 否　　C. 说不清

13. 你是否常常觉得你的家庭对你不好，但是你又确知他们的确对你好？（　　）

A. 是　　B. 否　　C. 偶尔

14. 你是否觉得没有人十分了解你？（　　）

A. 是　　B. 否　　C. 偶尔

15. 你在早晨起来的时候最经常的感觉是什么？（　　）

A. 忧郁　　B. 快乐　　C. 说不清

16. 每到秋天，你经常的感觉是什么？（　　）

A. 秋雨霏霏或枯叶遍地　　B. 秋高气爽或艳阳天　　C. 不清楚

17. 你在高处的时候，是否觉得站不稳？（　　）

A. 是　　B. 否　　C. 不清楚

18. 你平时是否觉得自己很强健？（　　）

A. 否　　B. 是　　C. 不清楚

19. 你是否一回家就立刻把房门关上？（　　）

A. 是　　B. 否　　C. 不清楚

20. 你坐在小房间里把门关上后，是否觉得心里不安？（　　）

A. 是　　B. 否　　C. 偶尔是

21. 当一件事需要你做决定时，你是否觉得很难？（　　）

A. 是　　B. 否　　C. 偶尔是

22. 你是否常常用抛硬币、玩纸牌、抽签之类的游戏来测凶吉？（　　）

A. 是　　B. 否　　C. 偶尔

23. 你是否常常因为碰到东西而跌倒？（　　）

A. 是　　B. 否　　C. 偶尔

24. 你是否需用一个多小时才能入睡，或醒的比你希望的早一个小时？（　　）

A. 经常这样　　B. 从不这样　　C. 偶尔这样

25. 你是否曾看到、听到或感觉到别人觉察不到的东西？（　　）

A. 经常这样　　B. 从不这样　　C. 偶尔这样

26. 你是否觉得自己有超越常人的能力？（　　）

A. 是　　B. 否　　C. 不清楚

27. 你是否曾经觉得有人跟你走而心里不安？（　　）

A. 是　　B. 否　　C. 不清楚

28. 你是否觉得有人在注意你的言行？（　　）

A. 是　　B. 否　　C. 不清楚

29. 当你一个人走夜路时，是否觉得前面潜藏着危险？（　　）

A. 是　　B. 否　　C. 偶尔

30. 你对别人自杀有什么想法？（　　）

A. 可以理解　　B. 不可思议　　C. 不清楚

评分方法：

以上各题的答案，选 A 得 2 分，选 B 得 0 分，选 C 得 1 分。请将你的得分统计一下，算出总分。得分越少，说明你的情绪越佳，反之越差。

总分 0 ~ 20 分，表明你情绪稳定，自信心强，具有较强的美感、道德感和理智感。你有一定的社会活动能力，能理解周围人们的心情，顾全大局。你一定是个性情爽朗、受人欢迎的人。

总分 21 ~ 40 分，说明你情绪基本稳定，但较为深沉，对事情的考虑过于冷静，处事淡漠消极，不善于发挥自己的个性。你的自信心受到压抑，办事热情忽高忽低，瞻前顾后，踌躇不前。

总分在 41 分以上，说明你的情绪极不稳定，日常烦恼太多，使自己的心情处于紧张和矛盾中。

如果你总分在 50 分以上，则是一种危险信号，需要寻求心理医生的帮助。

章末小结

1. 情绪是人对客观事物是否满足自己的需要而产生的态度体验及相应的行为反应。

2. 一个完整的情绪体验过程是由情绪的主观体验、生理唤醒以及外部表现三种要素共同构成的。

3. 情绪的分类标准较多，一些心理学家将情绪状态划分为心境、激情与应激三种形态。

4. 情绪主要有以下五个方面的功能:适应功能、交流功能、认知调控功能、激励功能、健康功能。

5. 大学生情绪特点包含四个方面的内容：一是丰富性与波动性并存，二是冲动性与爆发性并存，三是外显性和内隐性并存，四是层次性与复杂性并存。

6. 大学生情绪受社会环境因素、家庭因素、学校环境因素、个体因素的影响。

7. 情绪健康的标准包括情绪的目的性明确，表达方式恰当；情绪反应适时、适度；积极情绪多于消极情绪。

8. 健康情绪培养的五种途径：养成快乐的习惯，自我接纳，适当的自我定位，善于与人交往，正确看待生活的不幸和挫折。

9. 大学生情绪调控的有效方法：一是觉察情绪，二是表达情绪，三是调控情绪，四是疏解情绪。疏解情绪的具体方法包括合理宣泄法、积极暗示法、转移注意力法、运动缓解法、放松训练法。

第七章

压力管理与挫折应对

名人名言

- 流水在碰到抵触的地方，才把它的活力解放。——歌德
- 宝剑锋从磨砺出，梅花香自苦寒来。——佚名

学习目标

- 正确理解压力和挫折的特点和类型。
- 了解大学生压力和挫折的主要来源。
- 理解压力与挫折对人生的意义。
- 正确管理压力和挫折。

案例导入

案 例 一

陈某是一名大四的学生，还有3个月就大学毕业了。但是他的工作目前还没着落，从大四上学期开始，他参加了许多校园招聘会，每次去参加招聘的学生都特别多，每个岗位竞争压力也很大，有些公司他的简历没有被通过，有些公司他进了面试环节，但结果不理想。当他的室友陆续都找到工作后他的压力就更大了，心情变得很压抑，不再关注招聘会的信息，害怕去招聘会，去招聘会现场时手心都冒汗。他开始不愿意投简历，在他看来，不投简历就不会被拒绝，不被拒绝就不会有那么多的失落，这样心里或多或少好受一些。他想到父母辛辛苦苦供自己上大学，自己却还没有找到工作，觉得辜负了他们的期待，便拒绝接听父母的电话，心情更加郁闷，晚上也开始失眠，对未来充满焦虑。

案 例 二

黄某是一名大一的学生，从小学习成绩优秀，深受老师喜欢，同学也很羡慕，她过得

很快乐。考上大学后，她开始碰到了一些困难，第一个是自己的普通话讲得不流利，以至于上大学之后同学不太能听懂她讲的话，她需要重复地去讲别人才能听得懂，本来就敏感的她渐渐不太敢和别人交流了，觉得自己很差劲。在一次从电视里看到残奥会的运动员们奋力拼搏的精彩，平常训练的艰苦和顽强后，她深感震撼，受到了很大的鼓舞。她开始勇敢地和别人对话，从拼音开始学习普通话，慢慢地，她的普通话说得越来越好，自己也变得越来越自信。

这两个案例的主题（压力和挫折）在大学生的生活中比较常见。案例一中的陈某面临就业带来的压力，在持续的压力状态下出现失眠、焦虑等表现，因找工作的不顺利而出现了强烈的挫折感。他试图通过回避的方式（不关注招聘信息、不投简历）让自己从压力情境中暂时得到缓解。案例二中的黄某面临刚入大学时语言交流方面的挫折，从刚开始的放弃到后来勇敢地面对，她成功地克服了困难，变得更自信。在面临压力和挫折时，他们呈现出一些相似的表现，如想要回避、压抑和低落等，也呈现出不同的结果，陈某受困于压力之中，黄某则是最终克服了困难获得了成长。“人生不如意，十之八九”，生活中人们不可避免地会碰到各种压力和挫折情境，那么压力和挫折有什么特点呢？应如何面对压力和挫折呢？带着这些问题，我们一起来了解压力和挫折。

第一节　压力与挫折概述

一、压力与挫折的含义

（一）压力的含义

压力最早是一个物理学的概念，也称为物理压力。从 19 世纪末开始，生理学家、社会学家用“压力”这个词来描述动物和人类在紧张状态下的生理、心理和行为反应。从心理学角度理解，压力是压力源和压力反应共同构成的一种认知和行为的体验过程，即心理压力。

美国生理学家沃尔特·布拉德福德·坎农首先引用了“压力”这一概念，他认为压力就是外部因素影响下的一种体内平衡紊乱，在危险没有减弱的情况下，机体处于持续的唤醒状态，这种状态有损健康。真正比较深入研究压力的是加拿大生理心理学家塞里，他把压力定义为“躯体为了适应施加于它身上的任何需求而产生的非特定性反应”，并且压力可以分为负性压力和正性压力。负性压力可以使个体产生一种不愉快、消极痛苦的体验，具有阻碍性；正性压力可以使个体产生一种愉快、满意的体验，具有挑战性，可以促使个体的成长和职业的发展。塞里还认为，心理压力是人对环境刺激的一种反应，为了适应压力源的刺激，躯体会产生一系列的反应，而引起压力的刺激都伴有一系列的生理学变化，人若完全脱离压力就等于死亡，过高或过低的压力对个体都是不利的。他认为，心理压力是某一情境使人产生特殊生理或心理需要，由此发生的不平常的或出人意料的反应。美国哥伦比亚大学心理学教授希金斯等认为压力是促使一个人内心产生不平衡状态的原因，是高度焦虑经验的认知及反应，是涉及威胁或危险的认知及反应。

国内比较公认的关于压力的定义是：由刺激引起的、伴有躯体机能以及心理活动改变的一种身心紧张状态，即人在环境中受到各种刺激因素的影响而产生的紧张情绪。

从上面的描述可以发现，压力的概念包含三个方面的含义：第一，压力包含那些使人感到紧张的事件或者环境；第二，压力是一种主观的反应；第三，压力可能是对需要或者伤害侵入的一种生理和行为上的反应。

（二）挫折的含义

“挫折”这个词最早用来形容战争失利，现在通常是指人们在进行有目的的活动中，遇到阻碍人们达成目的的障碍。心理学意义上的挫折是指个体因有目的的行为受到阻碍而产生的情绪反应，挫折会给人带来实质性伤害，表现为失望、痛苦、沮丧、不安等。

国内心理学家朱智贤认为，挫折是在个体从事有目的的活动过程中遇到障碍或干扰，导致个体的动机无法实现，需要无法满足时的心理状态。心理学家杨国枢将挫折划分为两种，一是对个体动机性行为造成障碍或干扰的外在刺激情境，在这样的情境中可以对个体行为造成阻碍的，不一定都是人为的因素，也可能是物体或者其他客观因素；二是个体在面临挫折情境下所产生的紧张、焦虑、悲观等各种负面情绪混合而成的内心体验。

综上所述，挫折包含三个方面的含义：一是挫折情境，即指对人们的有动机、有目的的活动造成的内外障碍或干扰的情境状态或条件，构成刺激情境的可能是人或物，也可能是各种自然、社会环境，如考试没考好，受到周围人的排挤等；二是挫折认知，即对挫折情境的知觉、认识和评价；三是挫折反应，即个体在挫折情境下所产生的烦恼、困惑、焦虑、愤怒等负面情绪交织而成的心理感受（挫折感）。其中，挫折认知是核心因素，挫折反应的性质及程度主要取决于个体的挫折认知。

二、压力与挫折的特点

（一）压力的特点

压力的特点主要包括客观性、渐进性、情绪性和动力性。

1. 客观性

心理压力的客观性体现在它不是以人们的意志改变而改变的客观存在。只要你生活在这个地球上，不管你愿不愿意，喜不喜欢，不管你是学生，还是工人、农民或干部，不管你是男人还是女人，生活在偏远落后的山村，还是生活在繁华喧闹的都市，这个世界上的每个人都有不如意、不顺心的事，都会承受心理压力。在每个人从童年到老年的整个人生历程中，心理压力无时不在。

2. 渐进性

心理压力的产生都有一定的过程。当人们遇到某种外界环境刺激时，如果不加以释放和消除，心理压力就会像滚雪球一样越来越大、越来越沉重。例如，在工作中，个体因某件事没有得到领导的认可，而误认为领导对自己存在偏见，如果既不能正确对待，又不能找领导去解释，就会产生“自己不被领导重视”“领导处事不公平”等错误认知，对领导从不理解逐渐发展到一有意见、情绪或怨气就憎恨领导的现象，加大了自己的心理压力，进而影响工作。渐进性特征还表现在心理压力有由强到弱逐渐衰减的过程。例如，人们在产生心理压力时，如果能正确对待，并且通过一些行之有效的方法加以缓解，那么心理压力就会由沉重到轻松逐渐衰减，直到完全消除。

3. 情绪性

个体面临心理压力时总带有明显紧张的情绪体验的特性。紧张是人在某种压力环境的作用下产生的一种适应环境的自然的情绪反应。压力的情绪性表现是十分复杂的，有消极和积极之分。心理压力的情绪性往往是消极的，这是因为压力事件往往不符合人们的需要。它是积极的还是消极的关键要看个体的需要和认识。当个体认为压力事件能满足自己某方面的需要，便可能产生积极的情绪，如探险者就乐于冒险；否则就会产生消极的情绪。

在心理承受力一定的情况下，个体的心理压力越大，形成的负面情绪越强烈，心里越紧张，越容易出现抑郁、痛苦、惊慌、愤怒等情绪；反之，当心理压力小时，个体的心里紧张度低，一般只会出现短暂、微弱的情绪反应，如不悦、冷淡等。当心理压力一定时，个体的心理承受力越小，则心里越紧张，负面情绪越大。当心理压力和心理承受力相当或略大于心理承受力时，这种压力称为适度压力或轻度压力。适度压力下，个体的情绪虽有些紧张，但在良好的教育和积极的引导下，往往能精神振奋，产生热情，有利于意志的锻炼和能力的提高。

4. 动力性

心理压力对个体行为的调节作用就是心理压力的动力性。在日常生活中，人们常说要变压力为动力。之所以能变压力为动力，是由于个体有心理压力时，不会无动于衷，而会采取一定的行为应对所处的具有威胁性的情境。

心理压力的动力性表现为对适应行为的积极增力作用和消极减力作用两个方面。有研究表明，当个体心理压力过大时，其理智一般难以控制行为，常表现出两种极端的行为反应，要么呆若木鸡，完全停止行动；要么兴奋激越，突然暴起攻击。中度心理压力一般会使人的行为能力降低，产生重复和刻板动作。当个体的心理压力较小时，情况就比较复杂，一般适应行为增多。在适度压力或轻度压力状况下，个体可能在理智的控制下充分发挥主观能动作用，能够妥善处理压力事件，从而也使自己的心理承受力得到增强，个体正向的适应性行为增多，动力性随之增长。但个体若不能理智控制或失去理智，不能发挥主观能动作用，而对压力事件漠然置之，不及时妥善处理，就只会使自己心理承受力得不到增强，动力性将随之降低。没有一定的心理压力，人就难以增长心理承受力，人的正向适应性行为得不到提高，一旦面临较大压力，将不知所措，容易造成心理障碍。如果只看到心理压力的情绪性，并夸大其负面影响，忽视心理压力的动力性，或者只看到其消极减力作用方面，这是不切实际的，也是错误的。

（二）挫折的特点

挫折的特点主要表现为普遍性、个体差异性和双重影响性。

1. 普遍性

普遍性是指在日常生活中，个体在不同的人生阶段都有可能面临各种各样的挫折，同时，各行各业的个体也可能有各自的挫折。

2. 个体差异性

个体差异性是指对某一个体构成挫折的挫折情境对另一个体不一定构成挫折，同时，面对同一挫折的时候不同的个体的反应也有差异。例如，有些同学对考试成绩不理想不在乎，而有些同学则很在乎。正如巴尔扎克所说："世上的事情，永远不是绝对的，结果完全因人而异。苦难对于天才来说是一块垫脚石，对于能干的人是一笔财富，而对于弱者则是一个万丈深渊。"所以，挫折既可以锤炼人的意志，使其人格得到不断完善和提高，又可以使人消沉、精神萎靡等。

3. 双重影响性

双重影响性是指挫折会给个体带来不利和有利两方面影响。一方面，挫折可能会给个体的身心健康带来不良影响，降低人的创造性思维活动，减弱人的自控能力；另一方面，挫折也能磨炼人的意志，培养人的挫折容忍力，帮助人们从挫折中吸取经验教训。挫折是一把双刃剑，挫折可以导致不同的行为反应，既可以是理性行为，如改变策略、降低要求、找借口以自我安慰等；也可能是非理性行为，如采取威胁、敌视、暴力等行为加以发泄等。

三、压力与挫折的类型

（一）压力的类型

按照不同的分类方法，压力有不同的类型。

1. 按照压力对人的影响分类

按照对人的影响，压力可分为积极压力、中性压力和消极压力。

（1）积极压力。积极压力是指对人有益的压力，这种压力能够激发人的潜力，促进人的动力，有鼓舞的作用。例如，跳出自己的舒适区，挑战一些稍有难度的任务，突破自己的极限，在限定时间内完成一些项目或者论文等，个体在此过程中会体验到压力感，但同时也有很多的成长。

（2）中性压力。中性压力是指存在压力，但压力并没有对个体的学习和生活产生不良或积极的影响，不对身体或者心理造成伤害。

（3）消极压力。消极压力是指让人情绪和生理的反应十分强烈的压力。个体可表现为脾气变得暴躁、睡眠困难、注意力不集中等。当个体感知到的压力超过自己所能承受的范围，甚至生命遭受威胁时，会感受到消极压力，如去医院检查出重大疾病。

2. 按照压力的性质分类

按照性质，压力可分为一般单一性生活压力和叠加性压力。

（1）一般单一性生活压力。一般单一性生活压力是指在一段时间内，个体经历的某种压力性事件，并能努力适应，而不足以使其精神崩溃的压力。

（2）叠加性压力。叠加性压力根据时间的不同可分为两种，即同时性叠加压力和继时性叠加压力。同一时间内发生多件压力性事件，个体体验到的压力便是同时性叠加压力，如“屋漏偏逢连天雨”“四面楚歌”等状况。而两个以上的事件先后发生，前者的压力尚未消除，后者的压力又已到来，如同“一波还未平息，一波又来继续”的状况，为继时性叠加压力。

3. 按照压力的强度分类

按照强度，压力可分为轻度压力、中度压力、重度压力和破坏性压力。

（1）轻度压力。轻度压力是指压力源较小，刺激比较轻，难度较小，稍微努力就能完成，基本上不造成心理困惑。一般无须关注和进行特别的调控。

（2）中度压力。中度压力介于轻度压力和重度压力之间，压力源适中。个体克服中度压力有一定的难度，需要经过努力和采取一定措施；容易让人产生焦虑和抑郁情绪。中度压力在可自行调节范围内，当个体按照制订的计划和措施实施时，目标减少，压力减小，心理困惑逐步减轻。

（3）重度压力。压力源大，给人造成了严重的心理困惑，焦虑和抑郁持续的时间比较长，程度较严重，在短时间内很难减弱。这种状态会使大多数人放弃努力和改变这种状态，导致压力所致的心理问题长期得不到解决。

（4）破坏性压力。破坏性压力又称极端压力，包括战争、大地震、空难以及被攻击、绑架、强暴等。破坏性压力可能会导致创伤后压力失调、灾难症候群、创伤后压力综合征等。它不仅可以影响一个人的身体，使个体容易产生生理疾病，还会引发个体在生物、心理、社会、行为等各个方面的变化，从而导致心身障碍甚至疾病。

（二）挫折的类型

根据不同的分类方法，挫折可以分为不同的类型。

1. 根据挫折产生的原因分类

根据产生原因，挫折可分为缺乏性挫折、损失性挫折和阻碍性挫折。

（1）缺乏性挫折。缺乏性挫折是指个体没能拥有自己认为很重要的东西而产生的挫

折体验。例如，买不起自己想要的东西，有留守孩子缺乏父母亲的陪伴等。

（2）损失性挫折。损失性挫折是指失去了原来拥有的人或物而产生的挫折体验。例如，与恋人分手、亲人死亡等。

（3）阻碍性挫折。阻碍性挫折是指内在的需求和目标之间出现阻碍而产生的挫折体验。例如，怀才不遇而郁郁寡欢等。

2. 根据挫折的严重程度分类

根据严重程度，挫折可分为一般性挫折和严重性挫折。

（1）一般性挫折。一般性挫折是指日常生活和学习中碰到的对个体影响不大的挫折。例如，人际间的小摩擦、考试没有完全发挥个人实力等，这类挫折会让自己心情不好，但随着时间的推移，其影响会逐渐减弱。

（2）严重性挫折。严重性挫折是指面临重大的事件产生的挫折，这类挫折对人的身心震荡较大，个人的生理或心理遭受一定的影响。例如，高考失利、失业、面临重大疾病等。

3. 按照挫折的持续时间分类

按照持续时间，挫折可分为短暂性挫折和持续性挫折。

（1）短暂性挫折。短暂性挫折的持续时间较短，引起的挫折感随着时间而逐渐消失。

（2）持续性挫折。持续性挫折是指长时间处于挫折体验中，个体长时间处于紧张状态，对身心健康不利。例如，遭受慢性疾病的困扰。

压力知觉量表

指导语：下面是压力知觉量表（表 7-1），用于测试你感知到的压力程度，有 14 个项目，每个项目有“从不”“偶尔”“有时”“时常”“总是”5 个选项，从每个选项中选择符合自己的状态选项，在选项下面打“√”。

表 7-1　压力知觉量表

项　目	从不	偶尔	有时	时常	总是
1. 因一些无法预期的事情发生而感到心烦意乱					
2. 感觉无法控制自己生活中重要的事情					
3. 感到紧张不安和压力					
4. 成功地处理恼人的生活麻烦					
5. 感到自己能有效处理生活中所发生的重要改变					
6. 对于有能力处理自己的私人问题感到很有信心					
7. 感到事情顺心如意					

表 7-1（续）

项 目	从不	偶尔	有时	时常	总是
8. 发现自己无法处理所有自己必须做的事情					
9. 有办法控制生活中恼人的事情					
10. 常觉得自己是驾驭事情的主人					
11. 常生气，因为很多事情的发生是超出自己控制范围的					
12. 经常想到有些事情是自己必须完成的					
13. 常能掌握时间安排方式					
14. 常感到困难的事情堆积如山，而自己无法克服它们					

评分标准：

压力知觉量表由 14 个项目组成，分别为 8 个正向题目和 6 个反向题目，其中正向计分的题目分别是 4、5、6、7、9、10、12、13。计分采用 5 点计分方法，最后统计量表的总得分，得分越高说明被试的心理压力越明显。计算分值的方法为："从不"记 1 分，"偶尔"记 2 分，"有时"记 3 分，"时常"记 4 分，"总是"记 5 分。反向计分题计算分值的方法为："从不"记 5 分，"偶尔"记 4 分，"有时"记 3 分，"时常"记 2 分，"总是"记 1 分。

结果分析：

（1）14 ~ 28 分，表明知觉到的压力较低。你当前的压力处于低水平，你对自己当前的生活有足够的掌控和控制，不会因为一些无法预期的事情的发生而感到心烦意乱和惊慌失措。

（2）29 ~ 42 分，表明知觉到的压力适中。这个分数指出你生活中的兴奋与压力量也许是相当适中的。虽然偶尔会有一段时间压力太大，但你也许有能力去享受压力，并能很快地回到平静状态，因此你面临的压力对你的健康并不会造成威胁，不过做一些松弛的练习仍是有益的。

（3）43 ~ 56 分，表明知觉到的压力较高。你当前经历较高的压力，它可能已经对你的身心健康造成了负面影响，需要你采取措施加以调节。

（4）57 ~ 70 分，表明知觉到的压力非常高。你的压力过大，身体上可能会有一些症状表现，亟须减压。你在面对那些模糊的、难以改变的、长期的压力问题时会显得束手无策和焦灼不安。你可以寻求专业人员的帮助。

第二节 大学生面临的压力与挫折

一、大学生面临的压力与挫折问题

大学的生活丰富多彩，新生活新起点，机遇和挑战并存，大学生在学习和生活的过程中会面临许多的压力和挫折。这些压力和挫折主要集中在生活方面、学习方面、人际交往方面、情感方面、就业方面。

微课
大学生压力的来源

（一）生活方面的压力和挫折

生活上的一些困难和不适应容易使大学生产生压力和挫折感。大学是全新的环境，与高中不一样，需要大学生培养独立生活的能力。经济方面的困难也可能会给大学生带来压力。此外，有些同学难以适应学校当地的气候、饮食等。

（二）学习方面的压力和挫折

大学的课程学习与初中、高中不同，需要调整学习方法和心态。有些大学生在上大学后发现周围的同学各有所长，自己不像曾经那样备受关注，甚至曾经优异的成绩在大学也不再出众，因而产生挫败感。同时，大学生在大学期间面临各种考试、竞赛、活动的组织和竞选，尤其是在这些学习过程中面临不利的结果时，会产生压力和遭遇挫折。例如，有些大学生发现大学学习的专业不是自己感兴趣的专业，有些同学想考研但学习效率差等。

（三）人际交往方面的压力和挫折

人际交往方面的压力和挫折主要表现在人际交往困难和人际交往冲突上。人际交往困难是指想要与人建立关系，但是不知道如何交往，在交往的过程中屡屡碰壁。例如，有的学生因自卑、胆小或被动而不敢与别人交往；有些学生特别在意别人的看法和眼神，显得被动和退缩。人际冲突表现在容易与周围人发生冲突，以自我为中心等。

（四）情感方面的压力和挫折

大学生情感方面的压力和挫折主要表现在亲情、友情和爱情三个方面：亲情方面，与家人相处不和谐，难以满足家人对自己的要求，失去亲属等；友情方面，朋友关系疏远，没有亲密朋友等；爱情方面，如暗恋、失恋等。

（五）就业方面的压力和挫折

当前就业竞争激烈，大学生在就业择业过程中可能会面临各种困难和阻碍。有些同学不清楚自己喜欢或擅长什么类型的工作，在择业时犹豫不决；有些同学想要创业，但缺乏经验和经济条件；有些同学因没有及时找到满意的工作而紧张焦虑；有些同学发现就业现状与自己的愿望相差较大、理想与现实发生脱节而身陷情绪的困扰；等等。

二、大学生压力与挫折形成的原因

（一）大学生压力形成的原因

心理压力来源于个体内外环境向个体提出的应对或适应的要求。这些可导致个体产生压力应激反应的紧张性刺激物称为应激源。对个体而言，应激源包括各种物理、化学

刺激等生物性应激源，如不适宜的温度、强烈的噪声、危险的辐射、让人恐惧的病毒、病菌的侵害等；也包括现实生活中经常出现的冲突、挫折、人际关系失调等心理性应激源；还包括不断变化的政治、经济、职业、婚姻、年龄等文化性应激源。生物性因素、心理性因素和文化性因素都是大学生压力形成的原因。

1. 生物性因素

生物性应激源借助于人的身体直接发生作用，可引起身心两方面的应激反应。生物性应激源一般先引起机体的生理变化，随着人们对这种生理反应进行认知评价和归因，才产生心理反应和应激状态。例如，一个人患了病，有发热、虚弱、疼痛等症状与体征存在，在未诊断出结果之前，一般会归因于病毒或病菌侵袭的结果，可能不会引起过强的心理紧张。但如果经诊断这些症状与体征是由于某种严重的疾病（如肿瘤等）作用所引起，其自然就会感到心理紧张，也相应会出现心理应激反应。

2. 心理性因素

心理失衡也可以造成应激状态。例如，日常生活中经常存在由愿望不能实现或不能完全实现引起的动机冲突，以及需要不能得到满足而产生的紧张情绪状态。在人类社会生活中，由于个体差异，人与人之间的关系不能协调一致，形成矛盾冲突的现象是经常发生的。人有丰富的记忆资源、预见性和创造性，会进入回忆性、预期性或想象性的紧张情境与事件中，因此会产生心理压力或应激状态。研究表明，很多心理压力事件的产生是由之前发生的压力事件导致的，但是这并不是绝对的。压力的认知理论模型认为，压力的产生依赖于个体对情境和自身资源的评估，个体会因失控、紧张或者焦虑而出现压力应对能力下降问题，表现出较低的心理韧性。

3. 文化性因素

社会文化环境的任何变动都会造成应激状态。社会文化的变动既包括重大的社会政治、经济的变动，如战争和动乱等；也包括个人的社交、生活、工作中遇到的各种各样的事件，如家庭、恋爱中的矛盾，亲人的亡故，学业与事业上的成功与失败，职位的升降等。每年大学毕业生人数节节攀高，对知名企业和优秀岗位的竞争更为激烈，所以大学生就业形势严峻是导致在校大学生产生压力的重要因素之一。

如果人们不能通过自身调整对变化着的社会情境与生活事件进行有效的适应性反应，就会不可避免地出现各种心理矛盾冲突，尤其是当人们失去了与他人、集体的联系和社会的支持，处于孤立无援的状态时，就会产生强烈的无助感、焦虑、愤怒、怨恨、抑郁、绝望等一系列的情绪，从而产生心理压力。有研究表明，青少年成长过程中产生心理危机的压力源通常是一般事件而非创伤性事件。相对于其他人群来说，大学生感受到的压力较高，因为他们正处在外界事物发生变化的阶段，学习方式和生活方式都较之前有所变化。大学主动学习的方式不同于高中的被动接受灌输知识，大学倡导自主学习，学习方式更加多元化，这让很多大学生难以接受。对大学生的调查结果发现，学习压力、经济压力和就业压力是大学生群体最大的压力源。

除上述应激源之外，还有许多因素也可导致心理应激。例如，科学技术的飞速发展，知识更新速度加快，迫使人们不断地接受新的教育、学习新的知识，以适应社会科技文化的发展，使人产生心理上的压力；现代工业化、都市化的发展带来了噪声、空气污染，这些都能使人感受到心理压力，容易处于产生压力的应激状态中。

（二）大学生挫折形成的原因

许多国外的心理学家对挫折心理问题的形成进行了研究，并提出了相应的理论。英国心理学家麦独孤受达尔文进化论的影响，试图用本能解释行为，提出了策动心理学。他认为，人类和动物的一切行为都是由内在目的所策动的，而这一目的均来源于本能。他进一步指出本能包括三个方面，分别是认知、情绪和意向。人在活动中所遭受的一切挫折情绪，以及由此引发的各种挫折行为反应都是本能冲动的结果。著名学者勒温认为："某些心理的能量，即产生于意志或需求压力的心理紧张系统，才是心理事件发生的必需条件。"若个体的需要不能被满足，焦虑紧张的情绪也就不会消失，而最终导致挫折情绪的出现；相反，若个体的需要能被满足，其紧张的心理状态也会消失，则不会出现挫折情绪。他强调，真正非生理性需求才是真正影响心理状态的原因，而推动个人行为的动力同样也是非生理性需求。勒温认为，需要的满足是避免受挫的重要条件，满足需要即能避免挫折。社会文化理论的创始者，新精神分析学派的代表人物沙利文主张通过加强人际交往、改善人际关系来避免挫折的产生。在他看来，挫折感是受一定社会文化或人际情绪影响的需要得不到满足而导致的，因此，社会文化中人际交往的调节便成为消除人挫折情绪的核心。

对于大学生群体而言，许多因素都可使他们产生挫折感，主要表现为外界因素、个人因素和动机冲突。

1. 外界因素

造成挫折的外界因素是指个人自身以外的自然环境因素、社会环境因素、家庭环境因素给其带来的限制与阻碍，使人的需要和目标得不到满足和实现而产生挫折感。

（1）自然环境因素。自然环境因素是指难以预料和控制的天灾，包括地震、洪水、气候变化等。例如，大学生来自天南地北，南北方气候、饮食差异巨大，有些同学会因初来乍到难以适应而产生挫折感。

（2）社会环境因素。人们生活在一定的社会历史条件下，社会生活及其变化对人的影响和限制无处不在，人们因社会因素而产生的挫折是普遍存在的。大学是一个全新的环境，大学生需要面对来自学业的任务、就业的竞争等。

（3）家庭环境因素。家庭的一些潜在的或者显性的因素都可能成为压力的来源，如家庭的经济状况、成员关系、教育方式等。如家庭社会经济状况不良，使得贫困大学生不仅要面对个人发展和就业压力，还要应对生活和经济压力，因经济原因影响其学业或其他方面的发展而导致挫折感产生。

2. 个人因素

造成挫折的个人因素是指由个人在生理、心理以及知识、能力等方面的阻碍不能满足个体的需要和目标而产生挫折感。个人的生理条件包括相貌、身材、智力水平、能力、疾病以及生理缺陷。因生理条件不可改变，使得其带给人的挫折感非常深刻，有生理疾病的大学生往往会失去与其他同学平等竞争的机会，容易产生自卑心理。同时，大学生的能力与自我期望之间的矛盾是产生挫折的重要因素。许多大学生对自己的能力认识不足，对自我发展的要求脱离了客观实际情况，对自己提出不切实际的要求和期望，使得这些计划和目标因为能力不足而无法实现、对现实的难以接受而产生强烈的挫折感。

3. 动机冲突

动机冲突也是大学生挫折感来源的因素。在现实生活中，个体的需要是多种多样的，故常会因多种需要而产生多个动机，并指向多个目标，如果这些并存的动机难以得到满足，就可能会产生挫折感。动机冲突有双趋冲突、双避冲突、趋避冲突和双重趋避冲突四类。

（1）双趋冲突。双趋冲突是指两个动机促使个体在行为上追求两个目标，两件事物都有吸引力，都想趋之，但两个目标无法兼得时，难以抉择，二者取其一而又不愿割舍其他的心态，表现为鱼与熊掌不可兼得。例如，有些大学生既想花时间在学习上取得好成绩，又想有更多时间来进行社会兼职，增强社会实践能力。

（2）双避冲突。双避冲突是指当个体发现两个目标可能同时具有威胁性，即二者都要逃避的动机，但迫于形势，两难之中必须接受其一时，左右两难的状况。例如，有些大学生生病后既不想吃药也不想打针。

（3）趋避冲突。趋避冲突是指个体遇到单一目标但同时怀有两个动机（嗜酒者不得不戒酒）时，一方面好而趋之，另一方面恶而避之，使个人的情感与理性矛盾之间形成的精神痛苦，进退两难的状况。例如，有些大学生想参加学校组织的比赛表现自己，但又害怕表现不好伤自尊。

（4）双重趋避冲突。双重趋避冲突是双避冲突与双趋冲突的复合形式，也可能是两种趋避冲突的复合形式，即两个目标或情境对个体同时有利和有弊。面对这种情况，当事人往往陷入左右为难的痛苦取舍中。例如，大学生既想选修自己感兴趣的课程，又害怕考试失败；既想参加各种社团活动，又害怕耽误时间。

三、压力与挫折对大学生的影响

压力与挫折对大学生既有消极影响，又有积极影响，如吃一堑长一智。很多人经历压力与挫折后有了新的收获，甚至是蜕变，称为压力后成长（post-stress growth，PSG）。压力后成长是指个体在经历压力事件后，较好地摆脱了压力，重新获得心理平衡，并且从这一过程中获得了心理的进一步成熟和发展。大学生面临压力与挫折时会产生一系列的生理、心理及行为上的反应，这些反应在一定程度上是个体主动适应环境变化的需要，它能够唤起和激发个体的潜能，也可能对个体造成一定的伤害，如免疫机能下降、生理功能紊乱致病等。

（一）生理方面的影响

压力和挫折常会导致生理上的紧张，主要表现为中枢神经系统、内分泌系统和免疫系统三方面的变化，如心率加快、血压升高、呼吸急促等。这些生理反应在短时间内调动了机体的潜在能量，提高了大学生对外界刺激的感受性和适应性，使其能够有效应对外界的变化。但是，过度紧张感会使人出现肌肉紧绷、头痛等症状。

（二）心理方面的影响

身体和心理是紧密相连的，在压力和挫折的情境中，个体身体上的紧张反应也同时会体现在心理方面，适度的紧张有助于个体适应环境，提高工作效率，如在紧张状况下个体的注意力变得集中，思维变得敏捷，自身能力得到更大的发挥。但是，紧张状态超过一定的程度，特别是持续的心理紧张反而会引发注意力不集中、焦躁、惶恐不安、失望、空虚、无聊等状态。长时间处于压力情境下的个体的心理功能受到影响后会失调，导致心理韧性受损。个体的睡眠质量在压力状态下也会受到影响。

（三）行为方面的影响

在面临压力和挫折情境时，个体可能出现积极的行为反应，积极地应对困难，提升自己解决问题的能力，如越挫越勇、化悲痛为力量；也可能出现自暴自弃、退缩、消极被动等行为反应。

所以，压力与挫折既可以磨炼大学生的性格和意志，增强其情绪反应能力和解决实际问题的能力，让大学生在应对困境时正确地认识自我，提高适应生活的能力；又有可能降低学习效率、降低思维能力与生活能力，甚至可能造成性格的改变。

青少年生活事件量表

指导语：看看过去一段时间内，你经历了什么样的压力事件。采用青少年生活事件量表（表 7–2），测一测过去 12 个月内，你和你的家庭是否发生过下列事件。请仔细阅读下列每一个项目，如果发生过，请根据事件给你造成的苦恼程度选择“没有”“轻度”“中度”“重度”“极重”，在相应项下打“√”。

表 7-2 青少年生活事件量表

生活事件	未发生	发生过，对你的影响程度				
		没有	轻度	中度	重度	极重
1. 被人误会或错怪						
2. 受人歧视冷遇						
3. 考试失败或成绩不理想						
4. 与同学或好友发生纠纷						
5. 生活规律（饮食、休息）等明显变化						
6. 不喜欢上学						
7. 恋爱不顺利或失恋						
8. 长期远离家人不能团聚						
9. 学习负担重						
10. 与老师关系紧张						
11. 本人患急重病						
12. 亲友患急重病						
13. 亲友死亡						
14. 物品被盗或丢失						
15. 当众丢面子						
16. 家庭经济困难						
17. 家庭内部有矛盾						
18. 预期的评选（如三好学生）落空						
19. 受批评或处分						
20. 转学或休学						
21. 被罚款						
22. 升学压力大						
23. 与人打架						
24. 遭父母打骂						
25. 家庭给你施加学习压力						
26. 意外惊吓，事故						
27. 其他挫折事件						

评分与评价：

青少年生活事件量表的27个项目包括人际关系、学习压力、受惩罚、丧失、健康适应、其他六个因子。人际关系因子包括项目1、2、4、10、15、25，学习压力因子包括项目3、9、16、18、22，受惩罚因子包括项目17、19、20、21、23、24，丧失因子包括项目12、13、

14，健康适应因子包括项目5、11、12、27，其他因子包括项目6、7、8、26、27。

“未发生”“没有”“轻度”“中度”“重度”“极重”对应的分值依次是0、0、1、2、3、4，得分越高，问题越严重。

第三节　压力与挫折的应对

一、面对压力与挫折时的反应

在面临压力与挫折的情境时，人们会产生各种各样的反应，集中表现为消极的反应和积极的反应。

（一）消极的反应

人们遭受压力和挫折时出现的自然的、本能性的反应主要是紧张。紧张的程度因个体的差异而各不相同。若紧张超过一定限度，个体在生理上会表现为心率加快、心悸、出汗等，情绪上会出现恐惧、愤怒、失望、烦躁、痛苦等。行为上会出现敌对、攻击、冷漠等。生理上和情绪上的反应通常在个体的行为中有所表现。

1. 攻击行为

攻击行为是常见的一种压力和挫折反应。有些个体受挫后将愤怒的情绪直接导向造成其挫折的人或物，如考试挂科后言语或行为攻击授课教师，失恋后威胁、恐吓对方等。这类反应较容易出现在自我感觉非常好、自我评价高、冲动性大的同学身上。有些个体把攻击行为转向自己或其他无关的人员，有些同学在受挫后陷入自责、懊悔和内疚中，惩罚自己，甚至可能伤害自己。如一个同学在高考中没有取得好成绩，觉得让父母失望了，内心觉得对不起父母，痛恨自己而用割腕的方式宣泄情绪；有些同学则在受挫后寻找替罪羊，迁怒于他人。

2. 退缩行为

退缩行为是个体感觉到无能为力而采取的回避退缩的应对方式。例如，有些同学在人际交往中碰到困难，觉得周围人不理解自己，没办法与人建立亲密的关系，转而封闭自己，不与周围人来往，不接电话、不回短信等。长期处于压力与挫折的情境中而问题得不到解决时，个体容易形成习得性无助，因重复的失败或惩罚而呈现听任摆布的状态，对现实无望和无可奈何。

3. 冷漠行为

有冷漠行为者会表现出对压力与挫折情境无动于衷、漠不关心的态度。冷漠行为通常在个体不堪挫折压力，攻击行为无效或者无法实施，又看不到改变的希望时发生，并不是因为个体没有情绪反应，而是把这些情绪压抑至内心深处，随时有可能爆发。

（二）积极的反应

积极的反应是指个体在面对压力与挫折情境时能够面对现实，采取积极有效的态度和行为来应对困境。回顾历史，鸦片战争后，中国逐渐沦为半殖民地半封建社会，面临着民族危机和内外战争的压力。中国人民在压力和挫折的困境中积极应对，不断奋起，顽强不屈，进行了无数次英勇的抗争和革命运动，最终实现了国家的独立和民族的解放。

积极的反应主要表现为幽默、升华和补偿等。

1. 幽默

当一个人遇到紧张、尴尬的局面或挫折情境时，可以用幽默来化解困境，维持自己的心理平衡。例如，大哲学家苏格拉底的妻子脾气十分暴躁。有一次，苏格拉底正和学生谈论问题，其妻突然跑进来大骂，并向苏格拉底身上浇了一桶水，把他全身都弄湿了。面对如此尴尬的局面，苏格拉底说道："我早就知道，打雷之后，定会下雨。"又如，在拥挤的公共汽车上，司机突然刹车，一个小伙子不慎踩到了一个姑娘，姑娘转身骂道："瞧你这德性。"小伙子笑道："对不起，小姐，不是德性，是惯性。"经此幽默，便把事情化解。由此可见，幽默作用是一种较高级的心理防御机制，巧妙运用幽默可以打破窘境，渡过难关。个体运用幽默可以明显表达自己的观念和情感，且不会使自己感到不舒服，对别人也不会产生令其不愉快的影响。

2. 升华

升华是一种积极的防御机制，是指把被压抑的不符合社会要求的原始冲动或欲望导向符合社会规范的方向，具有创造性和建设性、有利于社会和本人的方式，使无意识欲望得到满足，借此弥补个体遭受挫折后自尊自信受到的打击，减轻挫折造成的痛苦，使内心达到平衡。

3. 补偿

个体因本身生理或者心理的缺陷（劣势）或者外在客观条件的限制和阻碍而不能达到某种目标时，改用采取其他方式或者调整新的目标，感悟到成功的体验来弥补原有失败的痛苦，减轻心理不安，这便是受挫后的补偿行为反应。例如，有的人身体有缺陷，不能在运动场上驰骋，便在学习上下苦功，取得好成绩。

二、应对压力的策略

大学生面临压力情境时可以根据以下策略进行应对。

（一）正确认识压力

大学生需要对压力有一个正确的态度，认识到压力存在于生活中的方方面面，具有不可避免性，坦然接受压力的存在；认识到压力的双重性，因为压力并非有百害而无一利，个体都需要适度的压力，以助于发挥自身潜能，促进发展。

（二）正确的压力调适四原则

倡导“以教育完成关怀任务，以关怀达到教育目的”的圣严法师在谈及压力应对方式时，提出有效四原则：面对它、接受它、处理它、放下它。这简单的几个字概括了有效应对压力的秘诀：首先，你的任务是直面压力而非逃避，思考并追问压力源到底是什么，只有采用这种积极的思考方式才有解决问题的可能性。其次，以乐观的心态接受人无你有的压力，将它看作人生的必修课，通过此次磨炼提高自身解决问题的能力。然后，你要着手处理压力，可以通过和他人的有效沟通，寻求有力的支持网络，如朋友、老师、心理辅导人员等达到解决问题的目的；也可以进行即时的情绪缓解，如唱歌、美食、睡觉、运动、阅读励志作品等。最终，你可以放下压力，轻松自然。

拓展阅读

您也在井里吗？

一个农夫养了几头牛，有一天，其中一头牛不小心掉进一口深的枯井里，农夫绞尽脑汁想办法要救出牛，但几个小时过去了，牛还在井里痛苦地哀号着，井太深了，农夫没有办法将它救出来。最后，这位农夫决定放弃，不过无论如何，这口井还是得填起来，不然其他牛或者人都有可能不小心掉下去。于是农夫便请来左邻右舍帮忙一起填井。农夫的邻居们人手一把铲子，开始将泥土铲进枯井中。

当这头牛了解到自己的处境时，刚开始哭得很凄惨。但出人意料的是，一会儿这头牛就安静下来了。农夫好奇地探头往井底一看，出现在眼前的景象令他大吃一惊，当铲进井里的泥土落在牛的背部时，牛的反应令人称奇——它将泥土抖落在一旁，然后站到泥土堆上面。农夫和邻居们称赞老牛的智慧，快速铲土填进井里，就这样，牛将大家铲倒在它身上的泥土全数抖落在井底，然后再站上去。很快，这头牛便得意地上升到井口，安全地从井里出来了。

资料来源：https：//www.pinlue.com/article/2018/12/1519/317846100427.html，有改动．

（三）合理的认知管理

不断调整自己的不合理的信念，很多压力源是不合理的认知信念带来的。例如，一个学生如果认为自己没有表现好就不会被老师、同学喜欢和接受，那么他在需要表现的时候就会产生巨大的压力。

在认知管理中，个体需要理性辨析和积极归因。归因是观察者对他人的行为过程或自己的行为过程所进行的因果解释和推论。面对问题冷静地思考，这个问题是如何产生的，与什么有关，可能的解决方法是什么。这样可以更清晰地认识到压力情境，降低其模糊性带来的压力感。

（四）建立支持系统

人类是社会性动物，任何人都不能离开他人而独自生存。当一个人独自面对压力时，其应激反应的消极作用会非常大，来自他人的支持可以调适个体的压力反应。社会支持可以降低压力对大学生的消极影响，使其在面对困难时可以获得情感安抚、行动建议，恢复信心和勇气来面对挑战，解决问题。社会支持包括朋友、同学、学生社团、老师、家庭成员等。在通常情况下，这些社会支持可以满足个体的安全需要、尊重的需要、爱与归属的需要。所以，在与人交往的过程中，大学生应扩大自己的社会支持系统，以便有效应对压力。

（五）丰富大学生活

健康而丰富的大学生活可以愉悦身心，获得朋友，增进友谊，减少因压力而导致的紧张感。大学生可进行户外体验或者健身运动。有研究表明，运动能有效缓解身体的压力，缓解抑郁及焦虑的情绪。大学生可以通过阅读等方式，从别人的经验中找到解决困境的办法；还可以通过听音乐等方式来舒缓内心的情绪。

（六）学会放松

大学生面对心理压力最常见的表现是肌肉和心理的紧张，可以通过放松的方法让自己的身体或心理由紧张状态转向松弛，从而逐渐消除紧张。大学生还可以在生活中找到适合自己的放松方式。

1. 深呼吸

深呼吸是胸腹式呼吸的联合，可以尽量排出肺内残气，吸入更多的新鲜空气，以供给各脏器所需的氧，提高或改善脏器功能。深呼吸能使人胸部、腹部的相关肌肉、器官得以较大幅度的运动，促进血液循环，对解除疲惫、放松情绪都是有益的。

具体做法是：选择空气较好的地方，端正坐好或者站直，然后开始缓慢地深深吸气，先使腹部膨胀，然后使胸部膨胀，达到极限后，屏气 3 秒左右，慢慢地把气呼出，先收缩胸部，再收缩腹部，这样反复进行吸气和呼气。

2. 渐进式放松

渐进式放松训练是指一种逐渐、有序、使肌肉先紧张后放松的训练方法。渐进式放松训练强调放松要循序渐进地进行，要求训练者在放松前先使肌肉收缩，继而进行放松。这样做的目的是进一步要求训练者在肌肉收缩和舒张后，通过比较从而细心体验那种放松感。同时，渐进式放松训练还要求训练者在训练时自上而下有顺序地进行放松，即放松一部分肌肉之后再放松另外一部分，渐进而行。

具体做法是：找一个安静的场所，先使肌肉紧张，保持 5 ～ 7 秒，注意肌肉紧张时所产生的感觉。紧接着很快地使紧张的肌肉彻底放松，并细心体察放松时肌肉有什么感觉。每部分肌肉一张一弛做两遍，然后对那些感到未彻底放松的肌肉，依照上述方法再行训练。当使一部分肌肉进行一张一弛的训练时，尽量使其他肌肉保持放松。按照下列部位的顺序进行放松：优势的手、同侧前臂和肱二头肌，非优势的手、同侧前臂和肱二头肌，前额，眼，颈和咽喉部（双臂向前、双臂向后、耸肩），肩背部，胸、腹、臀部，大腿，小腿（脚尖向上、脚尖向下），脚（内收、外展）。

因为肌肉一张一弛，有对比感，所以渐进式放松训练的学习和掌握比较容易，但因耗时较长，因此后来的放松训练在做法上有所变通，往往与自生训练结合进行。渐进式放松训练可以消除人的身体和心理方面的紧张状态，提高正常人的健康水平，还可作为治疗心理疾病的辅助手段。

三、应对挫折的策略

挫折承受力又称耐挫力，是指个体在遭受挫折时，能否经得起打击，能否摆脱和排解困境而使自己避免心理与行为失常的一种耐受力。大学生在处于挫折的情境下，对引起挫折的因素采取有效的策略，可以提升其挫折承受力。

（一）正确看待挫折

正确看待挫折需要认识到挫折的双重性，“塞翁失马，焉知非福”，挫折对人有消极的影响，如降低个体的创造性思维水平，损害个体的身心健康。也有可能带来积极的影响，能够增强个体情绪反应的力量，增强个体的容忍力，提高个体对挫折的认识水平；能够变不利因素为有利因素，促使挫折向积极方面转化。

拓展阅读

麦穗的挫折

有一天，一个农夫找到上帝，对他说：“我的神啊，是你创造了世界，但是你毕竟不是农夫，我得教你点东西。”

上帝借着胡子的遮掩，偷偷笑了，说：“那你就告诉我吧。”

农夫说：“给我一年时间，在这一年里，按照我所说的去做。我会让你看见，世界上再也不会有贫穷和饥饿。”

在这一年里，上帝满足了农夫所有的要求。没有狂风暴雨，没有电闪雷鸣，没有任何对庄稼有危险的自然灾害发生。

农夫觉得该出太阳了，就会阳光普照；要是觉得该下点雨了，就会有雨滴落下，而且想让雨停雨就停。

环境真是太好了，小麦的长势特别喜人。

一年的时间到了，农夫看到麦子长得那么好，就又到上帝那儿去了，对上帝说：“你瞧，要是再这么过 10 年，就会有足够的粮食来养活所有的人。人们就算不干活也不会饿死了。”

然而，等人们收割的时候，却发现麦穗里什么都没有，空空如也。这些长得那么好的麦子，竟然什么都没结出来。

农夫惊讶极了，又跑到上帝那儿去："上帝呀，这究竟是怎么回事呀？"

上帝回答道："那是因为小麦都过得太舒服了，没有任何打击是不行的。这一年里，它们没经过风吹雨打，也没受到过烈日煎熬。你帮它们避免了一切可能伤害它们的东西。没错，它们长得又高又好，但是你也看见了，麦穗里什么都结不出来。它们还是时不时需要经受些挫折的。我的孩子，就像白昼之间总有黑夜，风雨雷电都是必需的，正是这些锻炼了小麦。"

资料来源：https://www.cnfla.com/dushu/tonghuayuyan/47198.html，有改动.

（二）构建成熟的心理防御机制

心理防御机制是指个体面临挫折或冲突的紧张情境时，在其心理活动中具有的自觉或不自觉地解脱烦恼，减轻内心不安，以恢复心理平衡与稳定的一种适应性倾向。心理防御机制积极的意义在于能够减轻或免除主体在遭受困难与挫折后产生的精神压力，使其恢复心理平衡，甚至激发主体的主观能动性，激励主体以顽强的毅力克服困难，战胜挫折。成熟的心理防御机制可以帮助大学生缓解受挫后的心理压力。

（三）建立和谐的人际关系

挫折在生活中不可避免，当一个人面临挫折情境时，来自人际关系的支持可以减少其消极情绪体验，获得面对困难的力量。个体可以在人际关系互动中相互了解、相互依赖、相互支持，在此过程中形成稳定的心理联结，满足自身归属和尊重的需要。大学生应加强人际交往，建立和谐的人际关系，锻炼自己的人际交往技能。真诚宽容待人者，也将收获支持与理解。

（四）确立合理的归因

正确归因是合理应对挫折的必要因素。归因是指人们对他人或自己行为原因的推论过程。在面对挫折时，个体的归因倾向对其心理承受能力有很大的影响，而人们在对他人或自己的行为进行归因时，并不总是既合情理又合逻辑的，因此会出现归因偏差。

归因分为内部归因和外部归因。内部归因是指把造成挫折的原因归于个人特征，包括人格、品质、动机、态度、情绪、心境以及努力程度等。例如，个体把成绩不好归因为自己的不够努力。外部归因是指把造成挫折的原因归于外部条件，包括背景、机遇、他人影响、工作任务难度。例如，个体把成绩不好归因于自己的运气不行，考试难度太大等。倾向于内部归因的人在面对挫折时容易出现过度自责的情绪，倾向于外部归因的人在面对挫折时容易出现侥幸和愤怒的情绪。大学生处于挫折情境时，应该以冷静的心态分析造成挫折的主客观原因。

心理测评

挫折来临时，看看你是怎么应对的

指导语：表 7-3 列出的是当你在生活中经受到挫折打击时，或遇到困难时可能采取的态度和做法。请你仔细阅读每一项，然后在右边选择回答，“不采取”为 0，“偶尔采取”为 1，“有时采取”为 2，“经常采取”为 3。请在最适合你本人情况的数字上画“√”。

表 7-3　遇到挫折打击时可能采取的态度和方法

遇到挫折打击时可能采取的态度和方法	不采取	偶尔采取	有时采取	经常采取
1. 通过工作学习或一些其他活动解脱				
2. 与人交谈，倾诉内心烦恼				
3. 尽量看到事物好的一面				
4. 改变自己的想法，重新发现生活中什么重要				
5. 不把问题看得太严重				
6. 坚持自己的立场，为自己想得到的斗争				
7. 找出几种不同的解决问题的方法				
8. 向亲戚朋友或同学寻求建议				
9. 改变原来的一些做法或自己的一些问题				
10. 借鉴他人处理类似困难情境的办法				
11. 寻求业余爱好，积极参加文体活动				
12. 尽量克制自己的失望、悔恨、悲伤和愤怒				
13. 试图休息或休假，暂时把问题（烦恼）抛开				
14. 通过吸烟、喝酒、服药和吃东西解决烦恼				
15. 认为时间会改变现状，唯一要做的便是等待				
16. 试图忘记整个事情				
17. 依靠别人解决问题				
18. 接受现实，因为没有其他办法				
19. 幻想发生某种奇迹改变现状				
20. 自己安慰自己				

评分与评价：

简易应对方式问卷由积极应对和消极应对两个维度（分量表）组成，包括 20 个条目，积极应对维度由条目 1 ~ 12 组成，重点反映了积极应对的特点，如尽量看到事物好的一面。消极应对维度由条目 13 ~ 20 组成，重点反映了消极应对的特点，如通过吸烟、喝酒来解除烦恼等。

章末小结

1. 压力包括三个方面的含义：第一，压力包含那些使人感到紧张的事件或者环境；第二，压力是一种主观的反应；第三，压力可能是对需要或者伤害侵入的一种生理和行为上的反应。

2. 压力有客观性、渐进性、情绪性、动力性的特点。

3. 大学生压力来源包括生物性因素、心理性因素和文化性因素。

4. 挫折包含三个方面的含义：第一，挫折情境，指对人们的有动机、有目的的活动造成的内外障碍或干扰的情境状态或条件；第二，挫折认知，指对挫折情境的知觉、认识和评价；第三，挫折反应，指个体在挫折情境下所产生的烦恼、困惑、焦虑、愤怒等负面情绪交织而成的心理感受（挫折感）。

5. 挫折具有普遍性、个体差异性、双重影响性的特点。

6. 大学生挫折感的来源有自然环境因素、社会环境因素、家庭环境因素等外界因素，以及个人因素和动机冲突。

7. 动机冲突有双趋冲突、双避冲突、趋避冲突和双重趋避冲突四类。

8. 压力与挫折会对人产生生理方面、心理方面和行为方面的影响。

9. 面对压力和挫折时，消极的应对包括攻击、退缩和冷漠，积极的应对包括幽默、升华和补偿。

10. 调适压力的四原则：面对它、接受它、处理它、放下它。

第八章 人际交往

名人名言

▶ 一个人的成功，只有百分之十五是由于他的专业技术，而百分之八十五则要靠人际关系和他的为人处世能力。——卡耐基

▶ 世间最美好的东西，莫过于有几个头脑和心地都很正直的、严正的朋友。——爱因斯坦

学习目标

▶ 了解什么是人际交往、人际关系。

▶ 认识到人际交往对大学生的重要性。

▶ 了解人际关系的类型和特点。

▶ 把握人际交往的原则。

▶ 学会一些人际交往中的心理效应。

▶ 明白大学生在人际交往中遇到的困难。

▶ 学会运用一些人际交往中的技巧。

案例导入

高中时期，李某在班里总是默默无闻，一直觉得自己没几个朋友。班里的同学都认为他冷冰冰的，是一个典型的理工男，不擅长和他人交往，但只有个别关系很好的朋友才知道，李某其实是一个很有趣、很健谈的人。李某内心总觉得，朋友多不多并不重要，只要有几个在乎自己的朋友就够了。当他考入大学，和高中朋友分别后，在学校没有新的朋友，他感觉自己非常孤独。虽然在班里、社团中也认识了一些人，但都没有过多的交往。因为不擅长交往，李某几乎不和大家来往、聊天。在寝室中，他也寡言少语，很少参与其他室

友的活动。当他在学习、生活中心情不好时，也不会向室友倾诉。可是在他的内心深处，李某非常希望有人能够主动和自己进行交流。

久而久之，李某发觉自己没有什么存在感，好像这是一个只有自己不存在的世界。孤独感、寂寞感逐渐侵蚀了他，他被压垮了，对什么都提不起兴趣，学习成绩也开始下滑。班主任发现李某似乎变得有点奇怪，在知道了他的苦恼后，将他带到了学校的心理健康中心。通过学校心理健康中心专业的心理咨询师的帮助，李某意识到自己需要改变了。

在听了心理咨询师的建议后，李某学到了一些人际交往中的小技巧，尝试主动跟别人交流，在他的努力下，他交到了许多好朋友，也渐渐融入了室友们的生活，对他们敞开心扉，分享自己在生活中的喜怒哀乐。现在的李某发现，自己真正地进入了大学生活，真正融入了班级、寝室。曾经让自己苦恼的孤独感，早已离自己远去。

在大学生活中，人际关系问题是困扰大学生的问题之一，许多同学或许也有案例中李某的烦恼，回想一下自己的生活：当你开心的时候，有人和你一起分享吗？当你因为某些原因感到伤心时，有人和你分担吗？在面对人际交往中的问题时，你会怎么办呢？

第一节　人际交往概述

一、人际交往的内涵

人际交往也称人际沟通，是指个体通过一定的语言、文字或肢体动作、表情等表达手段将某种信息传递给其他个体的过程。也可以说，人际交往是个体与个体之间或者个体与群体之间为了实现一定的目标，通过言语、神态、面部表情、肢体动作等方法了解和联系他人，进而使彼此之间在双方的行为上相互作用，以至于心理上相互影响的一种社交实践活动。而这种实践活动不仅仅是人与人之间进行信息的沟通和物质的交换的媒介，同时也是人与人在情感上相互联系的纽带。

人与人之间通过直接交往形成、建立起来的相互之间的情感联系，我们称之为人际关系。这种联系是人际交往中所产生的情感沉淀，是人与人之间相对稳定的情感纽带。人际关系形成后，便会作为进一步相互作用的背景和导向系统，对后续的人际交往形成定向影响。

人际交往将会贯穿人们的一生。在婴幼儿时期，个体与父母进行交往；随着年龄的增长，个体交往的对象逐渐增多，与同学交往、与老师交往、与同事交往、与自己的孩子交往。当与不同的对象进行交往时，个体都会与其建立一定的、性质不同的意义联系，产生各种不同性质的人际关系。因此，人际交往是人与人之间最具有普遍性的联系方式，它对人们的生活和发展有着根本性的、极为重要的影响。

二、人际交往的重要性

（一）人际交往是大学生心理健康的标准之一

近年来我国的研究表明，大学生的心理问题逐渐增多，而其中由于人际交往造成的问题占了很大的比例。在马斯洛的需要层次理论中，在满足了生理需要、安全需要后，大学生需要满足自己爱与归属的需要和尊重的需要。而不良的人际交往模式便会阻碍大学生爱与归属的需要和尊重的需要的满足，增加大学生的挫败感，激发大学生内心的矛盾冲突，从而影响大学生的身心健康，导致生理、心理疾病。

人际交往失败必然会使大学生感到焦虑和压抑，给他们一种挫败感，从而导致心理失衡，产生不良的心理状态，并对大学生的学业、日常生活和心理健康产生严重的负面影响，从而导致生活中许多让人无比痛心、惋惜的事件发生；而良好的人际交往则可以让人排解内在的压抑和苦痛，缓解内心的冲突和苦闷，减少大学生普遍存在的孤独、寂寞、空虚感，使大学生获得安全感和归属感。同时，给予他们支持和理解，增强大学生的自我价值感和力量感，降低其挫败感，从而使大学生获得精神层面的满足与愉悦，促进他们的身心健康。拥有良好的人际关系可以让大学生在日常生活中用阳光心态去解决面对的困难与挫折，在学习中勇往直前，更上一层楼。

心理学家曾从各个不同的角度、层面上做过大量的调查研究，其结果显示，心理健康水平高的人可以更积极地与他人交往，获得高水平、高质量的亲密关系，拥有更加成熟的人格，更加符合社会的期望，并且有能力为自己、为他人负责，从而更有可能实现自我价值。美国心理学家奥尔波特在他的研究中发现，个性成熟的人更有能力与他人进行良好的交往以及建立更加融洽的关系，他们可以更好地理解别人，包容他人的缺点与不足，有同情心，具有给别人高质量的阳光心态、温柔、关怀和爱的能力。

有研究发现，擅长人际交往，有多种亲密联系、人际关系的人会更加长寿；同时，人际交往和人际关系的失败与精神失常和自杀有着较高的相关性。良好的社会支持可以帮助缓解或预防心理压抑、焦虑所导致的身心疾病，使人更容易保持个人积极阳光的心态。人际交往的能力差，导致人际关系缺乏，从而产生的焦虑情绪对个体身心健康有不利影响的重要原因是其干预了人体的部分免疫系统。

心理学家通过一系列研究发现，如果一个人长时间缺乏与他人的积极交往，缺乏稳定的、良好的人际关系，那么这个人很有可能会有较为明显的性格缺陷。在精神分析学派的理论中，人际交往能力往往取决于当事人童年时期与母亲的种种互动，也就是与母亲的交往。当这种能力没有得到充分的培养和良好的引导时，个体难以健康成长，其人格的发育不够成熟。从大量与青少年的心理咨询的实践中可以发现，困扰大多数青少年的心理问题都与自己的人际交往能力不足所导致的缺乏正常人际交往和良好人际关系相联系。这一点在调查研究中得到了证实，现实中学校中的人际关系与中小学生积极阳光的心理有着显著的相关性，学校人际交往、人际关系的各种问题影响着学生们的心理健康。

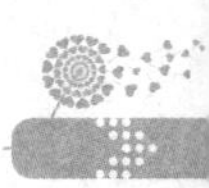

（二）人际交往是人生存和发展的需要

对人类思想发展有着极大贡献的思想家马克思在其著作《关于费尔巴哈的提纲》中有“人的本质不是单个人所固有的抽象物，在其现实性上，它是一切社会关系的总和”的表述。从中可以看出，人类的生存和发展离不开人际交往，人际交往是人之为人的本质。精神分析学派对母婴关系非常重视，认为人在儿童时期与其照看者可以通过积极健康的交往来形成高水平、健康和稳固的亲密关系，且这是一个人心理与身体健康、正常发展的必要条件。

不仅是在人生命的早期，人际关系和人际交往贯穿人的一生。埃里克森提出的人格社会心理发展理论将心理的发展划分为八个阶段，每一个阶段都会有与其年龄段相匹配的社会心理任务，积极解决可以增强自我的力量，帮助个体更好地适应环境。大学生正处于心理发展的第六阶段，心理任务是获得亲密感、避免孤独感。为顺利完成这一任务，大学生必须有良好的人际关系，进行健康的人际交往。

（三）人际交往是完善自我的需要

在马斯洛的经典研究中，人际交往是人们获得积极阳光的高心理健康水平的有效途径，因为在马斯洛的需要层次理论中，人际交往与安全的需要、爱与归属的需要以及尊重的需要有着密切的联系。当人满足了这些需求后，会更容易满足自我实现的需要。这种达到高心理健康水平的“自我实现”者可以很好地接纳他人，更容易与他人建立稳定、健康、深刻的亲密关系，他们会有着相比于其他人更为深刻、强烈的友谊和更为真诚的爱。此外，有一些心理学家专门研究了在身体上、心理健康水平上以及智力上极其优秀的宇航员与心理健康水平优秀的中学生、大学生及研究生。所有的这些研究都得出了一个共同的结论，即比起正常的心理健康水平的被试，高心理健康水平的被试与他人的人际交往、亲密关系都更好、更稳定、更健康。他们可以通过人际交往来帮助完善自己，使自己获得积极阳光的心态，以及能够获得成功的一些个性特点，如坚韧、可靠、替他人考虑、谦虚、正常、信任他人等。

创造大唐盛世的李世民在其大臣魏征去世时悲叹道：“以铜为鉴，可正衣冠；以古为鉴，可知兴替；以人为鉴，可明得失。朕尝保此三鉴，内防己过。今魏征逝，一鉴亡矣。”从这里可以看出，在人际交往时，他人可以帮助个体反省自己，从而使个体可以不断完善自己。同样，《论语·述而》中有：“三人行，必有我师焉；择其善者而从之，其不善者而改之。”当与他人交往时，人们可以从他人身上借鉴他人的经验，对他人的优点进行学习、对他人不良的行为进行自省，以此不断对自身的一言一行进行反思，并进行改正，从而完善自我。这并非古籍中的寥寥数语，而是中华民族五千年来不断传承的思想与文化。

行为主义心理学家班杜拉提出了社会认知理论。其中，个体、环境、行为相互影响，人际交往便是环境中重要的一环，当学习者与他们自身相似或者是被认为优秀的、有能力的伙伴建立人际关系时，容易对其产生模仿行为，从而不断完善自己。与此同时，当个体不断提高和进步时，还会在人际交往中获得强化，从而给自己增添动力。总之，人际交往在多个层面、多个角度上对大学生的自我完善有着极为重要的促进作用。

（四）人际交往促进信息交流

从定义上看，人际交往是指个体通过一定的语言、文字或肢体动作、表情等表达手段将某种信息传递给其他个体的过程。简单来说，人际交往的本质就是传递信息，在互动中不断传递信息，互动便是相互传递信息的过程。人们渴望与他人交流，人际交往是马斯洛需要层次理论不可或缺的条件之一。在信息交流的层面也同样如此，信息交流保障了人与人之间的相互交往，同时，其也是信息交流的一种结果。当某个人的信息可以被有效传递并且他可以很好地接收他人的信息，便可以说这个人有着较强的人际交往能力。当然，此时所说的信息并不是狭义上的信息，就其定义来讲，此处的信息是指音讯、消息、通信系统传输和处理的对象，泛指人类社会传播的一切内容。其还包括人的肢体动作、心理活动所传达的信息。如同马克思所讲，人是一切社会关系的总和，由人际交往所保障的有效信息交流是人之为人的前提和必需。

当人际交往有效地促进信息交流时，人们可以与他人友好共处、互通信息、交流经验、互相学习，从而增长个人的知识，开阔眼界。人际交往不仅可以帮助人们更好地建立稳定、健康的亲密关系，还可以帮助人们取得事业上的成功。有研究表明，人际交往直接影响人们的事业成功，良好的人际关系可以影响新进员工的工作满足感和工作绩效。

美国的一项调查研究对卡耐基工业大学数万人的案例进行了分析。其中，在事业上取得重大成功是多种因素相互作用的结果，其中智慧、专门技术与经验只占成功因素的15%，其余的85%则取决于良好的人际关系，这便是成功学大师卡耐基的一条经典理论。卡耐基在其著作《语言的突破》《人性的弱点》等中讲述了如何提高自己的人际交往能力，也就是提高自己接收信息、传递信息的效率，从而帮助自己取得不同事业上的成功。曾任美国总统的罗斯福说："成功的第一要素是懂得如何搞好人际关系。"在中国的传统文化中也有"天时不如地利，地利不如人和"和"家和万事兴"的格言。因此，人际交往促进信息交流，从而有助于社会的发展。在社会的各行各业中，个体的人际交往能力至关重要，尤其是在当下每天被各种信息包围的信息时代。因此，大学生如何处理信息，如何给他人传递信息变得越来越重要。

（五）人际交往有助于自我决策

近年来，自我决策被国内外许多学者下过定义，其中被大多数专家接受的定义是：自我决策是使个人能有目的地从事自我规范和管理行为的技能、知识和信念的总和，了解自我的能力和不足，并相信自己能有效地进行决策。从比较公认的自我决策的定义中可以看出，就其本质来讲，自我决策是个人管理自己、认识自己、改变自己的过程。

人际交往是自我决策的需要，其原因在于以下三点。

（1）在自我决策的第一个过程，即管理自己中，人际交往可以起到向他人学习，即模仿学习的作用。同时，人际交往也可以起到强化的作用，从而不断塑造人的行为，使个人的行为越来越符合社会所要求的标准。此外，人际交往还可以起到反馈的作用。如上文所述，人际交往是信息传递的需要，信息的有效传递，对管理自我起到了良好的反馈作用。

（2）在第二个过程，即认识自己的过程中，人际交往可以有效地促进信息交流，人们可以在人际交往中通过与他人的交流不断认识、了解自己。正如上文提到过的一句话："以人为鉴，可明得失"，当人们以他人为借鉴时，不仅可以起到管理自己的作用，还可以加深对自己的认识。

（3）在第三个过程，即改变自己的过程中，除了在前两个过程中以行为主义的角度叙述的强化、反馈等作用外，从精神分析的角度也可以对人际交往是自我决策的需要进行解释。由于人际交往是以与母亲的交往开始的，所以与母亲的交往几乎可以决定一个人的行为模式，即人格。在精神分析的理论中，人们便可以通过人际交往提高自己的人格的成熟程度。简单来讲，有效的人际交往可以帮助人们改变自己。不仅是精神分析的客体关系学派这样认为，行为主义中的模仿学习理论也这样认为。由此，人们从自我决策的三个过程中分析了人际关系的重要性。

总之，人际交往是大学生身心健康的需要，是人生存和发展的社会性需要，是完善自我的需要，是信息交流的需要，是自我决策的需要。可以说，人一生的成长、进步、成功是与他人的交往和关系有密切联系的；人一生的忧愁、悲痛、快乐、愉悦、爱与恨，也同样是与他人的交往和关系有密切联系的。如果没有与他人的交往与关系，也就不会有人生的悲欢离合，不会有建立起人类文明大厦的文学与艺术，也自然不可能发展其科学来帮助人类探索世界万物的奥妙，关于人类辉煌的一切将荡然无存。因此，人际交往以及由此建立起来的人际关系是人之为人的基础，是大学生需要在生活中不断学习、不断提升的地方。

第二节　大学生人际交往

一、大学生人际交往的类型与特点

（一）大学生人际交往的类型

大学的人际交往的类型与高中有着很大的差异。因此，了解大学生人际交往的类型对大学生认识和了解其人际关系有非常重要的作用。

微课

现代大学生人际交往的特点

1. 师生关系

对于大学生人际交往的主要对象，首先要提到的是教师。韩愈曾提出："师者，所以传道、授业、解惑也。"世界历史上最早专门论述教育和教学问题的著作《学记》称："君子知至学之难易，而知其美恶，然后能博喻，能博喻然后能为师，能为师然后能为长，能为长然后能为君。"

在大学日常学习生活中，教师是大学生的主要人际交往对象之一，在大学生的学习生活中充当知识的传授者和人生导师，更是学习的榜样。教师这一角色在大学生的大学生活中可以说起到了举足轻重的作用。在高校中，教师与大学生之间很容易便可以建立一种"良师益友"般的关系。但是，大学教师与学生的接触不像中小学那样频繁，不同于中小学的"保姆型教师"，大学教师在传道、授业、解惑的同时会将一部分精力用于科研工作，与学生的关系更趋向平等；而从交往的内容来看，大学教师与学生的交往更多偏向于传授知识，以及学习中的科研、创新实践等。进入大学后，原本熟悉的师生交往模式发生改变，因此，大学生在与高校教师进行交往时可能会出现一些问题。

2. 同学关系

同学是大学生人际交往最基本的对象，不同于高中时期仅仅与同班同学进行交往，大学时期的同学包括学长、学姐、学弟、学妹、室友、学生会的同学等，由于交往对象的增多，大学生交往也显示出其复杂性。一方面，由于大学生不仅只有学习上的任务，在学生会或一些其他组织中，也同样担任着自己的任务，扮演着不同类型的角色，因此，可以与更多的人进行交往，面临着复杂且繁多的人际关系。另一方面，大学生有更多的自由时间，没有了高中家长、学业的束缚，大学生与他人交往的频率更高、更为密切，可能会出现空间距离过小的问题，因此在交往过程中难免会发生各种各样的矛盾冲突。在大学生开始逐渐渴望与他人建立亲密关系时，其对人际交往的期望比较高，而当这种需求没有得到满足时，便容易对人际交往产生消极的态度。

3. 恋爱关系

在步入大学校门前，大学生或多或少会对恋爱有一些憧憬。在许多网络自制影视作品中，有相当大比例来讲述大学生恋爱的故事。不同于高中时期老师和家长对早恋行为的严防死守，大学生有更多的机会与异性进行交往，也可以见到更多优秀的异性，并且有很多机会来展示自己的个人魅力。在埃里克森的人格发展理论中，大学生处于成年初期的阶段，面临着获得亲密感、避免孤独感的任务。这是人发展过程中的必经阶段。由于此时的大学生尚未足够成熟，因此比起同学关系，在更加亲密的恋爱关系中，更容易出现矛盾冲突。在网络中，人们很容易便可以找到大学生恋爱中由于矛盾冲突所导致的一些悲剧。恋爱关系是不同于中小学时期人际交往类型的一种。

（二）大学生人际交往的特点

1. 方式多样

不同于传统的人际交往方式，如书信、电话、探亲访友等，当代大学生的人际交往形式与方法是多种多样的。随着电子信息技术的不断发展，互联网在社会各个领域普遍

应用，从而对人们的学习、生活及工作等方方面面带来了翻天覆地的影响。由此，使用手机、计算机中各类社交 App 等方式进行交往已逐渐将过去传统的交往方式取代，从而成为当代大学生人际交往的主要方式。伴随着互联网的不断发展，比起传统的社交方式，大学生更倾向于使用网络来建立人际关系和进行人际交往。除此之外，大学生还倾向于与自己的朋友、同学举行团建，参加各类聚会，加入各种社团，举办各种各样的丰富自己生活的活动或参加社会志愿服务等。

时代的不断发展与进步使大学生的人际交往形式不断变化与发展，使大学生的人际交往呈现出形态各异的模样。踏入大学的校门后，大学生便开始体验属于自己的青春，他们学习着各类有趣的知识，开始逐渐建立起自己的思考模式；他们处于青春期，似乎有着用不完的精力；他们敢于尝试各种各样新鲜的事物，寻找、建立着属于自己的各种爱好；他们不断与他人进行交往，与更多的人建立关系，想要散发出自己的光芒。而随着大学生知识水平的提高及个人阅历的增加，他们接触到的内容不再是高中时期的数、理、化、史、地、生，而是在社会、政治、哲学、艺术、文化、时尚等领域进行学习和思考。以此为基础，他们与和自己有相同兴趣爱好的伙伴进行着社交，无论是在现实中还是在网络中。方式多样这一特点既体现了科技进步的时代特点，也反映出大学生在发展过程中处于成年早期的各种特点。

2. 形式虚拟

随着互联网的普及与应用，网络对于大学生的影响越来越大，在这个全球互联的时代，社交软件在人际交往中扮演着重要的角色。如 QQ、微信、微博等以方便、快捷等优点快速进入了大学生的世界，使大学生不用面对面便可以在网络中与他人建立亲密关系。大学生人际交往的虚拟化快速地成为一种普遍现象。不仅是大学生与同学的交往，学校也慢慢开始与互联网融合。在新型冠状病毒疫情的时候，学校组织教师开展网课，通过网络通知各项事务，使大学生人际交往进一步虚拟化。

3. 范围扩大

大学生不再像高中一般被学习牢牢套住，他们有着更多的个人时间，可以用自己的时间与他人建立联系，满足自己对社交的需求。因此，大学生建立人际关系的范围不断扩大。在这个全球互联的时代，网络的普遍应用使大学生的人际交往模式也在不断更新。随着智能手机功能的不断增加，以及互联网的特性，大学生有机会接触、了解、认识世界各地的人，不再为空间、时间所限，他们可以与世界各地不同年龄阶段的人进行社交，不仅仅是与自己的同龄人。

二、大学生人际交往的原则

（一）真诚原则

大学生人际交往中最为重要的一点便是真诚。人们如此期待真诚，并且对于不真诚表现出高度的拒绝。这是因为人是社会关系的总和，是社会性的动物。从进化心理学的角度来讲，人需要自己在物理环境和社会环境中都处于一个安全的境地，而真诚可以帮助个体对与自己交往的人的行为有明确的预见性，从而建立起安全感和信任感，更好地生存，并使人类这一物种可以得到延续。此外，由于不真诚给人带来的不可预见性，个体不得不随时担心自己的生存是否会受到侵害，这种心理失调，很容易引起人内心的恐惧，比起发生不幸的事件，这种未知会让人长期处于高度自我防御状态，并使人在主观上感受到焦虑与不安。为此，对于能够引发自身焦虑情绪的不真诚对象，个体会选择拒绝和逃避。

近些年来，为了探究人际交往中受欢迎的类型，心理学家做过一系列的调查，通过研究发现，不同类型的人们在回答“人际交往中最喜欢的特征”以及“最期望他人采取什么样的交往方式同自己交往”等问题时，其答案会高度一致——真诚。与男性进行对比，女性的这种倾向会更加明显。总之，真诚的品质与交往方式在人际交往中具有特殊的地位。

（二）交互原则

《礼记》有：“礼尚往来。往而不来，非礼也；来而不往，亦非礼也。”《论语》有：“己所不欲，勿施于人。”在中国文化的传承中，智者总结出了人际交往中的交互原则。

根据自我价值理论以及人际交往需要，人际交往中他人的评价是自我价值、自我决策等的重要来源，因此，人们会预设性地希望他人可以接纳自己、喜爱自己、尊重自己、承认自己的价值，以满足自己对爱与归属、尊重、自我实现等的需要。这种寻求自我价值确立和情绪安全感的倾向会引导人们在社会交往中愿意表现自己，想要吸引他人的注意，并期待他人首先接纳自己、喜欢自己。人际关系的基础是人与人之间的相互重视和相互支持。在人际交往当中，喜爱与厌恶、接近与疏远都是相互的。大量研究表明，个体会更喜欢喜欢自己的人，同样会更愿意接近主动接近自己的人；而对于疏远、厌恶自己的人，个体的反应也是对他们产生疏远感和厌恶感。

不仅是在实验、调查研究中，在日常生活中也很容易观察到，人们倾向于接纳真心接纳、喜欢自己的人，愿意与他们交往并建立和维持关系；而对于表现出不喜欢、排斥自己的人，人们则倾向于排斥疏远对方，避免与其有更深一步的交往。

（三）自我价值保护原则

根据自我价值定向理论，保护自我价值不受威胁和提高自我价值是个人预设性的优势心理倾向。同样，在精神分析中，健康的自恋是人能够正常生活的必需，当面对会使自己自恋受损的场景时，个体都会进行自我保护。在人际交往中，这种自我价值保护倾向将会表现在很多方面。例如，发现、意识到他人有不同意自己观点的倾向时，在潜意识中，个体会产生一种防御机制，表现为为自己进行辩护；有时这种防御机制并不会表现出来，但其并没有消失，个体的感受会被压抑到心中，并寻找维护自己的证据。又如，

当别人夸奖自己时，个体会感到高兴，很愿意同他人分享、讲述自己的经历，来证明自己的优秀或在他人面前夸奖自己等。这些都是人保护和提高自我价值的行为表现，即满足自己自恋的一种表现。

从人们对自我评价的敏感和强烈的自我价值保护倾向可以看到，在人际交往和人际关系的维持与建立上，自我价值保护原则的重要性。在与他人的交往过程以及关系的保持中，自我价值保护需要作为他人的自我支持力量而存在。若满足了他人的自我价值保护，个体就会更容易被他人接受，并与其建立起稳定、深刻的关系。在任何有可能威胁到他人自我价值的环境中，即当自身有可能威胁到他人的自恋时，就很容易让他人产生警惕、焦虑的感受。此时，自我价值保护的优势心理倾向会引导他人使用否认、拒绝和贬低等防御机制来保护自己的自恋不会受到损害，这样会让个体难以与他人建立或维持良好的人际关系。总之，在人际交往的过程中，大学生需要有意识地注意对方的自我价值是否会受到侵害。

（四）功利原则

“人际交往的本质是社会交换”，在日常生活中，人与人之间的交往不仅需要兴趣爱好的相互一致，还需要保持交换的对等。根据人际交往的交互原则，在人际交往中，人们更希望付出与回报是相对应的。人们常希望用最小的付出换取最大的回报，这在日常的商业活动中较为常见。人们在人际交往中都希望交换、获得一份有价值的人际关系，在交往的过程中想要得大于失。对于不值得的人际关系，人们不会去维持或是建立，以此来维持自己内心的平衡。因此，人际交往可以说是人根据一定的价值观进行筛选的结果。在日常生活中，当人们想与他人建立、维持人际关系时，就需要使这种关系对他人来讲是有益的。因此，当人们想要为他人所接纳、所认可，并与他人建立、维持稳定的关系时，就需要首先去了解对方在人际交往中的价值倾向，让他人从关系中感受到快乐、幸福等积极情绪。

在人际交往的功利原则中，不能简单地把获益理解为物质利益，因为这种“获益”取决于个人的价值观、世界观等，引导着人际交往中不同的社会交换机制。因此，大学生可以通过提升自己的人格成熟程度来引导自己的价值取向，弘扬社会主义核心价值观。

（五）情境控制原则

情境控制原则是指人都需要达到对所处情境的自我控制，即人倾向于对环境有一种控制感。从进化心理学上看，未知会给物种带来一种不确定性，陌生的事物会对人们的生存、安全造成一定的威胁，因此这种不确定性不利于基因的延续。为了保障安全，人会产生恐惧、焦虑等负面情绪，对未知的事物、无法掌控的事物采取防御的状态，当了解了事物时，防御状态就会消失。科学便是这一观点在人类文化中的体现。人类不断学习新的知识，对未知的世界进行探索，想要在所处环境中获得一种控制感，使自身基因、物种得以延续。

从人的本质属性上来讲，自由意志使人成为人，因此，人在从事任何事时自由受到了侵害，就会产生一种不愉快的感受。例如，新入学或换了一个生活场景，因为对周围的环境和人物缺乏足够的了解，个体会在较长的一段时间里处于高度的紧张状态，对周围事物或多或少地采取自我防御的状态。而在经过一段时间的适应后，个体对周围的事物有了一定的控制感，对周围的环境和人有了更多的了解，便会感觉到轻松，从而真正地适应环境。在人际交往中也是如此，个体要想使他人从内心深处真正接纳自己，就必须保证他人在与自己交往时能够实现对情境的自我控制，可以时刻感受到这样一种自由的感觉。如果说，个体在人际交往过程中让他人感受到自我控制受到了约束，或是与他人对情境的控制不对等，使他人的自我表现受到限制，他人的防御机制就会被触发，从而使其处于自我防御的状态，如此便不可能与他人有更深度的接触，自己也很难被他人接纳，人际交往中与他人的关系也自然会停留在非常表面的水平。处于自由、平等人际交往的环境中时，人们才能够真正达到自我控制的目的，获得充分的安全感。

总之，情境控制原则的核心是保障人的自由意志不受侵害。任何一种关系，无论其在社会意义上是多么紧密，只要其中的一方感觉到自己的自由受到侵害，这种关系就不可能深入。当在某种关系中感觉到无法深入、只停留在表面的层次时，人们需要思考的是，是否在关系中做到真正地平等，是否给予对方所需要的自由。这一点是真正良好的人际关系的本质，更是人之所以为人的本质。

三、大学生人际交往的常见心理效应

（一）首因效应

所谓首因效应，通常是人们所说的第一印象，是指在交往中初次获得的信息对以后所给交往对象的评价或印象产生的影响。此外，通过研究发现，当人在回忆事件时，事件的发生顺序对记忆有着重要的影响：最后发生的事件最容易回忆，遗忘较少，为近因效应；最先发生的事件更容易回忆，遗忘最少，为首因效应。心理学家在大量调查研究中发现，一般情况下，在印象形成的过程中，首因效应比近因效应更容易发生。这是因为人际交往过程中的第一印象建立起来时，它对接下来个体所接收的信息的认知有着非常强烈的导向作用。由于人们保持认知平衡与情感平衡的心理作用，之后其所获得的信息会逐渐对第一印象进行补充和证明，与已经建立起来的观念保持一致。例如，来了一位新的任课老师，他在课堂上的表现十分出色，此时便会给学生留下深刻、积极的第一印象。之后即使这位老师在某几节课上发挥得不够好，没有第一节课讲得好，学生也并不会认为这是老师的能力问题，而是会归因于其他方面。如果老师在第一堂课的表现十分糟糕，而在之后的课堂中讲得很好，学生也可能认为这是巧合，总会从课堂中找到一些问题来验证自己之前的印象。因此，在与陌生人初次见面时，大学生一定要尽可能设计、塑造良好的第一印象，使对方对自己产生好感，激发对方与自己保持交往的意向。

（二）晕轮效应

晕轮效应也称成见效应，是指在交往认知中，对方的某个特别突出的特点、品质会掩盖人们对其其他品质和特点的正确了解。在日常生活中，比较明显的例子是，外貌有吸引力的个体在其他方面会得到更好的评价。

心理学家在研究晕轮效应的过程中发现，人们按照自己的价值观，更容易倾向于从个人的某种品质推断出其其他的品质。例如，人们对某人的印象是聪明、机智，就更容易将这个人想象为是一个具有魅力、活力、细心等特征的人；当人们认为某人的行为轻浮，就会倾向于认为这个人是一个具有随便、不受欢迎等特征的人。心理学家将这种从一种已知特征推知其他特征的普遍倾向称为概化晕轮效应。不只外表吸引力会影响人们的印象，其他品质，尤其是重要品质具有同样的效应。成语中的“爱屋及乌”“厌恶和尚，恨及袈裟”就是概化晕轮效应的一种体现。

虽然晕轮效应使人们形成的有关他人的印象，会与他人本来的真实特征可能有着较大的偏差，但通过这种途径来建立有关他人的印象是最迅速、最快捷的，能够帮助人们尽快适应多变的外部世界，让个人有对外部世界、他人的掌控感。

（三）刻板效应

刻板效应是指在受社会影响，对某个人或某一类人产生一种固定的看法后，习惯于将某一具体交往对象看作某一类人的典型代表的心理定式现象。刻板印象在我们的日常生活中广泛存在。例如，老年人保守、固执、倔强，年轻人开放、新颖，男性刚强勇敢，女性文静娇弱等。刻板效应会导致人们在认识别人的过程中出现某种程度的简化，这虽然有助于对他人有更快捷的了解，但忽略了个体差异，很容易形成偏见，做出错误的判断。

（四）投射效应

投射效应是指人们在认识他人时，会将自己的特性转移到他人的身上。“以小人之心，度君子之腹”“推己及人”等就是典型的例子。有些人会将自己的特征、爱好、情感、愿望投射到认知对象身上，产生认知错觉，做出不符合实际的判断。例如，宋代著名学者苏东坡与佛印和尚的故事便是这样，苏东坡觉得自己说佛印是狗屎占了便宜，最后才发现原来是自己境界不如佛印。

不同个体之间有着一定的共性。投射是个体了解他人，对他人想法做出推断的方式，尽管这是了解他人的一种便捷方式，但如果仅凭此作为判断准则，难免会出现偏差，对他人产生误解，从而引起一些问题。

此外，还有一些导致人们在社交中产生认知偏差的心理效应。对此，人们该如何对可能产生的认知偏差进行矫正呢？这里有四条可能有所帮助的经验法则。第一，提防那些试图影响你对情境加以分类或界定的人或情景。在日常生活中，可能会有许多条途径可以对某个人或者事件加以界定和分类。在进行分类和界定的时候，个体需要问自己：

“我为什么会建议采用某种特定的分类方式？”即对分类和界定要格外注意。第二，在描述某个人或某事件时，尽量采用多种途径。若在面对各种事物时，能够从不同的角度来对其进行观察与思考，人们便不会仅依靠唯一的分类方式，并因这唯一的分类方式而导致对事物产生偏见。第三，尽力将个人以及重要的事物看作特别的，尽管他们可能是某个具有突出特征类别中的成员，但他们也是许多其他类别中的成员，而且他们具有自身的独特的性质。个性化有助于防止某种定型或者便捷式判断的过度使用。第四，在形成某种印象时，人们要考虑自己犯错误的可能性，时刻对自己进行反思。

综上所述，可以用几个词来概括大学生应对人际交往常见心理效应的方法：注意、多方面、特别化和内省。

第三节　大学生人际关系问题及应对策略

当人际交往逐渐成为困扰自身的主要问题之一时，大学生要主动学习，理解如何改善、提升人际关系。但在此之前，大学生需要了解人际交往中的常见问题，以便对症下药，更好地提升自己的人际交往能力。

一、大学生人际交往中的常见问题

大学生在人际交往方面的常见问题有很多，涉及社会、心理、生理等诸多原因。

（一）不敢交往

这里仅从以下三点对大学生不敢交往的原因进行讨论。

（1）孤独和寂寞。大学新生脱离了自己熟悉的环境，面对着新的校园环境、新的生活方式、新的老师和同学，难免会产生孤独感和寂寞感。为了避免这种失调带给人的负面影响，有的大学新生会躲在宿舍里，锁上自己的心灵，不愿意、不敢与他人建立联系。

（2）生活习惯与文化差异。面对来自五湖四海的同学以及生活习惯与文化上的差异，大学新生常会出现心理失调问题。

（3）家庭经济状况。据调查研究显示，家庭经济较为困难的大学生在人际交往上会存在一些问题，他们往往因为自己的家庭困难而感到自卑，在人际交往方面表现为缺乏信心，不愿意、不敢与他人建立联系，在行为上采取逃避、退缩等应对方式。

此外，在人际交往的实践活动中，人们可能或多或少有着一些恐惧心理，可能会想“我会不会被拒绝啊”“要是被拒绝了该多丢人啊”。当脑海中不断“权衡利弊”时，个体往往会选择逃避，因为害怕而不敢主动与他人进行交往。

（二）不愿交往

大学生可能因不愿交往而出现人际交往问题。不同于20世纪，21世纪大学生的生活中有了更多新颖的东西，有了更多生活的方法，加上互联网的普及，很容易让大学生把

重心放在虚拟世界里，把全身心放在游戏中，似乎想在游戏中把现实生活中所缺失的部分弥补回来。他们似乎找不到能填补内心的东西，只能把精力放在游戏中，以此满足自己的归属感、被尊重的需要。然而，只有极少数大学生可以真正借此以满足自己的精神需求。

随着电子信息技术的快速发展，大学生可以“节约”更多的时间，他们不需要走出门就可以在网络中看到外面的世界，不需要出门就可以满足自己的食物等基础需求。当足不出户便可以解决大部分需求时，户外人际交往的机会越来越少，慢慢地，大学生就会变得不愿主动社交，“宅男”“宅女”的数量也越来越多。

（三）不善交往

除去上面提到的原因之外，现在大学生的交往困难可能是一种时代的特征。从1982年实施计划生育开始，独生子女家庭的数量不断增多，并且随着时代的发展，家长的工作越来越繁忙，陪孩子的时间也越来越少；家长担心孩子的安全问题，控制甚至禁止孩子与外界接触。当这一系列原因逐渐汇集并体现在大学生身上时，人们便能很容易地理解大学生不善于交往的原因。

相较于将注意力放在不擅长交往的表现上，大学生更应该把精力放在寻找改变和解决人际交往问题的方法上来。

二、大学生人际交往问题的应对

在了解了人际交往中的常见问题后，大学生可以通过一些合理的应对方法来解决这些问题。

（一）角色扮演

角色扮演是一种比较常用的改善人际交往的方法。它的原理是通过充当或扮演某种角色来体验、了解、认识他人的内心世界，理解自己反应的适应性，借此来提高扮演者的自我意识水平、移情能力，并改变扮演者过去的行为方式，让自己更加适合自己的社会角色，从而获得新的社交技能。简单来讲，角色扮演就是“换位思考”，其运用方式之一为心理剧。大学生可以设计一些心理剧，通过心理剧表现出自己在人际交往中经常产生的问题，并以设计剧情、展演剧情的方式解决问题。

美国社会心理学家凯利的研究结果证明，较长期的角色扮演可以使人们在扮演过程中将所扮演对象的个性特征最终固定在自己的个性结构中，从而达到改变个性、改善人际交往能力的目的。此外，角色扮演还可以作为一种测试方法，通过向大学生描述一种假想的人际情境，让大学生想象它真的发生了，并按要求做出行为反应。心理健康工作者可以通过对大学生表现出的语言和非语言表现及行为的有效性进行分析并予以反馈。大学生可以通过角色扮演评价自己的人际关系以及情绪的稳定性、情绪的控制能力、处理各种问题的技巧和方法等。角色扮演能够引发现实生活中难以观察的低频行为，突破了直接观察所具有的局限。

课堂活动

三人一组，分别担任诉说者、倾听者和观察员。

A：可以就自己某方面的问题向B进行倾诉，如亲密关系、学习困惑等。

B：倾听A的诉说，对A的倾诉进行回应。

C：对A和B的沟通过程进行观察，包括语言和非语言的交流。

三个人可以轮流扮演这三个角色，讨论扮演角色过程中的感受，在扮演过程中有哪些方面做得好，哪些方面有待提高，交流各自的心得体会。

（二）团体辅导

团体辅导是在团体情境下进行的一种心理辅导形式，通过团体内人际交互作用，成员在共同的活动中彼此进行交往、相互作用，使成员能通过一系列心理互动的过程。团体辅导可用于探讨自我，尝试改变行为，学习新的行为方式，改善人际关系，解决生活中的问题。

选择用团体辅导应对人际交往问题的好处如下。

（1）对大学生来讲，社会性学习是极其重要的学习过程。团体辅导较之个别辅导能更有效地发展个体的人际交往能力。在团体中，通过团体成员间的一系列互动，参与者可以观察、体验人际关系是如何形成的、人际沟通是如何进行的，以及各种微妙的人际反应，学习人际交往技巧，建立与增进良好的人际关系。

（2）团体是社会的缩影，也是社会的真实反映。在团体中，成员彼此提供行为示范，他们可以通过团体经验进行仿效性学习。在个别辅导中，来访者可仿效的只有咨询员一个人，而在团体辅导中除了辅导者外，还有其他成员的行为可以模仿和参考。团体辅导能够为成员提供接受反馈的机会，团体中其他人的建议、反应和观点往往是很有价值的。在团体辅导活动中，成员间能够有更多的机会听到别人对自己的看法。团体的反馈比之个别情境的反馈更有冲击力，能够有效改变自己的不良行为，发展适应行为。

（3）团体辅导为参加者提供了一个良好的社会活动场所，创造了一种信任、温暖、支持的团体氛围，使个体处在一个比较安全与温暖的情境中，因此很适合培养成员积极面对生活的态度，积极地评估自己的价值观，使自己更为成熟地接受挑战。

（三）积极赞美他人

美国著名心理学家威廉·詹姆士曾说过："渴望被人赏识是人最基本的天性。"就个体的成长经历而言，个体会热烈地渴望老师、家长的赞扬。但在日常生活中，个体却可能并不擅长赞美他人，也很少得到他人的赞美。这就让个体在人际交往中少了许多愉悦的体验。

在人际交往中，大学生应该如何对他人进行赞美呢？首先要真诚。赞美他人并不是

为了迎合、讨好，而是出于自己的真心，如果仅仅是嘴上赞美，当对方感受到后，可能就会适得其反。其次要具体。赞美时笼统地夸奖对方不如赞美对方的某个特点，这样更容易拉进与对方的距离。

三、大学生人际交往的技巧

微课
大学生人际交往的技巧

（一）表达自我

1. 运用肢体语言

肢体语言又称身体语言，是指通过头、眼、颈、手、肘、臂、身、胯、足等人体部位的协调活动来传达人物的思想，形象地表情达意的一种沟通方式。心理学家经调查研究发现，当一个人要向外界传达完整的信息时，单纯的语言成分只占 7%，声调占 38%，另外 55% 的信息都需要由非语言的体态来传达，而且因为肢体语言通常是一个人下意识的举动，所以，肢体语言能够更可信地反映人们的真情实感。例如，在莎士比亚的作品《麦克白》中，麦克白夫人对她的丈夫说："我的领主，你的脸是一本书，人们能从那上面读到奇怪的内容。"

当明白了肢体语言提供不能从语言中获取的信息时，大学生便可以将其运用于人际交往中。弗洛伊德曾生动地描述道："只要一个人用眼睛去看，用耳朵去听，他就会确信，没有哪个凡人能保守住秘密。如果他的嘴唇是沉默的，他的指尖也会喋喋不休地谈，甚至每一个毛孔都会背叛他，泄露他的秘密。"在与他人交往时，大学生可以注意观察对方的肢体语言，从而判断其心理状态。

拓展阅读　**肢体语言所代表的意义**

下面列出的是一些肢体语言及它可能代表的意义。

（1）坐不安稳——不安，厌烦，紧张或者是提高警觉。

（2）正视对方——友善，诚恳，外向，有安全感，自信，笃定，期待。

（3）避免目光接触——冷漠，逃避，漠视，没有安全感，消极，恐惧或紧张等。

（4）点头——同意或者表示明白了，听懂了。

（5）摇头——不同意，震惊或不相信。

（6）咬嘴唇——紧张，害怕或焦虑，忍耐。

（7）鼓掌——赞成或高兴，兴奋。

（8）打呵欠——厌烦，无聊，困。

资料来源：http：//www.360doc.com/content/11/0519/22/6647005_118009746.shtml，有改动.

2. 保持人际交往距离

在日常生活中，人与人之间需要保持一定的距离。任何一个人都需要在自己的周围有一个自己把握的自我空间，它就像一个无形的“气泡”一样为自己“割据”一定的“领域”。而当这个自我空间被人触犯，个体就会感到不舒服，甚至会恼怒。

人际交往距离是由美国人类学家爱德华·霍尔博士提出的。他划分了四种人际交往距离，每种人际交往距离都与对方的关系相称，分别是公共距离、社交距离、个人距离和亲密距离。交往双方的人际关系以及所处情境决定了相互间自我空间的范围。

（1）公共距离。公共距离的近范围为 3.7 ~ 7.6 米，远范围在 8 米之外，一般适用于演讲者与听众、彼此关系极为生硬的交谈及非正式场合。

（2）社交距离。社交距离的范围为 1.2 ~ 3.7 米，就像隔着一两张办公桌那样。一般工作场合人们多采用这种距离交谈。在小型招待会上，与没有过多交往的人打招呼可采用此距离，体现出一种社交性或礼节上的较正式关系。社交距离的近范围为 1.2 ~ 2.1 米，人们一般在工作环境中和社交聚会上保持这种程度的距离。社交距离的远范围为 2.1 ~ 3.7 米，表现为一种更加正式的交往关系。

（3）个人距离。个人距离的范围为 45 ~ 120 厘米，就像伸手就能碰到对方那样，体现出双方虽然认识，但是没有特别的关系。这是在进行非正式个人交谈时最经常保持的距离。个人距离的近范围为 45 ~ 76 厘米，正好能相互亲切握手，友好交谈。这是个体与熟人交往的空间。陌生人进入这个距离会构成对别人的侵犯。个人距离的远范围是 76 ~ 120 厘米。任何朋友和熟人都可以自由地进入这个空间。

（4）亲密距离。亲密距离是人际交往中的最小间隔或几无间隔，即人们常说的“亲密无间”。亲密距离的近范围在 15 厘米之内，彼此间可能肌肤相触，耳鬓厮磨，以至于相互能感受到对方的体温、气味和气息。亲密距离的远范围是 15 ~ 45 厘米，身体上的接触可能表现为挽臂执手或促膝谈心，仍体现出亲密友好的人际关系。一般亲人、很熟的朋友、情侣和夫妻间才会保持这样的距离。

大学生在与他人交往时需要时刻注意保持恰当的人际交往距离，避免让他人感到不舒服，以利于自己与他人建立关系。

3. 学会注视与倾听

（1）注视。人们可以通过眼神与他人交流，并常说“眼睛是心灵的窗户”。注视是一种重要的非语言行为。注视和目光转移往往起到发起、维持或回避交流的作用。通过注视，人们可以传达亲昵、兴趣、顺从，也可通过控制目光来控制谈话、提供反馈、表示理解、调节谈话。而避免注视或中断目光接触经常是焦虑、不舒服或不想再与他人交流的信号。总而言之，一个违反目光交流规则的人与他人的交流会有困难。

在个体与他人的人际交往过程中，什么时候注视对方、注视多长时间都是需要注意的。太少的目光接触会让一个人觉得听者对会谈没有兴趣并且是在回避参与；太多的目光接触则会使对方感觉不舒服、被侵犯、被支配、被控制，甚至是被吞没。同样，长时

间盯着别人看也会让人觉得粗鲁、无礼并且具有威胁性。因此，大学生在人际交往过程中需要予以注意。

（2）倾听。“倾听的耳朵是虔诚的，倾听的心灵是敏感的。有了倾听的耳朵和愿意倾听的心，你才会拥有忠实的朋友。”这句话体现了倾听的重要性。这里所提到的倾听并不是竖起两只耳朵听就够了，而是用心去聆听对方传达的信息，不仅是语言信息，还包括非语言信息，让对方感觉到理解、支持和温暖。因此，大学生在倾听过程中不应对他人讲述的内容进行评价，而应给予无条件的尊重和接纳，并通过语言和非语言方式做出回应，听出对方在交谈中省略的和没有表达出来的内容或隐含的意思。良好的倾听技巧能够帮助大学生与他人建立更加深刻的关系。

（二）理解、共情

在人际交往中，往往都是情感间的相互传递，共情可以帮助我们更好地理解他人的情感，从而与他人建立、维持关系。心理学家罗杰斯提道：“共情是理解另一个人在这个世界上的经历，就好像你是那个人一般。但同时，你也时刻记得，你和他还是不同的；你只是理解了那个人，而不是成为他。共情还意味着让你所共情的人知道你理解了他。”这里的共情是指进入对方的精神世界，并理解这个精神世界。在人际交往中，大学生可采用以下方法培养和运用自己的共情能力。

1. 对非语言行为的反馈

要做到这一点，大学生就要保持对对方非语言行为的注意。在前文提到的运用肢体语言中，大学生可以学到一些对非语言行为的解读，而后可通过回应对方的非语言行为来表示共情。例如，当看到对方在颤抖时，大学生可以询问或是做一些动作来回应。

2. 对深层情感的反馈

在个体要对对方的深层情感进行反馈时，就是感受到对方在表面表述之外情感的时刻。个体的回应并不是在分析、评价对方的行为，而是去假设、思考对方的感受，帮对方说出他没有意识到的深层情感，从而走进对方的精神世界。

3. 运用类比

在与对方沟通时，运用类比往往有着很好的效果。好的类比可以帮助对方更加了解自己的情况和状态，让对方更容易接受自己。通过类比，大学生可以生动、形象地表达自己的理解。

四、常见的大学生人际交往策略

在人际交往中，大学生可以通过一些策略来帮助自己与他人进行社交。

（一）树立良好形象

意大利影星索菲娅·罗兰说过：“你的衣服往往表明你是哪一类型，它代表你的个性，一个与你会面的人往往自觉地根据你的衣着来判断你的为人。”人们也常说“人靠衣装佛靠金装”。良好的形象可以在人际交往中给他人留下很好的印象，上文中提到的首因效应就是如此。他人对我们的评价往往是从外貌、衣着开始的，因此，树立良好的形象是人际交往中需要注意的第一个策略。

（二）赠送礼物

有句古话这样说：“千里送鹅毛，礼轻情意重。”在人际交往中，礼物可以帮助人们快速拉近与他人的距离，当然，礼物的价值并不是其所有的商品价值，赠送礼物的目的在于传达自己的感受。例如，在情人节时，当爱慕的人送你一束鲜花时，你会感到非常高兴，比起花本身的价值，花所传达的感受及代表的意义更加让人感动。在为他人选择礼物时，大学生需要注意礼物的价钱。在大多数场合，不一定是贵重的礼物会使受礼者高兴；相反，受礼者可能因为礼物过于贵重而觉得过意不去。因此，对受礼者，尤其是初次见面的朋友，建议不要送价值过高的礼物，否则会给其带来负担。

（三）给人以微笑

有人说，微笑是人类最美的语言，不管是在西方文化中还是在东方文化中，微笑所代表的含义都是愉悦、欢乐、幸福。微笑是一种国际礼仪，它体现了人类最真诚的相互尊重与亲近。微笑也是最简单、最直接表示对他人友好的一种表达方式。在人际交往中，真诚的微笑、灿烂的微笑、动人的微笑都会令人魅力倍增。

（四）自我暴露

自我暴露是指向别人说心里话，坦率地剖白自己、陈述自己、推销自己，即一个人自发地、有意识地向另一个人暴露自己真实且重要的信息，笼统地说就是个体把有关自己的信息告诉他人，与他人共享自己的感受和信念。社会心理学家的调查研究发现，人际关系由低水平的自我暴露和低水平的信任开始。当一个人开始自我暴露时，这便是信任关系建立的标志；而对方以同样的自我暴露水平做出反应，便成为接受信任的标志。这种自我暴露往复交换，直到双方达到满意的水平为止，于是，人际间的亲密关系就逐步形成了。这便是研究者阿特曼提出的自我暴露的社会渗透理论。根据这一理论，人们之间亲密关系的建立与人际交往中的沟通水平有关。随着双方沟通话题由浅入深，人们之间的关系也由一般转向亲密。

心理测评

人际关系综合诊断量表

指导语：这是一份人际关系行为困扰的诊断量表，共28个问题，每个问题做“是”（在括号中画“√”）或“非”（在括号中画“×”）两种回答。请你认真完成并参照评分标准进行评分，对测验结果做出解释。

1. 自己有烦恼时有口难言。（　　）

2. 和陌生人见面时感觉不自然。(　　)
3. 过分羡慕和妒忌别人。(　　)
4. 与异性交往太少。(　　)
5. 对连续不断的会谈感到困难。(　　)
6. 在社交场合感到紧张。(　　)
7. 时常伤害别人。(　　)
8. 与异性来往感觉不自然。(　　)
9. 与一大群朋友在一起时常感到孤寂或失落。(　　)
10. 极易受窘。(　　)
11. 与别人不能和睦相处。(　　)
12. 不知道与异性相处时如何适可而止。(　　)
13. 当不熟悉的人对自己倾诉他的生平遭遇以求同情时，自己常感到不自在。(　　)
14. 担心别人对自己有什么坏印象。(　　)
15. 总是尽力使别人赏识自己。(　　)
16. 暗自思慕异性。(　　)
17. 时常避免表达自己的感受。(　　)
18. 对自己的仪表（容貌）缺乏信心。(　　)
19. 讨厌某人或被某人讨厌。(　　)
20. 瞧不起异性。(　　)
21. 不能专注地倾听。(　　)
22. 自己的烦恼无人可诉说。(　　)
23. 受别人排斥与冷漠对待。(　　)
24. 被异性瞧不起。(　　)
25. 不能广泛地听取各种意见、看法。(　　)
26. 常因受伤害而暗自伤心。(　　)
27. 常被别人谈论、愚弄。(　　)
28. 与异性交往时不知如何更好地相处。(　　)

评分标准：

打“√”加 1 分，打“×”不计分，总分(　　)。

项目一题目：1、5、9、13、17、21、25，小计(　　)。

项目二题目：2、6、10、14、18、22、26，小计(　　)。

项目三题目：3、7、11、15、19、23、27，小计(　　)。

项目四题目：4、8、12、16、20、24、28，小计(　　)。

结果解释：

1. 总分

总分为 0 ~ 8 分，你在与朋友相处上的困扰较少。你善于交谈，性格比较开朗、主动，关心别人，你对周围的朋友都比较好，愿意和他们在一起，他们也都喜欢你，你们相处得不错。你能够从与朋友相处中发现许多兴趣。你的生活是比较充实而且丰富多彩的，你与异性朋友相处得也很好。你不存在或较少存在交友方面的困扰，你善于与朋友相处，人缘很好，获得许多人的好感与赞同。

总分为 9 ~ 14 分，你和朋友的相处存在一定程度的困扰，你的人缘一般。换句话说，你和朋友的关系并不牢固，时好时坏，经常处在一种起伏波动之中。

总分为 15 ~ 28 分，你在同朋友相处上的行为困扰较严重，而且你在心理上出现较为明显的障碍。你可能不善于交谈，也可能是一个性格孤僻的人，不开朗，或者有明显的自高自大、讨人嫌的行为。

2. 项目小计

下面将根据各个项目的小计分数具体指出与朋友相处的困扰行为及其可供参考的纠正方法。

（1）项目一的小计分数表明你在交谈方面的行为困扰程度。如果你的得分在 6 分以上，说明你不善于交谈，只有在极需要的情况下才与他人交谈，你总是难以表达自己的感受，无论是愉快还是烦恼；你不是个很好的倾听者，往往无法专心听别人说话或对单独的话题感兴趣。

如果你的得分为 3 ~ 5 分，说明你的交谈能力一般，你会诉说自己的感受，但不能讲得条理清晰；你努力使自己成为一个好的倾听者，但还是做得不够。如果你与对方不太熟悉，开始时你往往表现得拘谨又沉默，不大愿意跟对方交谈。但这种局面在你面前一般不会持续很久，经过一段时间的接触与锻炼，你可能会主动与同学搭话，同时这一切来得自然而非造作，此时表明你的交谈能力已经大为改观，在这方面的困扰也会逐渐消除。

如果你的得分为 0 ~ 2 分，说明你有较高的交谈能力和技巧，善于利用恰当的谈话方式来交流思想感情，因而在与别人建立友情方面，你往往比别人获得更多的成功。这些优势不仅为你的学习与生活创造了良好的心境，而且常常有助于你成为伙伴中的领袖人物。

（2）项目二的小计分数表示你在交际与交友方面的困扰程度。如果你的得分在 6 分以上，则表明你在社交活动与交友方面存在着较大的行为困扰，比如，在正常集体活动与社交场合，你比大多数伙伴更为拘谨；在需要待人接物的场合，你往往感到更加紧张；你往往会过多地考虑自己的形象而使自己处于越来越被动、越来越孤独的境地。总之，交际与交友方面的严重困扰会使你陷入“感情危机”和孤独困窘的状态。

如果你的得分为 3 ~ 5 分，则往往表明你在被动地寻找被人喜爱的突破口。你不喜欢独自一个人待着，你需要和朋友在一起，但你又不大善于创造条件并积极主动地寻找知心

朋友，而且，你心有余悸，害怕主动行为后的“冷”体验。

如果你的得分为 0 ~ 2 分，则表明你对人较为真诚和热情。总之，你的人际关系较和谐，不存在明显持久的行为困扰。

（3）项目三的小计分数表示你在待人接物方面的困扰程度。如果你的得分在 6 分以上，则往往表明你缺乏待人接物的机智与技巧。在实际的人际关系中，你也许常有意无意地伤害别人，或者你过分地羡慕别人以致在内心嫉妒别人。因此，其他同学可能回报给你的是冷漠、排斥，甚至是愚弄。

如果你的得分为 3 ~ 5 分，则往往表明你是个多侧面的人，也许可以算是一个较圆滑的人。对待不同的人，你有不同的态度，而不同的人对你也有不同的评价。你讨厌某人或被某人所讨厌，但你极喜欢另一个人或被另一个人喜欢。你和朋友的关系在某些方面是和谐的、良好的，而在另外一些方面却是紧张的、恶劣的。因此，你的情绪很不稳定，内心极不平衡，常常处于矛盾之中。

如果你的得分为 0 ~ 2 分，表明你较尊重别人，敢于承担责任，对环境的适应性强。你常常以你的真诚、宽容、责任心强等个性获得众人的好感与赞同。

（4）项目四的小计分数表示你跟异性朋友交往的困扰程度。如果你的得分在 5 分以上，说明你在与异性交往的过程中存在较为严重的困扰，也许你存在过分地思慕异性的困扰或者对异性持有偏见。这两种态度都有它的片面之处。也许是你不知交往的分寸而陷入困扰之中。

如果你的得分为 3 ~ 4 分，表明你与异性同学交往的行为困扰程度一般，有时你可能会觉得与异性同学交往是一件愉快的事，有时又会认为这种交往是一种负担，你不懂得如何与异性交往最适宜。

如果你的得分为 0 ~ 2 分，表明你懂得如何正确处理与异性朋友之间的关系。你对异性同学持公正的态度，能大大方方地、自自然然地与他们交往，并且在与异性朋友交往中，得到了许多从同性朋友那里不能得到的东西，增加了对异性的了解，也丰富了自己的个性。你可能是一个较受欢迎的人，无论是同性朋友还是异性朋友，多数人都较喜欢你和赞赏你。

章末小结

1. 人际交往是指个体通过一定的语言、文字或肢体动作、表情等表达手段将某种信息传递给其他个体的过程。人际关系是指人与人之间通过直接交往形成、建立起来的相互之间的情感联系。

2. 人际交往是大学生心理健康的标准之一，是人生存和发展的需要，更是完善自我的需要，可以促进信息交流，也有助于自我决策。

3. 大学生人际交往的类型有师生关系、同学关系和恋爱关系三种。

4. 大学生人际关系的特点有方式多样、形式虚拟、范围扩大。

5. 人际交往有真诚原则、交互原则、自我价值保护原则、功利原则、情境控制原则五种。人际交往中常见的心理效应有首因效应、晕轮效应、刻板效应、投射效应等。

6. 大学生人际交往中的常见问题有不敢交往、不愿交往、不善交往等。

7. 大学生人际交往问题的应对方式有角色扮演、团体辅导、积极赞美他人等多种方法。

8. 人际交往中的技巧有表达自我、理解和共情等。

9. 日常生活中常见的人际交往策略有树立良好形象、赠送礼物、给人以微笑、自我暴露等。

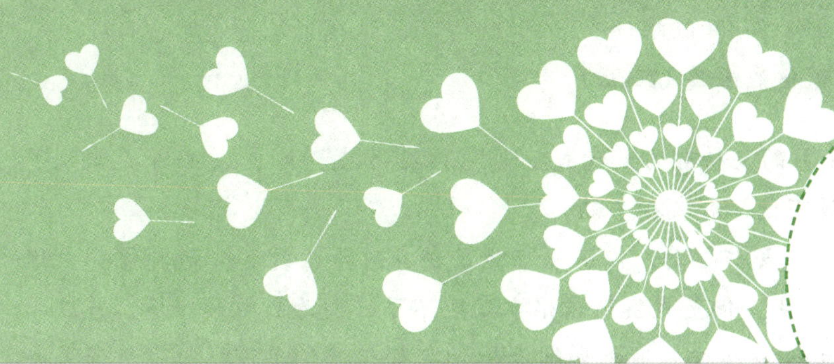

第九章

爱情心理与性心理

名人名言

- 爱就是人生，如果你错过了爱，就错过了人生。——李奥·巴斯卡格利亚
- 只爱自己的人不会有真正的爱，只有骄横的占有；不爱自己的人也不会有真正的爱，只有谦卑的奉献。——周国平
- 喜欢一个人，是不会有痛苦的。爱一个人，也许有绵长的痛苦，但他给我的快乐，也是世界上最大的快乐。——三毛

学习目标

- 了解爱情的概念和内涵。
- 掌握恋爱对大学生成长发展的意义。
- 了解大学生恋爱心理特点。
- 明确促进大学生健康的恋爱观念和爱的能力的途径和方法。

案例导入

一位同学咨询道，7 年时间我喜欢了三个女同学，但无一有结果，现在有些爱不动了！

中学时，我喜欢上一个女同学小琴，但她好像对我没有什么感觉，甚至在知道我喜欢她时非常抵触，开始讨厌我、远离我，这也导致了我和她很久都没有联系。直到几年后她与男友分手了，我又开始追求她，这时她对我说："我觉得你没有责任感，遇到事总是逃避，靠不住。"听她这么说，我开始去担任班干部，开始不推卸责任，学会所谓的承担，可是到最后，我们还是没有在一起。更让我无语的是，她又经历了两段曲折的感情，但还是没有选择我。

后来，我又喜欢上另一个女孩小芯，但她以我的身材太过肥胖为由拒绝了我。她拒绝我的理由是：一个男人连身材都管理不好，如何让我看到希望？我们不合适！从那之后，我下定决心改变，经过4个月的坚持努力，我成功减掉了22千克！体重从90千克减到了68千克，可到最后她还是没有选择和我在一起。

再后来，我又喜欢上一个女孩小雨，但她也拒绝了我。她的理由是："我觉得你太优柔寡断了。"这时候我想要改变，但是我发现我根本改变不了，因为我做事谨慎，并追求完美的结果，所以想问题比较多而细，可是如果真的让我改变了，我可能做事杀伐果决了，但是这还是我吗？那还是我喜欢成为的自己吗？

这三段经历让我现在变得有些"清心寡欲"，其实也可算是习得性无助。眼看别人有着甜蜜的恋爱，心里羡慕嫉妒，有过想要去追求自己喜欢的女孩的冲动，也有不知所措的阻抗。我现在对爱有很多的疑惑：别人都在谈恋爱，而我没有，谈恋爱为什么那么难？想要追求一个喜欢的人，我该怎么追呢？有没有什么注意事项或有什么技巧吗？那喜欢一个人，到底是应该勇敢地去追求，还是就该默默地关心和守护她？是付出所有，不计回报，还是应该着眼自身，努力把自己变得优秀？对于她对我的否定，是应该尽力改正她不喜欢的点，还是在自然的状态下寻找完整的自己？学生时代恋爱的目的究竟是什么呢？是"不以结婚为目的的恋爱都是耍流氓呢"，还是"恋爱就恋爱，不要想长远"呢？这些问题我思考了很久也没有找到答案，或许用理性去分析感性的行为本身就是一种错误，或者说这本来就是一种不理性的行为？

对即将投入爱河或已投身爱河中的大学生来说，加强对爱情的理解和对婚姻、家庭的认识，提升对恋人和自身的认识与觉察非常重要。只有这样，大学生才会在爱的过程中多一分理解，多一分接纳，多一分关心，多一分守护；在爱的过程中相互尊重，在爱中融化彼此，成全彼此，互助成长，让双方变得更好。

第一节　爱情概述

一、爱情

微课
爱情的本质

大学时期的爱情格外迷人，格外热烈，富有激情，大学生需要充分理解爱的内涵、相关理论等，以助于发展健康的爱情，促进自身发展与社会和谐。

（一）爱情的内涵

爱情是一个很复杂的概念，包括很多不同的成分。人们对爱情的认识往往仁者见仁，智者见智。综合前人的研究，较有代表性的爱情的定义为：爱情是指一对男女基于一定的社会关系和共同的生活理想，在各自内心形成的对对方最真挚的倾慕，并渴望对方成为自己终身伴侣的最强烈的感情。

要理解爱情的概念，大学生就应把握爱情的基本要素。第一，爱情一定是要有相爱的双方，而不是一个人说了算，一个人的感情于爱情而言可能是单相思，也可能是占有欲等，但不能称其为爱情；第二，爱情需要双方有相对成熟的生理与心理条件；第三，爱包含认知成分，而非低级情绪；第四，爱情包含性的成分，而非纯粹的精神之爱；第五，爱情是一种奉献，真正的爱情是利他的。

要真正理解爱情的定义，大学生还应把握以下视角。

（1）恋爱是两个灵魂相互撞击、逐渐融合的过程，是两颗心由远及近相互靠近、心灵相通的过程，他们的关系由疏远变得亲密，因而恋爱会受到基本的人际关系规律的影响，也是以人际关系基本准则为基础的，任何想超越这样的关系去爱都会变得艰难痛苦，难以持续。

（2）爱情存在于一定的社会环境中，因而它受到社会规范、制度和文化等的影响。

（3）把爱情放到人生全程当中去理解。在人生的不同阶段，人们对爱的理解会有所差异，对爱的期待和要求也会有些许变化。在爱情的不同阶段，人们对爱情的理解也会有变化，如在恋爱前期、热恋期、恋爱稳定期乃至婚姻家庭当中，双方在亲密关系中的角色也会随之变得丰富和多元，对爱的认识理解也应随之发生相应的变化。这就需要人们做到定位准确，立场明晰，视野开阔，站在一定高度去分层理解爱情。

总之，爱情应是两颗心灵相互向往、吸引，达到精神升华的产物，是人类特有的一种高尚的精神生活。一般而言，美好的爱情要经历一个萌芽、开花和结果的过程。男女双方培育爱情的过程称为恋爱，按进程一般可分为初恋期、热恋期、恋爱质变期（结合或失恋）。

（二）爱情的产生

爱情的产生受以下因素的影响。

1. 生物性驱动

爱情会受到生理因素的影响。至青春期，随着性生理的发育和趋于成熟，个体会对异性产生好感和倾慕，这是生理发育引起的正常的心理现象。一些生理激素的分泌可以促使爱情的产生。例如，苯乙胺可以让人产生兴奋，在它的作用下，个体很容易产生一见钟情的感觉；去甲肾上腺素的分泌可以促使人产生兴奋的心情，让个体产生怦然心动的感觉；多巴胺的分泌可以使恋人产生更多的幸福感，让人感觉到非常欢心；内啡肽可以让人在爱情中体验到放松和愉悦。受激素分泌等生理因素的驱动，两个人相互吸引，彼此靠近，促使爱情产生。

此外，从进化的角度来说，延续物种的本能也可以促使爱情的产生。

2. 心理性驱使

异性间的相互倾慕，灵魂的相互撞击是爱情产生的重要心理因素。两性之间理想信念的一致，思想意识的匹配，性格特点的相似与互补，兴趣爱好的相投，都促使两性之间产生心理共鸣，精神和谐交融，从而使双方产生一种愉悦、兴奋、爱慕和眷恋之情。

此外，女性带给男性的体贴、柔情、仰慕和肯定，往往让男性深陷其中不可自拔；同样的，男性带给女性的呵护、照顾、安全感和控制感，也会让女性心驰神往。这些心理驱力都推动大学生乐此不疲地投入爱河。

3. 社会性推动

爱情的本质在于其社会性，社会文化对爱的歌颂让爱情成为人们追逐的永恒主题。爱情关系是一种由自然关系连接起来的人与人之间最亲密的特殊社会关系，是随着社会的发展而不断向前发展的。例如，爱情富于理性和目的，其发生、发展及变化符合社会发展规律，人们会根据一定的原则来权衡和调整自己的爱情行为，从而让爱变得更加高尚；人们会根据文化和社会规范当中的真善美去调控自己的爱情，从而使爱情变得更富于道德情感色彩；爱情也受社会发展水平的影响，如革命年代更崇尚志同道合的爱情，在当今社会更接受多元化、开放的爱情。

（三）爱情的心理学理论

1. 爱情三元理论

人类的爱情非常复杂。美国心理学家罗伯特·斯滕伯格提出了爱情三元理论，他认为爱情包括三种基本成分：亲密、激情和承诺，如图 9-1 所示。

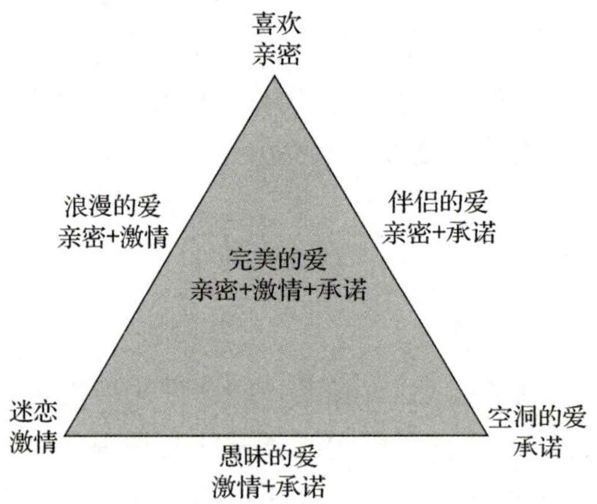

图 9-1　爱情三元理论

亲密是指爱人间心灵相通，相互懂得，心有灵犀，互有归属的部分，包括对对方的关爱、热情、理解、尊重，相互坦露和体谅，相互支持和亲近感等，是爱情的情感成分。激情是指一种强烈的渴望与对方结合的状态，是一种很想靠近对方，彼此融合成一体的状态，能让人体验到心跳加速的感觉，以极端情感、生理唤醒和性吸引为特征，是爱情中的动力成分。性的需要是引起激情成分的最主要形式，照顾、理解、同感、归属和支配等也能唤起激情体验。承诺是指将自己投身于一段感情的约定及呵护自己爱情的决定，包含一份内在的责任和约定。承诺包括短期承诺和长期承诺两部分，短期承诺是指个体决定去爱一个人，长期承诺是指守护两人的亲密关系所做的持久性的决定及行为努力，

属于爱情的认知成分。

亲密是让人感到舒服的，温暖的，感性的；激情是富有热度的，令人心跳加速的，动机性的；承诺是负责的，让人心安的，认知性的。

随着时间的增加，爱情的成分将有所改变，爱情三元理论中的三角形的形状也会随之发生变化。爱情三元理论中三角形的面积代表爱情的质量，按照斯滕伯格的说法，三角形面积越大，表示爱情越丰富，质量越高。

爱情的三种基本成分的比重组合成了以下八种爱情关系。

（1）喜欢，只包括亲密部分。

（2）迷恋，只包括激情成分。

（3）空洞的爱，只有承诺成分。

（4）浪漫的爱，包括亲密和激情两种成分。

（5）伴侣的爱，包括亲密和承诺两种成分。

（6）愚昧的爱，包括激情和承诺两种成分。

（7）无爱，三种成分皆无。

（8）完美的爱，恋爱关系当中包含亲密、激情和承诺三种成分。

2. 爱情类型理论

加拿大社会学家约翰·李将爱情分为六种类型，分别是情欲之爱、游戏之爱、友谊之爱、依附之爱、现实之爱和利他之爱。

（1）情欲之爱。情欲之爱的特点是对爱易理想化，以貌取人，富有热情，靠激情维持，缺少心灵沟通。

（2）游戏之爱。个体将爱视为游戏，自己很少全身心地投入情感当中去，不愿承担责任，仅仅寻求刺激与新鲜感，经常更换恋爱对象。

（3）友谊之爱。友谊之爱是青梅竹马般的感情，是在长久的相处基础上形成的爱情，是一种细水长流、相对稳定的爱情，是亲密的、温馨的、宁静的。

（4）依附之爱。依附之爱将自己依附于对方，对伴侣的情感需求极大，由此容易发展出强烈的占有欲、妒忌、猜疑以及控制对方的强烈的冲动。

（5）现实之爱。现实之爱受现实主义驱使，理性大于情感，更多地考虑暗恋对方的现实条件，减少自己付出的成本，以期获得更高的回报。

（6）利他之爱。个体愿意为爱奉献和牺牲自己，为了追求爱情而不求对方回报。这种爱是无怨无悔的，无比纯洁高尚的。

（四）爱情的心理特征

爱情关系和普通人际关系存在差异，爱情的心理特征主要体现在以下四个方面。

1. 专一性

爱情是存在于一对男女之间的一种很特别的关系，具有独占性和排他性。爱情需要爱侣双方对爱情保持执着专一、忠贞不贰，需要共同去经营和守护爱情共同体。

2. 指向性

指向性表明爱是由内向外散发的，爱是指向一定对象（恋人）的。美籍德裔社会心理学家弗洛姆在《爱的艺术》一书当中写道，爱是给予而非索取，也不是被动地接受。爱一个人就意味着为他（她）的幸福甘愿奉献自己的一切，正因为无私的奉献，爱情变得更加圣洁和纯真。给予也是一种力量的象征，由此个体可以检验自己的富裕、力量和活力，检验自己是否具有爱的能力。

3. 持久性

爱情并不是一时的激情和冲动，而是一份持久的感情，是一份责任，一份经营，一份守护，是双方不断加深探索，不断加深理解，不断累积爱，以达到爱的升华而不断成长的过程。

4. 互爱性

爱情是一对男女之间的相互倾慕，是他们在“同一频道”下产生的同频共振，是他们相互拨动心弦而产生的和谐的完美乐章。单方面的爱可以是爱，但不能称之为爱情。个体不能因为单方面的爱恋而强求对方爱自己，否则就是侵犯，是霸道和强迫。爱需要尊重，需要平等。

二、爱与性

谈到爱情，就不能不谈到性。性是一个较为敏感的话题，有时它让人感觉特别美，有时让人感觉特别尴尬，有时甚至还让人觉得特别丑。性和爱之间是怎样的关系？处于青年时期，性会给大学生带来什么样的体验和感受？会给大学生带来什么样的困惑？如何理解爱与性？这些问题可以帮助大学生对爱有更深入的理解。

（一）性爱的本质

当谈到性时，一些大学生会表现得非常敏感和害羞，但其实这种心理背后折射的是对性的一种狭隘认识，片面地认为性是一种简单的生理活动或者说是人的一种生理本能。实际上，大学生可以从三个视角来理解性，一是性包括生理的成分，容易受到生理驱动的影响，会分泌生物激素等；二是性包括心理成分，性具有强烈的情绪体验过程，同时受认识过程的调节等；三是性还包括一种社会性成分，它会受到社会文化和社会规范的调节与影响。

性与爱相互区别，又紧密联系。性是爱的基础，往往让爱变得更浓烈。爱是性的升华，爱反过来又能很好地调控性。这里的性是指广义的性，包括性的刺激、性的感觉和性的活动等，也包括想象中的并未发生的性关系。没有性的相互吸引的爱是不够完整的。性爱的本质是两个相爱的人共同营造出的、饶有兴趣的爱的交流和探索。

现代心理学认为，爱情的生物基础是人的性欲和延续种族的本能。随着青春期的到来和性器官的发育成熟，个体对异性的好感萌动，而性成熟给青年带来了前所未有的新

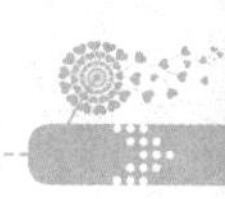

体验。爱情不可能没有性欲的成分，恩格斯曾说过，人来源于动物界这一事实已经决定了人永远不能完全摆脱兽性，所以问题只能永远在于摆脱的多或少，在于兽性或人性的程度上的差异。但是，人类的爱情与动物的性欲是有本质区别的。人能主动调节自己的本能需要，使之具有人性。人的爱情有其社会性，人的性欲的满足必须受到一定的社会制度、伦理道德、风俗习惯和文化的制约，并通过婚姻的形式来实现。

（二）性心理

恩格斯曾说过："健康的性爱并不是单纯的性欲，它是以恋人之间的互爱为前提的，且要以自己的理智、情绪稳定、关怀等作为基础。"由此可以看出，在很早以前，人们就意识到性不仅有生理方面的成分，还有性心理方面的成分。

性生理是性心理发展的生物学基础，性生理发育的障碍或缺陷，会使性心理的发展出现偏差。性心理是指在性生理的基础上，与性征、性欲、性行为有关的心理状态与心理过程，包括与他人交往和婚恋等心理状态。

性心理各成分之间存在密切的关系，它们相互联系、相互制约，其中性思维起主要作用。通过性思维，个体不断获得对有关性问题的理解，进而逐渐形成对有关性问题的某些观点。这些观点趋于系统化和稳定化，促使一定的性爱观的形成，成为个体价值的一部分。

（三）性心理健康及其标准

世界卫生组织于 1974 年对性健康进行了论述："所谓健康的性，它融合了有关性的生理面、情绪面、知识面及社会面，可以此提升人格发展，人际沟通和爱，等等。"人不仅需要有健全的性功能和健康的性器官，还需要有健康的性心理。

性心理健康是人类健康不容忽视的重要组成部分，近年来正越来越受到人们的重视。世界卫生组织对性心理健康所下的定义是：通过丰富和完善人格、人际交往和爱情方式，达到性行为在肉体、感情、理智和社会诸方面的圆满与协调。由此可见，性心理健康是指个体具有正常的性欲望，能够正确认识性的有关问题，并且具有较强的性适应能力，能和异性进行恰当的交往，在免受性问题困扰的同时，还能使之增进自身人格和完善，促进自身身心健康的发展。

性心理健康作为身心健康的一部分，与人的身体构造、生理功能、心理素质和社会适应密切相关，因而影响性心理健康的因素也是多方面的：一是父母的素质，在相当大的程度上，遗传基因和胚胎发育决定了个体的身心状况；二是本人，因为个体自懂事起，便对自己的身心发展拥有一定的支配能力和责任；三是家庭与社会的教育。凡生活在能够科学文明地对待社会和家庭环境中的人，往往都能自然、自主而愉悦地面对性、对待性，而在谈性色变的家庭或社会环境里，人被迫对性产生肮脏、神秘、不光彩的心理，这种逆自然性的精神状态，与自然的人生需求的矛盾和抗争，往往扭曲人性。这不仅会导致性心理的不健康，还会对人的一生产生不良影响。

性心理健康必须具备以下四个条件。

（1）个人的身心应有所属，有较明显的反差。如果阴阳莫辨，就难以实施健全的性行为与获得美满的爱情。

（2）个人有良好的性适应，包括自我性适应与异性适应，即对自己的性征、性欲能够接纳，与异性能很好地相处。

（3）对待两性一视同仁，不应人为地制造分裂、歧视或偏见。对曾因种种历史原因形成的一切与科学相悖的性愚昧、性偏见及种种谬误有清醒的认识，理解并追求性文明。

（4）能够自然、高质量地享受性生活。

第二节　大学生爱情与性心理

面对爱情的困惑，大学生可以通过了解爱情心理发展健康的爱情观和恋爱关系。

一、大学生的爱情心理特点

大学生的心理发展还不够成熟，心理变化相对比较剧烈，在爱情心理方面有很多显著的特点。

（一）自主性强

大学生在离开家庭进入大学后，往往脱离了父母和中学老师的管束，开始“放飞自我”。他们希望自主选择自己的生活，受自我控制，希望自己决定选择和谁恋爱、什么时候恋爱、怎样谈恋爱，不希望被他人管制。在确定恋爱关系时，大多数大学生根本不会考虑自己父母的意见或对方父母和亲人的意见，希望在恋爱过程中充分根据自我感受和判断进行自由选择，自由恋爱。

（二）动机单一

大学生的恋爱动机往往比较单一——为爱而爱，掺杂因素少。在大多数情况下，大学生更在乎的是自我内心的感受，追求浪漫化的爱情；也有一部分大学生谈恋爱是跟风，“我周围的同学恋爱了，所以我也应该谈恋爱”；也有的大学生谈恋爱是为了让自己寂寞空虚的内心得以充实。他们对爱情中的现实成分，如经济、对方的家庭状况以及其他一些现实因素的考虑较少，往往追求“只求曾经拥有，不求天长地久”。据调查，65.9%的大学生的恋爱是“体验爱情幸福”“充实大学生活”，11%的大学生恋爱动机指向结婚成家。

（三）恋爱过程公开化

相对过去来说，现在的大学生在谈恋爱时变得越来越开放大胆，越来越公开化。他们在谈恋爱时往往不再遮遮掩掩，较少在乎他人的目光和议论。他们往往在校园当中公开牵手、拥抱，在生活当中形影不离。有一部分大学生认为，爱情是两个人的事情，与

他人无关，他人无权干涉自己的爱情及恋爱行为，自己尽管享受甜蜜的爱情就好。

（四）波动性大，不稳定性强

大学生的生理发育相对成熟，但心理发育还不够成熟，对爱的认识理解也不够成熟。他们对爱的认识不深入，对爱的理解还很肤浅，爱的能力还较弱，所以大学生的爱情往往很不稳定。在恋爱对象的选择上，大学生重眼缘、轻内涵，重享乐、轻责任；在恋爱方式方面，重形式、轻内容；在恋爱行为方面，重过程、轻结果；再加上大学生的经济不够独立，三观变化大，在恋爱过程当中情感和思想易变性强，对爱的体验起伏不定。此外，大学生在面对爱情纠葛冲突时应对能力较差，自我调适能力有限，所以其爱情波动性大，不稳定性强。

（五）性知识缺乏

性在中国传统文化中一直是一个敏感的字眼。长期以来，性的禁锢和封闭以及性教育的欠缺使大学生对性产生了极大的好奇心。受大众传媒信息以及获得的一些不科学和零碎的性知识的影响，少数大学生觉得相爱双方可以发生性行为，甚至仅仅为了追求性刺激，以满足性欲望为目的与异性同学交往、恋爱。这种性无知和性困惑会引起一些心理矛盾冲突和不正当的性行为，严重影响大学生的身心健康和学业发展。大学生生理早熟和心理发展滞后现象导致其对爱情的掌控能力较低，恋爱成功率低，甚至会发生恋爱悲剧。

课堂活动

秘密问题游戏

（1）将全班同学分为男生和女生两个组。

（2）发给每人两张纸条，一张黄色，一张绿色。黄色纸条是写给男生的问题，绿色纸条是写给女生的问题。

（3）每个同学分别在不同颜色的纸条上匿名写下你想问男生 / 女生关于性的问题，可以写下多个也可以只写一个。

（4）将全部纸条收上来，按颜色分开。

（5）每个女生抽取 1 ~ 2 张绿色纸条（如果纸条不够，可以两个人抽一张纸条），每个男生抽取 1 ~ 2 张黄色纸条（如果纸条不够，可以两个人抽一张纸条）。

（6）匿名回答纸条上的问题。

（7）将纸条收上来，每人抽取一张黄色纸条和一张绿色纸条。

（8）5 ~ 6 人一组，讨论纸条上的问题和答案。

二、大学生恋爱的类型

（一）事业型

此类大学生有正确的恋爱动机，能够以理智引导爱情，能正确处理恋爱与学习、感情与爱情、情爱与性爱的关系。双方都有较强的事业心和进取精神，有共同的理想抱负，把事业的成功作为爱情持久的目标；可以把爱情的力量转化为学习、工作的动力，认为恋爱可以使双方进步，使大学生活充实愉快。

（二）实际型

这类大学生认为自己到了谈恋爱的年龄，如果现在不谈，毕业后就不好找了。这种爱情多是理智的、现实的。

（三）时尚型

这类大学生恋爱的目的性不强，缺乏认真的态度，常常是跟着感觉走，把谈恋爱看作“一种精神上的补偿”；也有的大学生是为了证明自己的魅力。这种恋爱带有很大的随意性和很浓的市侩气，缺乏对爱的认识与把握，是一种不健康的心理表现。

（四）消遣型

有些大学生精神上比较空虚，同性朋友较少，时常感到孤独、烦躁。为了弥补精神世界的空虚，急欲与异性朋友交往，使恋爱成为一种满足精神需求的方式。用他们自己的话说：“我其实不是想真的谈恋爱，只是生活太乏味，又没有知己，想找个伴畅快畅快。”

（五）浪漫型

这类大学生情感丰富，对爱情有着强烈的向往，很想体验爱情的浪漫滋味，对感情的缠绵悱恻深深迷恋。

（六）功利型

有些大学生谈恋爱是为了满足自己某方面的利益要求，带有明显的功利色彩。他们择偶多以对方的门第、家产、地位、名誉、处所、职业、社交能力等为条件，受市场经济的影响，将自己的爱情物质化。

三、大学生的性心理特点及其发展

（一）大学生的性心理特点

1. 性心理的本能性和朦胧性

有部分青年学生，特别是低年级学生，在性心理方面缺乏社会方面的认识。他们往往把性等同于人的一种本能活动，认为性是在不知不觉中发生的，是情不自禁的。加上国内对青年学生的性教育缺乏，很多青年学生对性的了解比较粗浅。大家往往谈性色变，缺乏对性的交流学习，因而青年学生对性的认识往往带有很强的朦胧性。

2. 性意识的强烈性与表现上的文饰性

大学生对性的关心程度较中学时进一步提升，他们十分重视自己在异性心目当中的形象和地位，特别看重异性对自己的评价。常常按照异性的期待和要求，来进行自我塑造和评价。同时，尽管大学生在心理上对性的问题和异性都有很大的关注，很敏感，但在行为上却表现得很羞涩、冷漠、拘谨，具有强烈的文饰性。

3. 性心理的不稳定性和压抑性

一部分大学生的性心理还不够成熟，尚未形成比较稳固、正确的恋爱观和道德观，加上其自身的自控能力还较为薄弱，因此他们的性心理容易受到外界的不良影响，呈现出不稳定性。而大学生所处的年龄段正是一生当中性欲非常旺盛的时期，一些大学生由于性欲得不到合理的释放、疏导、升华而过分地压抑，少数大学生还可能将性欲以扭曲或病态的方式表现出来。

4. 性心理的性别差异性

大学生的性心理存在明显的性别差异性。在对异性感情的流露方面，男生较为热烈和直接，女生则较为温婉而含蓄。在内心体验方面，男生表现得更为好奇、神秘和喜悦，女生则表现得更加羞涩、敏感和退缩。在表达方式方面，男生较为直接和主动，女生则采取较为含蓄的方式来表达。男生的性冲动容易被性视觉刺激唤起，而女生更容易在听觉和触觉刺激下出现性兴奋。不过随着社会的发展，男女性心理表现的性别差异有缩小的趋势，如有的女生会很直接主动地表达自己的爱意。

5. 性知识贫乏，希望了解更多的性知识

大学生虽然对性充满了幻想和欲望，但是出于害羞的心理，很少向老师及家人吐露自己的心声。而童年好友对性的知识也比较缺乏，他们在这个时间段也处于困惑期，所以向他们吐露后往往不能获得太多的指引。因此，大学生对性知识教育方面表现出强烈的诉求。

（二）大学生性心理健康标准

对大学生来说，性心理健康就是个体性心理发展符合正常程序，有正常的性情感趋向，能接受社会公认的伦理道德观念，对性情感的调适与个人学业前途相协调。大学生性心理健康标准有以下几个方面。

（1）认同与接纳自己的生理性别，即男性应具有男性意识，女性应具有女性意识，无性别认同紊乱，不怨恨自己的性别。

（2）具有正常的性欲望。

（3）个体性心理特征和行为符合相应的性心理发展年龄特征，伴随性器官和生理的成熟，由于年龄变化相一致的性欲和性反应，并能进行有理智的情感实现与控制。

（4）能与同性、异性和谐相处，不与其他生物或物品发生性爱。

（5）能正确认识和处理自己的性行为带来的后果，并能有社会道德责任感。

（6）婚姻前提下的性生活符合男女平等、科学、卫生的原则。

（三）青春期性心理的发展

美国心理学家赫洛克认为，青春期性心理的发展一般可分为以下四个时期。

1. 性抵触期

在青春期发育之初一年左右的时间内，个体总想远远地避开异性，以女性的表现更为突出，这主要与生理因素有关。由于第二性征的出现，个体对自身所发生的变化感到茫然、害羞，甚至不知所措，本能地产生对异性的疏远和反感。

2. 仰慕长者期

在青春期的发育中期，个体往往对一些特别的人士表现出仰慕，如对一些很具有文艺范、具有体育特长、学识非常渊博的人士，以及在相貌特点上非常出众的人表现出特别的兴趣，而且在行为举止方面经常模仿他们，以至于产生入迷的举动。

3. 向往异性期

到了青春期发育的后期，随着性发育的逐渐成熟，个体常对与自己年龄相仿的异性产生兴趣，并希望在接触过程中能够吸引异性对自己的注意。但在这一时期，个体的情绪还不稳定，往往以自我为中心的自我意识发展特点较强，常因一些琐碎小事与人争吵，甚至发生大的冲突，乃至绝交，因此其交往对象常常会发生变化转移。

4. 恋爱期

进入青春期后期，个体的性生理发展完全成熟，性心理也在逐渐发展成熟过程中，自我意识、思维和人格都趋于成熟。个体开始从泛泛的异性爱慕过渡到钟情于具体的某一个人，表现得浓烈而直接，示爱方式变得大胆主动，但也容易产生强烈的挫败感。个体对恋爱的理解和认识更加深刻，对恋人的寻觅更加迫切，对异性的态度变得更加客观。

大学生性观念测试量表

指导语：你怎样看待性？请仔细阅读下面的每一道题，选择符合你情况的答案。

1. 适当自慰对身体无害。（　　）

A. 符合　　　　B. 不符合

2. 只要自己快乐就好，社会怎么看，我并不在乎。（　　）

A. 符合　　　　B. 不符合

3. 学习性知识是结婚以后的事，现在难以启齿。（　　）

A. 符合　　　　B. 不符合

4. 我与对方发生性关系，并不一定得爱对方。（　　）

A. 符合　　　　B. 不符合

5. 我常有性幻想和性冲动，这真可耻。(　　)

A. 符合　　B. 不符合

6. 采取避孕措施会影响性爱质量，多数情况下我不会用。(　　)

A. 符合　　B. 不符合

7. 对方自愿与我发生关系，我就可以不承担后果。(　　)

A. 符合　　B. 不符合

8. 对于性，不愿意的时候应该坚决说“不”。(　　)

A. 符合　　B. 不符合

9. 用性证明自己的成熟和魅力不明智。(　　)

A. 符合　　B. 不符合

10. 有性的爱才保险。(　　)

A. 符合　　B. 不符合

11. 我觉得自己的生殖器不理想，为此感到自卑。(　　)

A. 符合　　B. 不符合

评分标准：

1、8、9 题，选“符合”各得 1 分，选“不符合”均得 0 分；其他选题选“符合”均得 0 分，选“不符合”各得 1 分。将各题分数相加，分数越高，表明你对性的认识越正确。如果总分在 5 分以下，表明你对性的看法容易导致自己或他人身心受伤，需要特别注意培养健康的性爱观、学习健康的性行为知识。

第三节　大学生的恋爱心理问题与应对策略

随着大学生生理发育的成熟，心理发育的不断完善，情感体验越来越深刻，他们对爱情的渴望和追求在大学校园越来越普遍。很多大学生经营着自己美好的爱情，但也有一些大学生对爱情的理解比较偏颇，对爱情观还存在诸多问题，爱的能力还有待提升。当爱情来临时，人会不知不觉地发生变化。爱让人成长，但当青春携手爱情走来时，人会在激动兴奋之余感到迷惑不解。

一、大学生恋爱心理问题分析

（一）爱情价值观错位

从总体上看，在爱情价值观方面，大学生是能够将爱情在人生中的位置摆正的，能够处理好爱情与事业、学业的关系。调查显示，也有一些大学生的爱情价值观存在一些问题。

（1）推崇“爱情至上”。部分大学生把爱情摆在生命与事业之上，赞同“生命诚可贵，事业价更高，若为爱情故，两者皆可抛”的观点，把追求爱情作为人生目标。

（2）为了爱情影响学业。据调查发现，大多数大学生认为自己能够处理好学习与恋爱的关系，认为“谈恋爱影响学习是不应该的”。大部分学生在主观上不赞同因为爱情而影响学习，但在客观上因为谈恋爱影响学业的事例有很多。例如，有的同学无视学习的重要性，经常因为谈恋爱而旷课，这对自己和他人都不利，因为大学生的任务仍然以学习为主。

（3）对爱情的“忠贞专一、排他性”认识错位。人类的爱情应该忠贞专一，具有排他性，但仍有极少数大学生对爱情的道德认识模糊、错位。

（4）在爱中的位置错位。在爱情中出现这类问题的大学生往往更加“贪婪”或者“被动”。他们懂得去享受别人“爱”的馈赠，却极少予以回应，往往在不经意间成为人们口中的“渣男”“渣女”。爱情既不是自私的，也不是无私的，而是互利的。用公式简略表达为：爱情≠自私，爱情≠无私，爱情＝互利。

（二）缺乏爱情挫折准备

恋爱不一定都是成功的，有恋爱就有失恋。失恋是恋爱过程的中断、结束，即爱情挫折。无论什么原因导致的爱情挫折，对大学生的心理、生活、学习都会产生严重的影响，越是热恋，越是看重爱情的位置，失恋后就越痛苦，挫折感就越强。失恋对每个人来说都是一件痛苦的事，都会使人一时精神不振、情绪低落，这是正常的心理表现。严重的是长时间心理压抑，甚至产生报复心理、自杀心理。

（三）恋爱行为不当

大学生的爱情行为应该是高尚、神圣、美好的，必须慎重对待，不可强求。但在现实恋爱中，存在一些不良行为，这些不良行为违犯校风校纪，违背社会道德规范，影响了大学生的形象。

大学生恋爱不良行为主要有“三角恋”和“多角恋”、亲昵过度、无度的婚前性行为等。由于有些大学生对“三角恋”和“多角恋”持宽容态度，致使少数学生自以为有竞争的实力，不但不断更换恋爱对象，还扮演“三角恋”或“多角恋”中的角色。这种以恋爱为游戏、玩弄别人感情、造成学生之间争风吃醋的行为是不道德的。此外，还有的学生在校园公共场所、大庭广众之下过度亲密，目无他人，甚至到对方宿舍过夜或在校外租房子过“二人”生活。

违背道德规范与文明要求的恋爱行为表现不是“前卫”，而是损害了大学生有教养的形象。无论在什么时期，“三角恋”和“多角恋”、无度的婚前性行为等都是社会道德所不允许的。爱是道德的表现，是一种能力，也是一种艺术。大学生的爱情必须健康、文明、高雅、大方，有利于促进身心发展。

二、大学生恋爱心理问题的应对策略

（一）树立正确的恋爱观

恋爱观是指人们对待恋爱及相应问题所持的基本观点。大学生如何看待恋爱、恋人、双方关系以及恋爱当中遇到的问题，将对其产生巨大的影响。正确的恋爱观有助于大学生更好地去体验、感受自己的恋爱生活，促进自己的心理发展；有助于大学生更好地处理恋爱当中遇到的问题，对大学生的学习生活和成长、成才等也会产生巨大的影响。

1. 阳光的恋爱心理

（1）恋爱动机单纯。恋爱是两个两情相悦的人相互靠近、相互认识、相互了解与理解，彼此融合，相互促进，共同成长，从而达到不断增进爱的和谐和甜蜜的感情的发展过程。恋爱是相互欣赏，用心去爱对方的过程，而非索取或压榨对方的过程。恋爱的目的应该是寻找一个能与自己在人生路上志同道合、共同奋斗、同舟共济、相伴一生的，心灵相通的终身伴侣，而不应该把它作为满足自己个人需求甚至私欲的工具。

（2）追求恋爱思想与感情的一致。思想与感情一致是良好恋爱的基础。只有思想与感情一致，三观合拍，理想信念趋同，恋爱中的两个人才能志同道合，甘苦与共，携手相伴，共沐爱的阳光，并经历爱的风雨考验。

（3）对爱应理智健康。恋爱不能只受到“情”或“性”的驱使，也应受到理智的调控。因为前者更多的是受到物性和本能的驱使，后者让人们的爱变得更富有人性、社会性和道德性。《巴菲特给儿女的一生忠告》中这样写道：“真正稀缺的资源是对方的谈吐和知识面，商业视野和对方控制局面的能力以及稳定的情绪，不要小看这些特点，要培养这些优点所耗的成本是极高的，可遇而不可求。最佳的配偶，是你人生战场的盟友，而不是找个人满足你的懒惰和巨婴。”

（4）对爱应心理相容。恋爱双方的心理相容是恋爱成功的基本保障，恋爱双方只有心理相容，才能接纳彼此，促进爱情向良性发展，共同守护来之不易的爱情。心理相容是指恋爱双方在共同的思想认识基础上，通过彼此间的相互理解，相互承认，相互包容，相互接纳，相互促进来取人之长，补己之短，形成和谐互动、相得益彰的最佳爱情效果。

2. 阳光的恋爱态度

（1）真诚。一位哲人说过：“在现实当中不缺完美的人，缺的是真实的人。”处在恋爱关系中的两个人需要一面“镜子”，以照见彼此，看到一个真实的自己和对方，坦诚相待，开诚布公。“镜子”可以让双方更好地了解自己，以及在相处当中给对方的影响，由此可以促进我们在爱中成长，同时，它还可以增进我们彼此的信任，提升安全感。

（2）专一。恩格斯指出，爱情按其本性来说是排他的。个体在爱和性当中保持专一会让爱恋对象感到受重视、被爱护，会让彼此感到心安。恋爱双方要经得起现实的诱惑，要经得起时空的考验，要全身心地去呵护、培育和守护自己的爱情，不以财穷而爱尽，不因色衰而思迁。大学生应培育纯洁、忠贞、永恒的崇高爱情，应追求至善至美的爱情生活。陶行知曾经说过：“爱之酒，甜而苦。两人喝，是甘露。三人喝，是酸醋。随便喝，要中毒。”他的话形象地表明爱情是有约定的，人们有责任去守护这份约定，保持专一性。

（3）尊重。大学生在恋爱过程中应本着尊重对方的态度去了解、认识、理解、关心和呵护对方。每一个人都是不完美的，每一个人都有自己的优点与不足，大学生应尊重恋爱对象作为独立的个体所具有的性格特点、人格尊严和行为方式等，不操控对方，接纳彼此，让彼此的爱变得更有温度。

（4）给予。爱是给予，而非索求。“因为需要你，所以爱你”是不成熟的爱；成熟的爱是“因为爱你，所以需要你”。“给”是力量的最高表现，恰恰是通过“给”，个体才能体验到自己的力量、“富裕”和“活力”，体验到生命的升华并充满欢乐。在爱的过程中，大学生首先要思考能给予对方什么。这里的给予不只是物质上的，更重要的是精神上的，比如关心、支持、理解、肯定、赞美、欢乐和使命感等。

（5）成长。爱不是一种单纯的行为，而是人们生活中的一种气候，一种需要人们终身学习、发现和不断前进的活动（美国诗人惠特曼）。美国心理学家斯科特认为，爱是促进自己和他人心智成熟而不断拓展自我界限，实现自我完善的一种意愿。真正的爱应该超越生命的长度、心灵的宽度和灵魂的深度（古希腊哲学家柏拉图）。它会给我们带来挑战，我们必须适应它的变化而不断去调适和成长。因此，成熟的爱应是一个不断自我成长、自我学习、让自己变得更好的过程。

3. 阳光的恋爱行为方式

在恋爱过程中，选择什么样的方式进行恋爱不仅反映了一个人爱的水平，心智成熟水平，也反映出一个人的道德情操、思想修养等。

（1）文明理智地恋爱。恋爱是一种体验与感受强烈的情感的过程，也是一种表达强烈情感与感受的过程，特别是处于热恋中的男女，其情感表达更加热烈。他们会表现出一种强烈的希望拥有对方的欲望，甚至在他们眼中，恋人就是全世界，全世界只有对方，对周围的人、事、物视而不见，所以他们的恋爱行为会随心所欲，旁若无人，甚至做出一些在常人看来像疯子一样的举动。因此，大学生要学会控制恋爱行为举止，用理智约束自己，用文明的方式表达对恋人的爱慕之心。

（2）准确把握感情的分寸。从初恋到热恋再到稳定的恋爱是一个循序渐进的过程。爱的选择、接纳过程也是一个探秘的过程。它让恋爱双方走进彼此的心灵深处，进入彼此的隐秘世界，一扇一扇打开心门。人在走进一个未知的世界时，往往会抱有好奇、激动的心情，但同时也会有一些不安、担心甚至害怕。因此，恋爱双方需要用心去感受，把握爱的分寸。在表达爱的过程中，个体会对周围的人产生一定的影响，他们的内心是否能够快速接纳这种表达方式，也需要我们把握分寸。

（3）学会调适热恋中的性冲动。在恋爱过程中，随着感情的升温，个体往往会产生强烈的性冲动。对大学生来说，生理发育已经成熟，性冲动的产生顺理成章，这是健康

身体的自然行为。但大学生的性心理发育还不够成熟，自我调控能力还不强。过分的放纵与压抑往往会给年轻人带来身心方面的伤害，严重的还会导致性心理变态。因此，大学生要学会调适热恋中的性冲动，克制性的纷扰与不安，保持爱情的纯洁，使爱情更深沉、更成熟、更理性、更高尚。

（4）学会理解与沟通。大学生对爱的认识还不够深入，心理发育水平还不够高，应对爱的困境的能力还不够强，在爱的过程当中一定会面临各种各样的问题与挑战。因此，大学生必须直面问题，学会沟通和解决问题。其实，大学生在理解与沟通方面存在很大的性别差异，如价值观的不同，对待压力的方式不同，女生更愿意用语言表达而男生更愿意沉默思考，女生更需要被呵护和关注而男生更需要独立自由等。恋爱双方只有理解性别差异，在沟通中理解、包容和接纳对方，相互支持，相互帮助，才能让爱得到升华；只有相互促进，共同成长，才能让恋爱中的两个人变得更好。

对于爱，有这样一段话："一辈子，能够有一个人好好相爱，多美啊！别去破坏！多大的事情都不值得你去破坏！不要在相爱的人身上动小聪明，动你的精明！要动，就动你的心！永远不对爱人说重话！永远不去做破坏气氛和心情的事！"

（二）提升爱的能力，拥抱阳光爱情

要提升爱的能力，大学生须从以下四个方面入手。

1. 给予爱的能力

弗洛姆说过："爱主要是给予，而不是接受……爱是一种主动的能力，一种使人与他人相联合的能力。爱使人克服了孤独与分离的感觉，但它允许他成为他自己，允许他保持他的完整性。"一个心中充满爱的人，面对恋爱对象时敢于表达，善于表达自己内心的爱欲，能以合理的方式给予对方关心与爱护，能以恰当的方式让对方体验到被爱的感觉。

2. 接受爱的能力

接受爱的能力是指在面对他人给予的爱，面对他人发出爱的邀请，能准确地识别并感受到，能对对方的心理及行为方式等做出恰当的判断与评估，并能予以恰当回应的能力。在现实生活当中，有很多的爱情因为缺乏接受爱的能力而"胎死腹中"。

3. 拒绝爱的能力

面对不合适的、自己不喜欢的或自己不希望得到的爱情，大学生要敢于拒绝，也要善于拒绝。一些人担心拒绝爱会给对方带来伤害。事实上，在面对自己不喜欢的人，面对自己不希望的爱情时，大学生表现得优柔寡断或被动接受并不是一种善意的行为，其往往会造成更大的伤害。因此，大学生要学会以一种不带敌意的拒绝方式来拒绝该拒绝的人，让爱变得有边界。

4. 发展爱的能力

发展爱的能力是一种能让爱得以升温，让爱得以升华的爱的能力。发展爱的能力以

感受、捕捉爱为基础，以给予爱为核心，以守护、修正爱为关键。学会敏感捕捉对方给予的爱，体贴和关心对方，在面对爱情危机时善于处理矛盾冲突，不让爱变得危险，让矛盾成为爱情发展的机遇。

课堂活动

提升爱的能力团体训练

训练目的：爱的能力是一种综合素质的融合，渗透在爱的过程中的每个环节，主要包括表达爱的能力、接受爱的能力、拒绝爱的能力、鉴别爱的能力、解决爱的冲突的能力、失恋的心理承受力。只有全面提升以上爱的能力，才能使爱情的花朵在大学校园里盛情绽放。

我的选择：按男女分组讨论心目中的他（她）。

我喜欢什么样的异性：________________

他（她）的外表：________________

他（她）的性格：________________

他（她）的行为方式：________________

我不喜欢的异性的特质：________________

他（她）的外表：________________

他（她）的性格：________________

他（她）的行为方式：________________

三、大学生性健康的维护

随着改革开放的深入，西方国家已经过时的“性自由”“性解放”思潮被相当一部分大学生接受并效仿。由此导致了一系列的问题。在大学生中开展性健康教育，通过性文化素质的培养帮助大学生通过科学的性知识和性文化的学习拥有健康的性意识与性道德，引导大学生健康成长，是实现高素质人才培养的保障措施之一。

（一）培养健康的人格

“性是人格的完成。”性不仅仅决定于生物本能，一个人对待性的态度反映了一个人人格的成熟。人自身的尊严感和对他人是否尊重，都会在两性关系中充分体现出来。

1. 认同自己的性别角色

性别角色意识是一个人社会化成熟与否的重要体现，是心理健康的重要标志。世界是两性的和谐统一。男性和女性在生理和心理上各有自己的特点，各有自己的性别魅力。因此，大学生应当接纳和欣赏自己的性别角色，发展出适应时代要求的优秀个性特点。性别角色的认同和胜任是现代人成功适应和发展的重要心理基础。

2. 性行为负有社会责任感

性行为可以给另一方造成心理和生理上的伤害，可以产生新的生命。这将意味着影响另一个人的生活，也将影响你自己的生活。每一个成熟的大学生都应当了解个人性行为给他人、自我和社会带来的后果。要尊重他人、尊重自我，对自我的行为负起责任。

3. 要培养良好的意志品质

大学生自我控制性心理能力的大小在一定意义上是由个人意志品质的强弱决定的。意志作为达到既定目的而自觉努力的一种心理状态，具有发动和抑制行为的作用。尽管有的大学生有着很强的性冲动，但人毕竟不同于动物，人有意志力，可以抑制和调整自我的冲动。那些放纵自己的大学生往往缺乏坚强的意志品质。为了自己长远的幸福和个人成功的发展，大学生应当努力培养良好的意志品质。

（二）积极主动的自我调节

维护大学生的性健康不仅要具备健康的性知识，还要进行积极的自我调节。青年期是性欲望、性冲动、性兴趣频繁出现的时期，大学生应努力培养自己的性抑制力，以便适应复杂多变的文化、生活环境。大学生既要遵从人的自然本性，又要符合道德规范，通过学习、工作和各种活动等多种途径使生理能量得到释放、代偿、升华及有效的转移。大学生要正确处理学业与爱情的关系，学习掌握与异性交往的方法，处理好两性关系。通常，性心理困惑的直接后果是自卑、自责和自我否定的倾向，其还会影响大学生的人际交往和学习效率。所以，一旦发现问题，应及时处理。对一些较严重的性心理问题，大学生要寻求专业人员的帮助。

（三）提高性道德修养

性道德是道德的重要组成部分，用来规定人类个体的性行为，调节两性之间的关系。它是通过社会舆论、传统习俗和人们的内心信念并发生作用的性行为原则和规范的总和。大学生性道德教育的目标是：培养大学生正确的性价值观、健康的性道德品质和负责任的性态度，提高大学生的性道德水准，营造良好的性道德氛围，抵制和消除腐朽的性道德观念，推动整个社会精神文明的发展。首先，大学生要有意识地培养和发展积极健康的性道德情感。具体来讲，在协调两性关系时，大学生要处理好和谐与冲突、愉悦与骚扰、奉献与索取、融洽与占有、发展与停滞、创造与束缚六对性道德范畴之间的关系。其次，大学生要养成坚韧的性道德意志，主要是遵循诚敬、恭谨、守信、忠贞这四个性道德原则。

（四）对性骚扰的自我保护

大学生应当维护自己自尊、自重、自爱的自我形象，做到举止大方、行为得体、作风正派、衣着打扮不轻浮。大学生应当学会自我保护，面对异性的非分要求不要畏惧，要勇敢地说“不”。大学生要以严厉的态度制止和反抗性骚扰，必要时可向别人呼救或向

公安部门寻求帮助；对于性骚扰事件的经历，不要过分恐惧和自责，因为你是无辜的受害者。为了更快地排除自己的心理困扰，大学生可以向父母、老师、知心朋友宣泄自己的情绪，也可以寻求心理咨询人员的帮助。

（五）寻求心理咨询

在心理咨询室中，性不再是一个难于启齿的问题，大学生可以尽情地宣泄心中的郁闷。据不完全统计，在大学生前来心理咨询室咨询的问题中，与异性交往的问题占据一半以上的比例，其中都或多或少地涉及有关性的困惑。因此，大学生在遇到性困扰时，可以坦然寻求心理咨询人员的帮助。

拓展阅读

性值得我们等待的理由

1. 节制使你免于经受对性传染疾病的恐惧和后果。
2. 节制使你免于经受对怀孕的恐慌和后果。
3. 节制使你免于陷入采用各种避孕手段的危险之中。
4. 节制使你免受流产的痛苦。
5. 节制使你免于沉溺于性。
6. 节制使你免于面对没做好准备就结婚的压力。
7. 节制使你不必因性行为而被人评价。
8. 节制使你免于在婚后被拿来对比。
9. 节制可以保护你最敏感的地方——情绪（或心情）。
10. 节制可以使你摆脱误导你的感情。
11. 节制使你不必维持不好的关系。
12. 节制使你免于经受因流产而放弃自己孩子的打击。
13. 节制帮你避免留下深深的伤疤。
14. 节制提供了信任的基础。
15. 节制帮助你懂得尊重生活。
16. 节制使你能专心在建立并实现生活目标之上。
17. 节制使你从自责（或内疚）中解脱出来。
18. 节制有助于培养不自私的敏感性。
19. 节制在关系中加强了真正意义上的沟通。
20. 节制有助于培养耐心和自制能力。
21. 节制有助于加强婚姻中的特殊关系基础。
22. 节制有助于双方关系的健康成长。

23. 节制提供了享受做年轻人的自由。
24. 节制有助于提高自尊。
25. 节制可以是爱情的一个很好的“试卷”。
26. 节制可以使你成为一个更好的爱人。
27. 节制可以成为纯洁感情的表达。

测测你对爱与性的看法

指导语：请根据你的真实想法或看法，在以下每个项目后面的选项中圈出你的答案。

1. 我为自己出现性冲动感到紧张与羞耻。(　　)

A. 符合　　　　B. 不符合

2. 我认为自慰是标准的性行为的一种，而过度的自慰是有害的。(　　)

A. 符合　　　　B. 不符合

3. 我觉得自己的生殖器太小，发育状况不理想。(　　)

A. 符合　　　　B. 不符合

4. 性远远不是使得我们最快乐的事情。(　　)

A. 符合　　　　B. 不符合

5. 如果我爱一个人，我和他干什么都行。(　　)

A. 符合　　　　B. 不符合

6. 真正的爱情不是单恋。(　　)

A. 符合　　　　B. 不符合

7. 我与对方发生性关系，并不需要尊重或者爱对方。(　　)

A. 符合　　　　B. 不符合

8. 我认为心心相印是通向幸福的桥梁。(　　)

A. 符合　　　　B. 不符合

9. 没有爱情的性行为很难令人真正感到快乐。(　　)

A. 符合　　　　B. 不符合

10. 对有些人来说，同性恋是正常的。(　　)

A. 符合　　　　B. 不符合

11. 爱一个人主要是给予和付出。(　　)

A. 符合　　　　B. 不符合

12. 恋爱当中，拒绝与争吵都是正常的事情。（　　）

A. 符合　　　　B. 不符合

13. 不论做什么，只要不怀孕就行了。（　　）

A. 符合　　　　B. 不符合

14. 对于性，不愿意的时候就应该坚定地说“NO”。（　　）

A. 符合　　　　B. 不符合

15. 爱是包容对方，使她（他）更自信。（　　）

A. 符合　　　　B. 不符合

16. 只在乎曾经拥有，不在乎天长地久。（　　）

A. 符合　　　　B. 不符合

17. 一旦喜欢上了他（她），就非他不嫁（非她不娶）。（　　）

A. 符合　　　　B. 不符合

18. 没有爱情的性行为根本不能填补人与人之间的鸿沟。（　　）

A. 符合　　　　B. 不符合

19. 爱是很简单的事，困难的倒是如何找到爱的对象或者被爱。（　　）

A. 符合　　　　B. 不符合

评分与评价：

1、3、5、7、13、16、17、19题，选“符合”得0分，选“不符合”得1分，其余的选“符合”得1分，选“不符合”得0分。

将1、2、3、4、10题的得分相加，即得到你的有关性生理的观念分X，如果你的X在3分以下，则表明你对性生理的看法有失偏颇，容易产生精神压力和情绪问题。

将6、8、11、12、15、16、17、19题的得分相加，即得到你对爱的看法的得分Y，如果你的Y在6分以上，则表明你对什么是爱有比较正确的看法；如果你的Y在4分以下，那么你需要深入思考一下，究竟什么是“爱”。

将5、7、9、13、14、18题的得分相加，即得到你的有关爱与性之间关系的看法的得分Z，如果你的Z在3分以下，也许你对爱与性的关系的看法，容易导致使身心受伤的性行为，以致心理失衡。

章末小结

1. 爱情是指一对男女之间，基于一定的社会关系和共同的生活理想，在各自内心中形成的对对方最真挚的倾慕，并渴望对方成为自己终身伴侣的最强烈的感情。

2. 美国心理学家罗伯特·斯滕伯格认为爱情包括三种基本成分：亲密、激情和承诺。

3. 加拿大社会学家约翰·李将爱情分为六种类型，分别是情欲之爱、游戏之爱、友谊之爱、依附之爱、现实之爱和利他之爱。

4.爱情关系和普通人际关系存在差异，体现在以下四个方面：专一性、指向性、持久性和互爱性。

5.性心理是指在性生理的基础上，与性征、性欲、性行为有关的心理状态与心理过程，也包括了与他人交往和婚恋等心理状态。

6.健康的性融合了有关性的生理面、情绪面、知识面及社会面，可以此提升人格发展，人际沟通和爱。

7.性心理健康必须具备以下四个条件。

（1）个人的身心应有所属，有较明显的反差。如果阴阳莫辨，就难以实施健全的性行为与获得美满的爱情。

（2）个人有良好的性适应，包括自我性适应与异性适应，即对自己的性征、性欲能够接纳，与异性能很好地相处。

（3）对待两性一视同仁，不应人为地制造分裂、歧视或偏见。对曾因种种历史原因形成的一切与科学相悖的性愚昧、性偏见及种种谬误有清醒的认识，理解并追求性文明。

（4）能够自然、高质量地享受性生活。

8.大学生爱情心理特点：自主性强；动机单一；恋爱过程公开化；波动性大，不稳定性强；性知识缺乏。

9.大学生性心理特点包括性心理的本能性和朦胧性、性意识的强烈性与表现上的文饰性、性心理的不稳定性和压抑性、性心理的性别差异性。

10.美国心理学家赫洛克认为，青春期性心理的发展一般可分为四个时期：性抵触期、仰慕长者期、向往异性期和恋爱期。

11.大学生恋爱不良行为主要有“三角恋”和“多角恋”、亲昵过度、无度的婚前性行为等。

第十章 心理疾病

名人名言

▶ 没有口误这回事，所有的口误都是潜意识的真实的流露。——西格蒙德·弗洛伊德

▶ 尊重生命、尊重他人也尊重自己的生命，是生命进程中的伴随物，也是心理健康的一个条件。——弗洛姆

▶ 孤独并不是来自身边无人，感到孤独的真正原因是因为一个人无法与他人交流对其最要紧的感受。——卡尔·荣格

学习目标

▶ 了解心理疾病的定义和分类。

▶ 掌握心理疾病的主要特征和识别方法。

▶ 了解心理疾病污名化的现象，认识其对患者及其家庭、社会的负面影响。

▶ 掌握心理疾病评估的基本方法和流程。

▶ 形成对心理疾病患者的同理心和尊重态度。

案例导入

李某正在读大二，一直以来他都是家长和老师眼中的优秀学生，成绩优异，性格开朗。然而，自从进入大学后，李某渐渐感到压力倍增，他不仅要应对更加复杂和深入的学业挑战，还要处理与室友的人际关系，同时还要参与各种社团活动以丰富自己的课外生活。最近，李某发现自己越来越难以集中注意力，经常感到焦虑和不安。他开始失眠，即使在夜深人静时也难以入睡。在课堂上，他无法像以前那样轻松地理解和吸收新知识，甚至在面对一些简单的任务时也变得犹豫不决。李某开始回避与同学和老师的交流，他担心自己的状态会被人察觉，更担心因此被人嘲笑或看不起。一天，李某在图书馆突然感到一阵强烈

的恐慌，心跳加速，呼吸急促，他甚至觉得自己快要窒息了。这次恐慌发作让李某意识到，他必须寻求帮助。

在以上案例中，李某出现了哪些异常的心理症状？这些症状可能指向哪种心理疾病？在大学生活中，哪些因素可能导致李某出现这样的心理状态？如果你是李某的朋友或同学，你会如何帮助他？大学校园和社会应该如何为像李某这样的学生提供更多的心理支持和资源？这个案例对我们理解异常心理有哪些启示？在日常生活中，我们应该如何关注自己和他人的心理健康？

教育部等十七部门联合印发的《全面加强和改进新时代学生心理健康工作专项行动计划（2023—2025年）》指出，要完善健康教育、监测预警、咨询服务、干预处置“四位一体”的学生心理健康工作体系。由上述案例可见，一名优秀大学生在面临多重压力时可能出现异常心理反应，这正是心理健康工作应该重点帮扶的范畴。那么常见的异常心理有哪些表现？其成因如何？我们该如何应对？了解这些将有助于我们更好地识别和理解这些心理状态，更好地为受困扰的个体提供有效的支持和帮助，更好地保护自己和他人的心理健康，共同营造一个健康、和谐的校园环境。

第一节 心理疾病概述

在大学生心理健康教育中，对常见心理疾病的识别至关重要。心理疾病不仅影响个体的心理健康，还可能对学业、生活和社交造成严重后果，探讨常见心理疾病的典型症状、识别方法及潜在的危害，有利于大学生更好地了解自身心理状态，及时发现并应对潜在的心理问题，为自身的心理健康保驾护航。

一、心理疾病的定义与分类

（一）心理疾病的定义

心理疾病，从广义上讲，是指个体的心理功能或行为显著偏离了常态，与其所处的社会文化环境明显不相适应，且这种状态持续存在或反复出现，对个体造成明显的痛苦或损害其社会功能。这种偏离可能是情感反应、思维模式、行为模式或生理反应上的异常。需要注意的是，偏离的异常心理状态并不是单纯的“好”或“坏”的判断，而是一个相对于个体正常心理状态而言的偏离。

在心理学领域，对心理疾病的定义往往涉及多个维度，包括但不限于以下四方面。

（1）主观痛苦：个体是否体验到痛苦或不适，并寻求帮助或改变。

（2）社会功能受损：个体的心理问题或行为问题是否影响到其日常生活、工作、学习或人际交往。

（3）统计学偏离：个体的心理特质或行为是否与大多数人群存在显著差异。

（4）文化不适应性：个体的心理或行为是否与其所处的社会文化环境明显不相适应。

（二）心理疾病的分类

心理疾病的分类是一个复杂且持续发展的领域，目前尚无统一的分类标准。然而，根据临床症状、病因学、病程及预后等因素，可以大致将心理疾病分为以下几类。

1. 神经症性障碍

这类障碍主要表现为焦虑、抑郁、恐惧、强迫等情绪症状，以及相应的躯体症状。患者通常意识到自己的问题，并主动寻求帮助。常见的神经症性障碍包括焦虑症、抑郁症、恐惧症等。

2. 精神病性障碍

这类障碍通常涉及更为严重的思维、情感和行为异常。患者可能出现幻觉、妄想等精神病性症状，且往往对自己的问题缺乏认识。精神分裂症是精神病性障碍的典型代表。

3. 人格障碍

人格障碍是指个体的人格特质显著偏离正常，导致其在社会功能和人际关系方面存在长期困难。这类障碍通常在青少年或成年早期开始显现，并持续终身。常见的人格障碍包括反社会型人格障碍、边缘型人格障碍等。

4. 应激相关障碍

这类障碍通常是由创伤性事件（如战争、自然灾害、性侵犯等）引发的。患者可能出现创伤后应激障碍（PTSD）、急性应激反应等。

5. 进食与睡眠障碍

这类障碍主要涉及异常的进食行为（如厌食症、暴食症）或睡眠障碍（如失眠症、嗜睡症）。这些障碍对患者的身体健康和心理健康都有显著影响。

以上分类并非绝对，不同分类体系之间可能存在差异。在临床上，许多异常心理患者可能同时符合多种分类标准，需要综合考虑患者的具体症状和需求进行诊断和治疗。

二、常见的心理疾病

不同研究成果对心理疾病的界定与描述存在一定的差异，本书参考心理学界比较专业、权威的论述，对六类大学生常见心理疾病进行介绍。

（一）精神分裂症

张某是一名大二的学生，一直表现优秀，但近期同学们发现他变得异常。他经常独自发呆，时而喃喃自语，课堂上也经常走神。有时他会突然大笑，或在图书馆

角落与不存在的“朋友”交谈。

室友反映，张某晚上经常梦魇，大喊大叫，白天则变得多疑，认为同学们都在背后议论他。一天，他在教室里突然站起来，大声指责老师和同学们都是“外星人派来的间谍”。

学校辅导员察觉到异常，及时联系了他的家人并建议送医。经医院诊断，张某患有精神分裂症，出现了幻觉和妄想症状。经过治疗和家人的关心，张某的病情逐渐稳定，但他需要一段时间的药物和心理治疗来帮助他恢复。

张某的突然变化和不寻常行为，引起了周围人的注意，他的种种异常表现正是精神分裂症的典型症状，这种疾病不仅影响患者的感知、情感和行为，还可能导致他们与现实脱节，产生幻觉和妄想。

1. 概念

精神分裂症是一种持续性的精神障碍，主要表现为感知、情感和行为方面的异常。它是精神病学中的一种疾病分类，涉及思维、情感以及行为的分裂。

2. 临床表现

精神分裂症的临床表现复杂多样，可以从感知、思维、情感和行为等多个方面观察到患者的异常，在临床表现上多种多样，每个患者都可能有不同的症状组合。

（1）感知异常。精神分裂症患者可能会出现幻觉，这是一种虚幻的知觉，即没有现实刺激作用于感觉器官时出现的知觉体验。张某在图书馆角落与不存在的“朋友”交谈，以及在教室里突然指责老师和同学们是“外星人派来的间谍”，都可能是他出现了幻觉。这种幻觉可能是听幻觉，如听到不存在的声音或对话；也可能是视幻觉，如看到不存在的人或物。

（2）思维异常。精神分裂症患者可能会出现思维散漫、思维破裂，甚至妄想等症状。张某在课堂上经常走神，可能就是思维散漫的表现，而他的多疑——认为同学们都在背后议论他，以及指责老师和同学们是“外星人派来的间谍”，则可能已经进入了妄想的阶段。这种妄想是没有事实根据的，但患者却坚信不移。

（3）情感异常。精神分裂症患者可能会出现情感淡漠或情感不协调的症状。张某晚上经常梦魇，大喊大叫，白天则变得多疑，这可能就是情感不协调的表现。他的情绪反应与外界环境或内心体验不相符合，甚至可能出现情绪倒错的情况。

（4）行为异常。精神分裂症患者可能会出现行为怪异、愚蠢、幼稚，或出现紧张性兴奋、木僵等症状。张某在教室里突然站起来，大声指责老师和同学们，可能就是一种紧张性兴奋的表现，而他的独自发呆，喃喃自语，则可能是一种怪异的行为表现。

3. 治疗

精神分裂症的治疗是一个综合性的过程，通常包括药物治疗、心理治疗以及社会康复等方面的措施。针对张某这样的患者，治疗的首要目标是控制症状、减少复发，并帮助他恢复社会功能。

（1）药物治疗是精神分裂症治疗的基础。抗精神病药物能够有效控制幻觉、妄想等精神病性症状，帮助患者恢复现实感知，这类药物需要长期坚持服用，并根据患者的反应进行调整。在治疗初期，患者可能需要尝试不同的药物和剂量以找到最适合患者的治疗方案。医生和患者都需要密切监测药物的副作用，确保治疗的安全性和有效性。

（2）心理治疗在精神分裂症的治疗中也占有重要地位。心理治疗可以帮助患者认识自己的疾病，学会应对症状的方法，并改善社会功能，对于张某这样的大学生患者，心理治疗还可以帮助他处理学业和社交方面的挑战，减少疾病对日常生活的影响。心理治疗的形式多种多样，包括认知行为疗法、支持性心理治疗等。患者可以根据具体需求和情况选择合适的方法。

（3）社会康复是治疗的另一个重要方面。精神分裂症患者在症状得到控制后，往往需要重新融入社会，面临着学习独立生活技能、提高社交能力、寻找合适的工作或学习机会等挑战，以恢复自身正常的生活和工作。对于张某来说，学校和社会应该提供诸如灵活的学习安排、就业辅导等必要的支持和帮助，以促进他的全面康复。

（二）抑郁障碍

李某是一名大三学生，平时学习成绩优秀，积极参与校园活动，备受师生好评。然而，自从上个学期末开始，同学们发现她变得日渐沉默寡言，课堂上也不再积极发言，原本热爱的社团活动也鲜见参与。她经常独自坐在宿舍，面色凝重，对周围的事物显得漠不关心。室友反映，李某晚上经常失眠，食欲不振，体重也明显下降。有时李某会突然流泪，说自己活着没有意义，甚至流露出轻生的念头。

辅导员注意到李某的变化，及时与她进行了沟通，并建议她寻求专业的心理治疗帮助。经过心理医生的评估，李某被诊断为患有抑郁障碍，需要接受系统的心理治疗和药物治疗。在家人和学校的支持下，李某开始接受抗抑郁药物治疗，并定期参加心理咨询。经过一段时间的治疗，李某的情绪逐渐稳定，开始重新找回对生活的热情和信心。

从李某的经历可见，抑郁障碍并非遥不可及的疾病，它可能就发生在我们身边，甚至影响着我们最亲近的人。抑郁障碍不仅仅是一种情绪低落的状态，更是一种可能带来严重后果的心理疾病，它悄然无息地侵入患者的生活，蚕食着他们的快乐和希望，甚至威胁到他们的生命安全。

1. 概念

抑郁障碍，也称为抑郁症，是一种常见的精神障碍，以显著而持久的情绪低落为主要特征。这种疾病不仅影响患者的情绪状态，还可能导致思维迟缓、意志活动减退以及躯体症状等。抑郁障碍对患者的工作、学习和生活都会造成严重影响，甚至可能导致自杀行为。因此，早期识别和治疗抑郁障碍至关重要。

2. 临床表现

抑郁障碍的临床表现多种多样，但主要围绕情绪低落这一核心症状展开。以下是抑郁障碍的一些典型临床表现。

（1）情绪低落。患者持续感到沮丧、悲伤或空虚，对日常活动失去兴趣或乐趣。这种情绪低落状态往往持续时间较长，且难以通过自我调节改善。

（2）思维迟缓。患者思维联想速度减慢，反应迟钝，思路闭塞，自觉“脑子好像是生了锈的机器”“脑子像涂了一层糨糊一样”。临床上可见主动言语减少，语速明显减慢，声音低沉，对答困难，严重者交流无法顺利进行。

（3）意志活动减退。患者行为缓慢，生活被动、疏懒，不想做事，不愿和周围人接触交往，常独坐一旁，或整日卧床，闭门独居、疏远亲友、回避社交。严重时连吃、喝等生理需要和个人卫生都不顾，甚至发展为不语、不动、不食，成为“抑郁性木僵”，但仔细检查时，患者仍流露痛苦抑郁情绪。

（4）躯体症状。主要有睡眠障碍、乏力、食欲减退、体重下降、便秘、身体任何部位的疼痛、性欲减退、阳痿、闭经等。躯体不适的体诉可涉及各脏器，如恶心、呕吐、心慌、胸闷、出汗等。自主神经功能失调的症状也较常见。病前躯体主诉通常加重。睡眠障碍主要表现为早醒，一般比平时早醒 2 ~ 3 小时，醒后不能再入睡，这对抑郁发作具有特征性意义；有的表现为入睡困难，睡眠不深；少数患者表现为睡眠过多。体重减轻与食欲减退不一定成比例，少数患者可出现食欲增强、体重增加。

3. 治疗

抑郁障碍的治疗需要综合考虑药物治疗、心理治疗以及社会支持等多方面的措施。以下是针对抑郁障碍患者的主要治疗方法。

（1）药物治疗。抗抑郁药物是治疗抑郁障碍的重要手段。通过服用抗抑郁药物，可以有效缓解患者的抑郁症状，改善情绪状态。药物治疗需要在医生的指导下进行，因为不同药物对不同患者的疗效和副作用可能有所不同，患者需要定期复诊，及时调整药物剂量和种类。

（2）心理治疗。通过认知行为疗法、心理动力学治疗等方法，帮助患者识别和改变负面思维模式，增强应对压力和困难的能力。心理治疗还可以提供情绪支持，缓解患者的孤独感和无助感。对于大学生患者来说，心理治疗还可以帮助他们调整学习压力、人际关系等方面的困扰。

（3）社会支持。抑郁障碍患者需要得到周围人的理解和支持。家人、朋友和辅导员等可以提供情感支持、倾听和陪伴，帮助患者度过困难时期。学校和社会应提供灵活的学习安排、心理咨询服务等必要的帮扶措施，以减轻患者的压力并促进其康复。

（三）双相障碍

王某是一名大四的学生，他平时才华横溢，性格开朗，深受师生们的喜爱。但近一年来，王某的情绪却像过山车一样起伏不定。有一段时间，他精力充沛，情绪高涨，仿佛自己无所不能，连续几天几夜不睡觉也能保持旺盛的精力。他在这段时间里疯狂地进行各种社团活动，甚至开始筹划一些不切实际的大项目。然而，好景不长，没过多久，他就陷入了极度的情绪低落中，整日郁郁寡欢，对任何事情都提不起兴趣，甚至产生了自杀的念头。

室友们注意到了王某的变化，及时向辅导员反映了情况，辅导员迅速介入，帮助王某联系了专业的心理医生。经过详细的评估，王某被诊断为患有双相障碍。在医生和辅导员的帮助下，王某开始接受系统的治疗和心理辅导，逐渐学会了如何管理和控制自己的情绪。

双相障碍，顾名思义，患者的情绪会在两个极端之间波动——时而亢奋如潮，时而低落如谷。这种情绪的剧烈波动不仅对患者本人的身心健康构成严重威胁，还可能对其社交、学业和未来职业发展产生深远影响。

1. 概念

双相障碍，又称为双相情感障碍或躁郁症，是一种情感性精神疾病。患者会有情绪的高涨（躁狂或轻躁狂）和低落（抑郁）两种极端状态的交替出现。双相障碍的临床表现复杂多样，且两种情绪状态之间的转换可能非常突然和剧烈。

2. 临床表现

双相障碍的临床表现主要体现在躁狂 / 轻躁狂发作和抑郁发作两个极端情绪状态的交替。以下是这两种情绪状态的详细临床表现：

（1）躁狂 / 轻躁狂发作的临床表现。

①情绪高涨。患者会感到异常的兴奋和快乐，这种高涨的情绪状态可能持续数天甚至数周，可能表现出过度的热情和乐观，对周围的事物充满好奇和兴趣。

②活动增多。在躁狂状态下，患者的活动量会明显增加，可能会频繁地参与购物、旅行、社交等各种活动，且常常不顾后果。

③思维奔逸。患者的思维速度加快，联想丰富，可能会在不同的话题之间快速切换，有时甚至会出现跳跃性的思维，话语量也会明显增多，口若悬河，滔滔不绝。

④自我评价过高。患者可能会对自己的能力、智慧和重要性产生过高的评价，可能认为自己无所不能，能够轻松应对任何挑战。

⑤睡眠需求减少。在躁狂状态下，患者的睡眠需求会明显减少，可能只需要很少的睡眠就能保持充沛的精力，甚至有时几天几夜不睡觉也不会感到疲劳。

（2）抑郁发作的临床表现。

①情绪低落。患者会感到持续的悲伤、沮丧和绝望，对周围的事物失去兴趣，甚至对生活失去信心。

②精力减退。抑郁状态下，患者的精力会明显下降，可能感到疲惫不堪，即使是简单的日常活动也会感到力不从心。

③食欲和性欲减退。患者的食欲和性欲可能会明显下降，可能对食物失去兴趣，甚至出现厌食或暴饮暴食的情况，性欲也会受到影响，可能出现性冷淡或性功能障碍。

④睡眠障碍。抑郁患者可能会出现睡眠障碍，如入睡困难、早醒或睡眠过多等。这些睡眠障碍会进一步加重患者的疲惫感和情绪低落。

⑤自杀念头或行为。在严重的抑郁状态下，患者可能会出现自杀的念头或行为。他们可能认为生活没有意义，希望通过自杀来结束痛苦。这是抑郁发作中最危险的症状之一，需要立即进行干预和治疗。

3. 治疗

双相障碍的治疗需要综合考虑药物治疗、心理治疗以及生活方式的调整。

（1）药物治疗。药物治疗是双相障碍治疗的基础。医生会根据患者的具体症状选择合适的药物，如心境稳定剂、抗抑郁药和抗精神病药等。药物治疗可以帮助患者稳定情绪，减少躁狂和抑郁的发作频率和严重程度，药物治疗需要在医生的指导下进行，患者需要定期复诊并调整药物剂量。

（2）心理治疗。心理治疗可以帮助患者认识自己的情绪波动，学会应对压力的方法，并改善人际关系和社会功能。常用的心理治疗方法包括认知行为疗法、心理动力学治疗等，这些治疗方法可以帮助患者建立积极的心态，提高应对困难的能力。

（3）生活方式的调整。除了药物治疗和心理治疗外，患者还需要注意生活方式的调整，保持规律的作息时间、均衡的饮食和适度的运动都有助于改善患者的情绪状态，避免过度压力、寻求社会支持和建立良好的人际关系也是预防双相障碍复发的重要措施。

（四）焦虑障碍

李某是一名大三的学生，平时学习成绩优秀，但近几个月来，同学们和老师都注意到她变得异常紧张和焦虑。李某经常担心自己的未来，害怕找不到好工作，又

忧虑自己无法完成学业。每当面临考试或作业提交日期临近时，她的焦虑情绪就会加剧，甚至出现心慌、手抖等生理反应。室友反映，李某晚上经常失眠，躺在床上翻来覆去，无法入睡。她在课堂上也变得无法集中注意力，经常因为担心而分心。最近，李某甚至开始回避与同学交流，因为她害怕别人会看出她的不安。

辅导员注意到李某的异常表现，与她进行了深入的谈话。在谈话中，李某透露出对未来极度的担忧和恐惧。辅导员建议她寻求专业的心理咨询帮助。经过心理医生的评估，李某被诊断为患有广泛性焦虑障碍。在心理医生的帮助下，李某开始接受认知行为疗法，并学习放松技巧来应对焦虑。经过一段时间的治疗，李某的焦虑症状得到了明显的缓解。

李某的情况并非个例，许多大学生在面临学业、就业等多重压力时，都可能出现类似的焦虑反应。这种过度的、持续的担忧和恐惧，正是焦虑障碍的典型表现。

1. 概念

焦虑障碍是一类以过度担忧、紧张和恐惧为主要特征的精神障碍，包括广泛性焦虑障碍、社交焦虑障碍、特定恐惧症等多种类型。焦虑障碍患者往往对未来可能发生的危险或不幸事件过度担心，这种担心通常与现实情况不相符，且难以控制。

2. 临床表现

焦虑障碍的临床表现复杂且多样，主要体现在情绪、躯体症状以及行为上的反应。以下是关于焦虑障碍临床表现的详细描述。

（1）情绪症状。焦虑障碍的核心症状是过度的、持续的担忧和恐惧。患者可能会经常感到紧张，对未来充满不安和疑虑，这种担忧往往没有明确的原因或对象，但患者无法摆脱这种情绪的困扰，他们可能会担心自己的工作、学业、健康、家庭以及社交关系等多个方面，即使这些担忧在现实中并没有明显的依据。患者还可能出现害怕失控或发疯的恐惧感，对于是否锁好了门、关好了煤气等日常生活中的小事也会过分担忧。这些情绪症状会严重影响患者的日常生活质量和心理健康。

（2）躯体症状。焦虑障碍患者常常会出现一系列躯体症状，这些症状与焦虑情绪密切相关。常见的躯体症状包括心慌、心悸、胸闷、气短等心血管系统症状，以及出汗、手抖、口干、胃部不适等自主神经系统症状。这些症状通常在患者感到焦虑时加重，而在放松或休息时有所缓解。患者还可能出现头痛、颈肩酸痛、失眠等躯体不适，这些躯体症状不仅增加了患者的痛苦，还可能导致他们对自身健康状况的过度关注，从而进一步加重焦虑情绪。

（3）行为症状。为了减轻焦虑情绪，患者可能会采取一些回避行为或安全行为。他们可能会避免去某些可能引发焦虑的场所，如人多的地方或封闭的空间。在社交场合中，患者可能会选择独自待在角落，避免与他人交流，以免出现尴尬或紧张的情况。患者还

可能表现出反复检查、确认的行为，以确保自己没有遗漏或做错事情。这些行为虽然能暂时缓解他们的焦虑情绪，但长期来看可能形成恶性循环，导致患者对某些行为产生依赖，进一步加重焦虑障碍的症状。

3. 治疗

焦虑障碍的治疗需要综合考虑药物治疗、心理治疗和调整生活方式等多个方面。

（1）药物治疗。对于症状严重的患者，医生可能会开具抗焦虑药物或抗抑郁药物来缓解症状。这些药物可以帮助患者减轻焦虑和恐惧情绪，改善睡眠质量。药物需要在医生的指导下使用，根据实际情况遵医嘱调整。

（2）心理治疗。认知行为疗法被广泛用于治疗各种焦虑障碍。该疗法旨在帮助患者识别和改变不良的思维模式和行为习惯，从而减轻焦虑症状。此外，放松训练、暴露疗法等也是常用的心理治疗方法。

（3）调整生活方式。建议患者保持规律的作息时间，进行适当的体育锻炼，避免过度摄入咖啡因和酒精等刺激性物质，可引导患者学习有效的应对技巧和放松方法。

（五）强迫障碍

王某是一名大三的学生，学业成绩一直名列前茅，且有着良好的社交关系，然而，近期同学们和老师们注意到她的行为有些异常。王某开始表现出对清洁和整理的极度执着，她的书桌、床铺总是整理得一丝不苟，甚至连书本的摆放角度都要精确到分毫不差。更为严重的是，王某在完成任务时，常常反复检查，生怕有任何疏漏。她在写作业时，会反复核对每一个字、每一个标点符号，甚至多次重写，以确保没有任何错误。这些行为严重影响了她的学习效率，导致她经常熬夜，无法按时完成作业。室友们还注意到，王某经常进行某种固定的仪式性行为，比如出门前必须触摸门把手三次，否则就会感到极度不安。这些行为让王某感到非常痛苦，但她无法控制自己。

辅导员了解到这些情况后，意识到王某可能正面临着某种心理障碍，于是建议她寻求专业的心理咨询帮助，后经过心理医生的评估，王某被诊断为患有强迫障碍。

王某的行为变化，如极度的清洁和整理需求，以及仪式性的行为，不仅影响了她的学习效率，还给她带来了极大的心理困扰，这些异常的举止实际上与强迫障碍的典型症状相吻合。强迫障碍，作为一种复杂的精神健康问题，其核心特征是反复出现的强迫思维和相应的强迫行为。通过深入了解这一疾病，可以更全面地理解王某所面临的问题。

1. 概念

强迫障碍是一种以反复出现的强迫思维和强迫行为为主要特征的精神障碍。强迫思维是指反复出现的、不想要的或令人不快的想法、冲动或意象。强迫行为则是为了减轻强迫思维带来的焦虑而不得不进行的重复行为或仪式。

2. 临床表现

强迫障碍的临床表现主要包括强迫思维和强迫行为两个方面。

（1）强迫思维。强迫思维是指反复出现在脑海里的某些不需要的想法、怀疑或冲动。这些思维往往是侵入性的，难以摆脱，并会引起显著的焦虑或不适。强迫思维的主要症状见表 10-1。

表 10-1　强迫思维的主要症状

类　型	症　状
强迫怀疑	对自己已经完成的事情总是感到不确定，即使已经多次核实，仍然会反复检查，如反复确认门窗是否关紧，电器是否关闭等
强迫联想	出现不受控制的联想，例如看到刀就会联想到自己会伤害他人或自己
强迫回忆	不自主地反复回忆过去的经历或事件，尽管这些回忆并无实际意义
强迫性穷思竭虑	对一些没有意义或现实生活中不大可能发生的事情反复思考，例如宇宙的形成、人类的起源等

（2）强迫行为。强迫行为是指患者为了减轻强迫思维带来的焦虑而不得不进行的重复行为或仪式，这些行为通常是根据特定的规则或程序进行的，旨在减少恐惧、焦虑和不安。强迫行为的主要症状见表 10-2。

表 10-2　强迫行为的主要症状

类　型	症　状
清洁行为	如反复洗手、洗澡、打扫等，感到只有通过这些行为才能消除内心的污染感或恐惧感
检查行为	反复检查门窗、电器、水龙头等是否关闭或安全，以确保一切处于正常状态
计数和排列行为	反复计数或按照一定的顺序排列物品，以确保一切井然有序
仪式行为	进行一些特定的仪式性行为，如触摸某个物品、说某句话或做某个动作，以减轻焦虑

强迫障碍的严重程度因人而异，且症状可能会随着时间的推移而发生变化。这些症状不仅会影响患者的日常生活和工作效率，还可能给患者带来极大的心理痛苦，及时诊断和治疗对于改善患者的生活质量至关重要。

3. 治疗

强迫障碍的治疗需要综合考虑药物治疗和心理治疗两个方面。

（1）药物治疗。选择性 5- 羟色胺再摄取抑制剂是强迫障碍的一线治疗药物，如氟西汀、氟伏沙明等，这些药物通过增加大脑中 5- 羟色胺的浓度，有助于缓解强迫症状和焦虑情绪。药物治疗通常需要一段时间才能起效，且需要根据病情发展及时调整，需要在医生的指导下使用。

（2）心理治疗。认知行为疗法中的暴露与反应预防是强迫障碍最有效的心理治疗方

法之一。暴露与反应预防通过逐步暴露患者于引起焦虑的情境或想法中，并阻止其进行强迫行为，从而帮助患者逐渐适应并减少焦虑。支持性心理治疗、家庭治疗等也有助于改善患者的家庭和社会环境，提高其应对能力和自我调节能力。

（六）人格障碍

案例链接

刘某是一名大三的学生，从入学以来，他就显得与周围同学格格不入。他极度自我，常常无视他人的感受和权益，对同学的要求和期望漠不关心，甚至在团队合作中故意捣乱。在社交场合，刘某常常夸夸其谈，自吹自擂，却对他人的观点和贡献嗤之以鼻。他的行为模式似乎固定而持久，无论在何种情境下，都难以看到他有明显的改变，同学们逐渐疏远他，而他却似乎对此并不在意，依然我行我素。

刘某的种种表现，让辅导员和老师感到困惑与担忧。他的行为模式似乎与常人不同，但又不同于一般的精神疾病，经过专业人士的评估，刘某被诊断为患有一种特定类型的人格障碍。

与精神分裂症不同，人格障碍主要体现在个体长期稳定的行为模式和情感反应上，而非短暂的、发作性的精神症状。人格障碍患者在日常生活中可能表现出与常人截然不同的性格特质和行为方式，这往往对他们的社会适应和人际关系造成严重影响。

1. 概念

人格障碍是指个体在长期发展过程中形成的稳定而持久的异常行为模式。这种模式明显偏离正常的文化和社会期望，导致个体在社会功能和人际关系方面存在明显障碍。这些异常行为模式并非由其他精神疾病或环境因素所直接引起，而是构成个体人格的一部分。人格障碍通常在青少年或成年早期就已显现，并可能持续终身。

2. 临床表现

人格障碍的临床表现多种多样，根据《精神障碍诊断与统计手册》的分类，人格障碍主要分为三大类群，即偏执型、分裂型及反社会型人格障碍；边缘型、自恋型及表演型人格障碍；以及强迫型、依赖型及回避型人格障碍。以下简要描述不同类型人格障碍的典型特征（见表 10-3）。

表 10-3 不同类型人格障碍的典型特征

类　型	典型特征
偏执型	①对他人表现出深度的不信任和猜疑，往往认为周围的人都在欺骗、利用或阴谋对付自己。 ②非常固执，对自己的观点坚信不疑，难以接受或听取他人的不同意见或建议。 ③对于轻微的批评或指责反应过度，表现出强烈的敌意或愤怒。 ④在没有充分证据的情况下，怀疑配偶或伴侣的忠诚

表 10-3（续）

类　型	典型特征
分裂型	①情感淡漠，对人际交往缺乏兴趣，甚至倾向于孤独。 ②有奇异的信念或魔幻思维，沉浸于自己的想象世界中。 ③出现幻觉或妄想，但通常不像精神分裂症那样严重。 ④社会功能可能受损，倾向于退缩和避免社交活动
反社会型	①最为严重和危险的人格障碍类型之一，表现出对道德和社会规范的漠视或无视。 ②为了个人利益而频繁地欺骗、利用甚至伤害他人，且通常不会因此感到内疚或愧疚。 ③具有高度的攻击性和冲动性，容易发脾气或进行暴力行为。 ④不顾自己和他人的安全，参与高风险的行为，如危险驾驶或非法活动
边缘型	①情绪极不稳定，可能在短时间内从极度抑郁转变到极度兴奋。 ②害怕被遗弃，并可能通过自杀威胁或自残行为来试图维持关系。 ③表现出冲动行为和短暂的应激性精神病性症状
自恋型	①过分夸大自己的能力和成就，需要持续的赞美和钦佩。 ②缺乏同理心，难以认识到他人的需求和感受。 ③在面临批评时可能表现出愤怒或羞辱感
表演型	①表现出过度情绪化和戏剧化的行为，以吸引他人的注意。 ②过分关注自己的外貌和行为，以此来获得他人的赞赏。 ③容易受到他人意见或评价的影响，情绪起伏大
强迫型	①表现出对秩序、完美主义和控制的强烈需求。 ②过分关注细节、规则和计划，以至于影响了工作效率和人际关系。 ③难以放松，对自己和他人都有很高的标准
依赖型	①过度依赖他人来满足自己的情感需求和日常决策。 ②缺乏自信，害怕被遗弃，因此需要不断地得到他人的认可和支持。 ③在面临分离或独立的情况时可能感到极度焦虑
回避型	①害怕社交场合，担心被批评或羞辱。 ②极度害羞，避免与他人建立亲密关系，除非确信自己会被对方接受。 ③倾向于选择不需要与人密切互动的工作和生活方式

3. 治疗

人格障碍的治疗是一个长期且复杂的过程，需要综合运用心理治疗、药物治疗以及社会支持等多种手段。心理治疗是核心手段，旨在帮助患者建立更健康的行为模式和情感反应方式，常用的心理治疗方法包括认知行为疗法、精神分析、动力性心理治疗等，这些方法有助于患者增强自我认知、改善情绪管理能力和提高社交技能。

药物治疗则主要用于缓解患者的焦虑、抑郁或其他精神症状，但并不能根治人格障碍本身。社会支持包括家庭支持、职业康复计划和社区资源等，这些都有助于患者更好地融入社会并减少不良行为的发生。由于人格障碍的根深蒂固和患者的配合程度不一，治疗效果往往因人而异且难以预测。因此，早期发现、持续治疗以及多方面的综合干预是提高治疗效果的关键所在。

焦虑症筛查

指导语：根据实际情况，请你回答是否存在表 10-4 中描述的状况及频率，在相应的选项上打√。

温馨提示：1. 该量表不能代替医生的诊断，只是一种筛查工具，即使你得分很高，也不一定表示你有焦虑症。

2. 如果你的得分较高，请与心理咨询师联系咨询或到心理医生处咨询或就诊。

表 10-4 焦虑症筛查量表

项 目	频 率			
	完全不会	好几天	超过一周	几乎每天
1. 感觉紧张、焦虑或急切				
2. 不能停止或控制担忧				
3. 对各种各样的事情担忧过多				
4. 很难放松下来				
5. 由于不安而无法静坐				
6. 变得容易烦恼或急躁				
7. 感到似乎将有可怕的事情发生而害怕				

焦虑症筛查量表计分规则："完全不会"为 0 分，"好几天"为 1 分，"超过一周"为 2 分，"几乎每天"为 3 分。

得分说明见表 10-5。

表 10-5 焦虑症筛查量表得分说明

总 分	判 断	建 议
0 ~ 4	没有焦虑症	注意自我珍重
5 ~ 9	可能有轻微焦虑症	建议咨询心理医生或心理医学工作者
10 ~ 13	可能有中度焦虑症	最好咨询心理医生或心理医学工作者
14 ~ 18	可能有中重度焦虑症	建议咨询心理医生或精神科医生
19 ~ 21	可能有重度焦虑症	一定要看心理医生或精神科医生

第二节 心理疾病中的污名现象

在探讨心理疾病时，我们不得不面对一个普遍存在的社会问题——污名现象。心理疾病的污名源于公众对心理疾病的误解和偏见，对患者影响甚重，直接关系患者的心理疾病进展和康复效果，它像一道无形的枷锁，束缚着患者的心灵。

一、心理疾病污名的定义

心理疾病污名，指的是围绕心理疾病或精神健康问题所产生的负面刻板印象、偏见和歧视。这种现象不仅存在于社会公众之中，有时甚至在专业的心理健康服务提供者当中也屡见不鲜。心理疾病污名不仅影响个体对自我价值的认同，还可能导致他们遭受社会排斥、就业歧视以及人际关系的疏离。

从学术角度来看，心理疾病污名通常涉及三个核心要素：刻板印象、偏见和歧视。刻板印象是指人们对心理疾病患者持有的固定而简化的观念，如“精神病就是疯子”或“心理疾病患者都是危险的”。这些刻板印象往往基于误解和无知，忽略了心理疾病的复杂性和多样性。偏见则是对这些刻板印象的进一步内化，表现为对心理疾病患者的负面评价和情感反应。而歧视则是这些偏见在行为上的体现，如拒绝提供就业机会、医疗服务中的不公平对待等。

近年来，随着心理健康研究的深入，心理疾病污名问题受到了越来越多的关注。研究者们开始探讨心理污名对个体心理健康、社会融入以及生活质量的影响，并致力于寻找减少和消除心理污名的途径。因此，在定义心理疾病污名时，不仅要关注其表面的负面标签和偏见，还要深入理解其背后的社会、文化和心理因素，以期找到更全面的解决方案。

二、心理疾病污名现象的表现与影响

（一）心理疾病污名的表现

心理疾病污名的表现之一是体现在公众对心理疾病患者的误解和偏见上，这种误解往往源于对心理疾病的不了解或是对患者行为的片面解读，导致患者被不公正地标签化，如“疯子”或“不可理喻”。这些标签不仅无视了患者的个体差异和病情复杂性，还进一步加剧了社会对他们的歧视和排斥。

心理疾病污名还表现在社交层面的疏远和隔离。由于担心受到患者的“不正常”行为影响，或是出于对个人安全的考虑，许多人会选择避免与心理疾病患者接触，甚至在得知某人患有心理疾病后，会主动切断与其的社交联系，这种社交上的孤立和排斥，无疑给患者带来了更深层次的伤害。

心理疾病污名还体现在公众对患者康复可能性的怀疑上。由于心理疾病的复杂性和治疗的长期性，许多人认为患者一旦患病就难以康复，这种观念不仅忽视了医学的进步和患者自身的努力，也阻碍了社会对心理疾病患者的接纳和支持。

（二）心理疾病污名现象的影响

在心理疾病领域，污名现象已成为一个不可忽视的社会问题，它给患者带来了深远的心理与社会影响，随着心理健康研究的不断深入，这一问题已逐渐成为学术界和公众关注的焦点。

1. 心理层面的影响

污名现象对患者的心灵造成了深重的负担。由于社会对心理疾病的误解和偏见，患者往往会内化这些负面标签，认为自己“不正常”或“有缺陷”，这种自我认同感的降低，直接导致患者自尊心的受损和自我怀疑的加重，他们开始质疑自己的价值，甚至对自己的存在意义产生怀疑。

这种心理状态会进一步加剧患者的焦虑和抑郁情绪，他们不仅要面对疾病本身的痛苦，还要承受来自社会的异样目光和歧视。这种双重压力，使得患者更加难以走出心理的阴霾，甚至可能导致病情的恶化，对治疗的抵触心理也在这个过程中悄然滋生，患者可能会认为接受治疗就意味着承认自己有病，这将进一步加剧他们的社会污名，进而对治疗产生强烈的抵触情绪，影响治疗效果。

2. 社会层面的影响

在社会层面，污名现象给患者带来的困扰同样不容忽视。由于担心被歧视和排斥，患者害怕在社交场合暴露自己的病情，可能会选择孤立自己，主动回避社交活动，导致社交圈子逐渐缩小，这无疑进一步加剧了患者的心理问题。在教育和就业方面，污名现象也造成了明显的不公平。许多患者因病情而遭受学校或雇主的歧视，甚至失去平等接受教育和就业的机会。这不仅剥夺了患者追求更好生活的权利，还加剧了他们的经济困境和社会边缘化。家庭关系也可能因污名现象而紧张，家人对患者的误解和偏见可能引发家庭矛盾，甚至导致家庭关系的破裂，这种家庭氛围的紧张给患者带来了额外的精神压力，不利于他们的康复和治疗。

三、心理疾病污名现象的成因与机制

（一）心理疾病污名现象的成因

心理疾病污名现象是一个复杂且深远的社会问题，其成因涉及多个层面，包括社会认知的偏差、文化因素的影响、媒体与公众舆论的塑造，以及专业知识和教育的缺失等。

（1）心理疾病污名现象的首要成因是社会对心理疾病的认知偏差。由于心理健康知识的普及不足，公众对心理疾病的了解往往停留在表面，甚至存在许多误解。这种认知偏差导致人们容易将心理疾病与危险、不可控等负面形象联系在一起，进而形成污名化看法。例如，公众可能认为心理疾病患者是危险的、不可预测的，这种观念在很大程度上促成了污名现象的产生。

（2）文化因素也是心理疾病污名现象的重要促发因素。不同文化对心理疾病的理解和接纳程度存在差异，这直接影响了社会对心理疾病患者的看法。在某些文化中，心理疾病可能被视为个人弱点、道德缺陷或家庭教育的失败，会被贴上标签化的偏见，这种文化观念加剧了污名现象。

（3）媒体与公众舆论的塑造也是导致心理疾病污名现象的重要原因。媒体在报道心理疾病时往往存在偏见，可能夸大心理疾病的危险性，将患者描绘成危险和不可控的群体。这种报道方式不仅加剧了社会对患者的恐惧和排斥，还进一步强化了污名现象。公众舆论也在无形中强化了心理疾病污名现象，在互联网时代，一些不负责任的言论和谣言很容易在网络上传播开来，对心理疾病患者造成更大的伤害。

（4）专业知识和教育的缺失也会导致心理疾病污名现象。由于心理健康教育的普及程度不够，许多人对心理疾病缺乏基本的了解和认识，这种无知和误解导致人们对心理疾病患者产生偏见和歧视，进而形成污名。另一方面，心理健康专业人员的匮乏也加剧了这一问题，在许多地区，专业的心理健康服务人员数量有限，无法满足社会对心理健康服务的需求，这也限制了人们对心理疾病的正确认知。

（二）心理疾病污名现象的形成机制

心理疾病污名现象的形成机制涉及社会认知、情感态度、行为模式以及社会文化环境等多方面的因素，这些因素彼此之间相互交织、相互影响，共同塑造了社会对心理疾病的污名化看法。

（1）从社会认知的角度来看，心理疾病污名现象的根源在于社会对心理疾病的片面和刻板认知。由于心理健康知识的普及不足，公众对心理疾病的了解往往停留在表面，容易形成误解和偏见，这种认知偏差导致人们将心理疾病与危险、不可控等负面形象联系在一起，进而对患者产生污名化看法。

（2）情感态度在心理疾病污名现象中起着关键作用。基于错误的社会认知，人们往往对心理疾病患者持有恐惧、厌恶甚至歧视等负面情感态度，这些负面情感态度不仅加剧了患者的心理压力，还可能导致他们在社会交往中遭受排斥和孤立。

（3）行为模式也是心理疾病污名现象机制中的重要一环。受负面情感态度的影响，人们在与心理疾病患者交往时可能表现出回避、排斥甚至欺凌等行为，这些行为不仅损害了患者的社会权益，还进一步强化了社会对心理疾病的污名化看法。

（4）社会文化环境对心理疾病污名现象的形成和传播具有深远影响。不同文化背景下，人们对心理疾病的理解和接纳程度存在差异，在某些文化中，心理疾病可能被视为个人弱点或道德缺陷，导致患者遭受更多的社会歧视和压力，社会文化中的传统观念、价值观念等也可能对心理疾病污名现象产生推波助澜的作用。

四、心理疾病污名的应对策略

（一）增强公众对心理疾病的认知

要消除心理疾病污名，首要任务是提升公众对心理疾病的科学认知，通过心理健康教育、科普讲座、媒体报道等多种形式，普及心理疾病的成因、症状、治疗方法等知识，当公众对心理疾病有更深入的了解时，才更有可能以同情和理解的态度对待患者，从而减少污名的产生。

（二）提升公众心理健康素养

心理健康素养是指个体在心理健康方面的知识和技能，提升公众的心理健康素养，有助于公众更好地识别和处理自身及他人的心理问题。通过学校教育、社区活动、在线课程等途径，普及心理健康知识，教授应对压力和情绪管理的方法，可以增强公众的心理健康意识，进而减少对心理疾病患者的歧视和误解。

（三）倡导社会支持网络的建设

社会支持网络对于减轻心理疾病污名具有重要作用。建立一个包容、理解、支持的社会环境，可以让患者感到更加被接纳和关爱，这包括家庭成员的理解与支持、朋友和同事的关心与鼓励，以及社区资源的整合与利用。专业心理健康服务机构的建立与完善，也能为患者提供更多寻求帮助的途径。

（四）促进医疗保健政策的完善

政府在制定医疗保健政策时，应充分考虑心理疾病患者的需求。通过提高心理咨询和治疗的可及性，降低治疗费用，以及将心理咨询服务纳入医保范围等措施，可以减轻患者的经济负担，提高患者寻求专业帮助的意愿。政府也应加强对心理健康服务机构的监管，确保其提供高质量的服务。

（五）加强专业人员的培训与教育

心理咨询师、心理医生等心理健康专业人员在消除心理疾病污名中发挥着关键作用。他们不仅需要具备扎实的专业知识，还需掌握与患者沟通的技巧，以及处理污名问题的策略。有必要通过定期的培训和教育，提升心理咨询师、心理医生的专业素养，使其更好地为患者提供帮助和支持。

（六）鼓励患者自我倡导与互助

患者自身的力量在消除污名中不可忽视。鼓励患者勇敢地面对自己的疾病，积极寻求治疗，并参与到心理健康的倡导活动中来，建立患者互助组织或线上社区，让患者能够分享经验、互相支持，形成一个积极向上的康复氛围。

第三节　心理疾病的评估与治疗

通过深入了解心理疾病的评估方法、治疗原则以及常用技术手段，我们能够更准确地评估心理疾病的类型和程度，这有助于进一步揭开心理疾病的神秘面纱，增强对心理疾病的全面认识。不过值得注意的是，根据《中华人民共和国精神卫生法》第三章第二十五条和二十九条的内容，精神障碍的诊断与治疗必须由精神科执业医师在具有专业条件的精神科专科医疗机构内进行。任何非专业人员、非专业机构从事精神科诊断与治疗活动都是违法的，因此任何需要接受心理评估、诊断与治疗的个体都应对自己的健康负责，到专业机构找专业人员诊治。

一、心理疾病评估与诊断

（一）心理疾病评估的方法

1. 临床诊断面谈

临床诊断面谈是心理疾病评估的核心环节。通过与患者的深入交流，医生可以了解其症状表现、持续时间、严重程度以及社会功能受损情况，在面谈过程中，医生需要运用专业的心理知识和技能，对患者的心理状态进行全面、细致的观察和分析。

2. 心理测验

心理测验是心理疾病评估的重要辅助手段。常用的心理测验包括自评量表和他评量表。自评量表如焦虑自评量表、抑郁自评量表等，可以让患者自行填写，反映其心理状态。他评量表如汉密尔顿焦虑量表、汉密尔顿抑郁量表等，则由医生根据患者的表现进行评分。这些心理测验能够提供量化的评估结果，有助于医生更准确地判断患者的心理状态。

3. 生物学检查

近年来，随着生物学技术的发展，越来越多的研究表明心理疾病与生物学因素密切相关。因此，在心理疾病评估中，生物学检查也逐渐受到重视。例如，通过检测患者的神经递质水平、激素水平以及基因变异等生物学指标，可以为心理疾病的诊断和治疗提供新的思路。

（二）心理疾病的诊断

心理疾病的诊断需要综合考虑患者的症状表现、持续时间、严重程度以及社会功能受损情况等多个方面。在诊断过程中，需要遵循以下原则。

1. 标准化原则

心理疾病的诊断需要遵循国际通用的诊断标准，如《国际疾病分类》或《精神障碍诊断与统计手册》，这些标准明确了各种心理疾病的诊断标准，有助于提高诊断的准确性和一致性。

2. 综合评估原则

心理疾病的诊断不能仅依靠单一的症状或测验结果，而需要综合考虑患者的临床表现、心理测验结果以及可能的生物学因素，通过多方面的信息汇总和分析，才能得出更准确的诊断结论。

3. 谨慎性原则

心理疾病的诊断需要谨慎对待，避免过度诊断或误诊。在诊断过程中，医生需要充分了解患者的病史、家族史以及社会环境因素等，以确保诊断的准确性。

（三）前沿研究成果的应用

随着科学技术的不断进步，心理疾病的评估与诊断方法也在不断创新和发展，一些前沿研究成果逐步在心理疾病评估与诊断中投入应用。

1. 神经影像学检查

功能性磁共振成像、正电子发射断层扫描等神经影像学检查技术可以直观地观察大脑的结构和功能变化。这些技术在心理疾病的病因学研究和诊断中具有重要意义，比如通过研究抑郁症患者的脑功能连接模式，可以为抑郁症的诊断和治疗提供新的思路。

2. 基因检测技术

基因检测技术可以检测与心理疾病相关的基因变异，从而为心理疾病的预测、诊断和治疗提供新的依据。如精神分裂症、抑郁症等常见心理疾病，可以通过检测与心理疾病相关的基因变异，辅助医生进行更准确的诊断。

3. 人工智能技术在心理评估中的应用

随着人工智能技术的不断发展，越来越多的研究开始探索其在心理评估中的应用，比如基于机器学习的自动评估系统可以通过分析患者的语音、文本和行为数据，自动识别和预测心理疾病的风险，这些技术为心理疾病的早期发现和干预提供了新的可能。

二、心理疾病的治疗与干预

（一）心理疾病的药物治疗

心理疾病的药物治疗是当代心理健康治疗的重要手段。在选择药物治疗时，医生会根据患者的病情、年龄、性别和身体条件等具体情况，来制定个体化的治疗方案，这种个体化的方法能够确保药物更加贴合患者的实际需求。为了减少不良反应，医生通常会从较低的药物剂量开始，逐步调整到能够有效控制症状的最小剂量。在治疗过程中，确保药物剂量和疗程的充足性至关重要，这样才能达到最佳的治疗效果。当然，患者的安全始终是首要考虑的，因此在整个治疗过程中，医生会密切监测药物可能带来的不良反应，并根据情况及时调整药物剂量或更换药物。

在心理疾病的治疗中，常用的药物包括抗抑郁药、抗焦虑药和抗精神病药等。抗抑郁药主要通过调节神经递质的浓度来改善抑郁症状，如增加5-羟色胺和去甲肾上腺素的含量；抗焦虑药则是通过影响中枢神经系统的神经递质功能，如增强γ-氨基丁酸的作用，来减轻焦虑情绪；而抗精神病药则更为复杂，它涉及多种神经递质系统，主要用于治疗精神分裂症等严重精神疾病。

患者在使用药物治疗心理疾病时，必须谨慎遵循一系列注意事项，以确保治疗的有效性和自身的安全。患者需要严格遵守医生的用药指导，严格按照医生开具的处方和用药指导来使用药物，不得自行增减药物的剂量或更改用药方式，如有疑问或不适，应及时向医生咨询。在服用药物过程中，要注意药物的副作用，如果有头晕、恶心、口干、便秘、心悸等身体反应，要及时向医生报告任何不适或异常反应，医生根据评估，在某些情况下可能会调整药物剂量或更换药物以减轻副作用。患者在用药期间应告知医生所有正在使用的其他药物，包括处方药、非处方药和保健品，因为某些药物之间可能存在相互作用，会影响药效或增加副作用的风险，医生会根据患者的用药情况，调整治疗方案以避免潜在的药物相互作用。患者在用药期间要定期前往医院复诊，以便医生评估治疗效果，医生会根据患者的病情变化和药物反应，调整治疗方案以达到最佳治疗效果。定期复诊还有助于及时发现并处理潜在的药物副作用或并发症。药物治疗并非万能，患者需要配合良好的生活习惯来促进康复，这包括保持规律的作息时间、均衡的饮食、适量的运动和充足的休息，良好的生活习惯有助于提高药物治疗的效果，并减少副作用的发生。对于需要长期使用药物治疗的患者，应密切关注药物对身体的长期影响，要定期进行身体检查，以监测潜在的药物相关健康问题，医生会根据患者的具体情况，调整药物剂量或更换药物以降低长期用药的风险。

（二）心理疾病的心理治疗

心理治疗在心理疾病的治疗与干预中占有举足轻重的地位。与药物治疗不同，心理治疗侧重于通过心理学的方法和技术，帮助患者调整心理状态，解决心理问题，增强应对能力和自我调节能力。

1. 心理治疗的定义与重要性

心理治疗，又称精神治疗或心理咨询，是通过运用心理学的方法和技术，帮助患者解决情绪管理、压力应对、人际关系处理以及自我认知等方面的问题。心理治疗强调患者与治疗师之间的合作关系，旨在促进患者的心理成长和成熟，提高其生活质量。

心理治疗能够帮助患者识别和改变不良的思维模式和行为习惯，增强自我意识和自我控制能力。心理治疗还能够提供情感支持，缓解患者的心理压力和焦虑情绪，促进其社会功能的恢复和提高。

2. 心理治疗的常用方法

（1）认知行为疗法。这是一种广泛应用于心理治疗的方法，它侧重于帮助患者识别和改变其消极的思维模式与行为习惯。认知行为疗法通过教授患者如何评估和调整自己的思维，以及如何通过行为实验来检验这些思维，从而达到改变行为和提高应对能力的目的。

（2）精神动力学心理治疗。该方法主要基于精神分析的理论，强调潜意识中的冲突是心理问题的根源，治疗师通过帮助患者探索和理解其潜意识中的欲望、恐惧和防御机制，来促进患者的自我认知和成长。

（3）人本主义心理治疗。该方法强调人的自我实现和成长潜力。治疗师通过创造一种支持性和同理心的环境，帮助患者发现自己的价值和目标，并鼓励其追求个人成长和自我实现。

（4）家庭治疗。家庭治疗侧重于理解和改善家庭成员之间的互动关系。该方法认为个体的心理问题往往与家庭环境和家庭成员之间的相互作用密切相关，治疗师会邀请家庭成员共同参与治疗过程，以解决家庭中的问题和冲突。

3. 心理治疗的实施过程

心理治疗的实施通常包括以下几个阶段。

（1）初始评估。治疗师会与患者进行初步的面谈，了解其问题、背景和需求，以确定最适合的治疗方法。

（2）治疗计划制订。根据评估结果，治疗师会与患者共同制订治疗计划，明确治疗目标和步骤。

（3）治疗实施。在治疗过程中，治疗师会运用所选的方法和技术，帮助患者识别和解决问题。治疗师还会提供情感支持和指导，以增强患者的应对能力和自我调节能力。

（4）评估和反馈。在治疗过程中，治疗师会定期评估患者的进展，并根据反馈调整治疗方案。

（5）结束治疗。当达到治疗目标或患者状况明显改善时，治疗师会与患者一起总结治疗过程并结束治疗。治疗师还会提供一些建议和资源，以帮助患者巩固治疗效果并应对未来可能的挑战。

4. 心理治疗的前沿研究趋势

随着心理学和神经科学的发展，心理治疗领域也在不断涌现新的研究和方法。例如，基于正念的心理治疗近年来受到广泛关注，它强调通过培养患者的正念（即对当前经验的非判断性觉察）来增强其自我调节能力和情绪管理能力；虚拟现实和增强现实技术也被引入到心理治疗中，为患者提供更加沉浸式的治疗体验。这些前沿研究不仅丰富了心理治疗的方法和手段，还为进一步提高治疗效果提供了新的可能性。

（三）心理疾病的其他干预措施

除了传统的药物治疗和心理治疗外，近年来还涌现出了一些其他的心理疾病干预措施，这些措施在一定程度上弥补了药物和心理治疗的不足，为患者提供了更多元化的治疗选择。

1. 艺术治疗

艺术治疗是利用艺术创作和审美体验来促进个体心理健康的一种方法。它通过绘画、雕塑、音乐、舞蹈等艺术形式，帮助患者表达自己的情感、解决内心冲突，并增强自我认知。艺术治疗特别适合那些难以通过语言直接表达自己感受的患者，比如儿童、青少年或患有自闭症等沟通障碍的人群。在艺术治疗过程中，治疗师会引导患者进行艺术创作，通过作品来洞察患者的内心世界，进而提供有针对性的心理支持。

2. 运动治疗

运动治疗是通过体育活动和运动锻炼来改善患者心理状态的一种方法。运动不仅能够增强身体健康，还能促进大脑释放内啡肽等神经递质，从而缓解焦虑、抑郁等负面情绪。运动治疗特别适用于那些因心理压力而导致的失眠、头痛、肌肉紧张等躯体化症状。在治疗过程中，治疗师会根据患者的身体状况和心理需求，制定诸如瑜伽、跑步、游泳等个性化的运动方案，以帮助患者恢复身心健康。

3. 社交技能训练

社交技能训练是针对社交恐惧症、自闭症等社交障碍患者的一种有效干预措施。它旨在通过模拟社交场景、角色扮演、沟通技巧训练等方式，帮助患者提高社交能力，增强自信。社交技能训练通常由专业的心理治疗师或社交技能教练进行，他们会根据患者的具体情况设计训练方案，并在训练过程中给予及时的反馈和指导。通过社交技能训练，患者能够更好地融入社会，建立健康的人际关系。

4. 正念减压疗法

正念减压疗法是一种结合了冥想和瑜伽的放松技术。它通过培养患者的正念（即对当前经验的非判断性觉察），帮助患者减轻压力、缓解焦虑和提高自我调节能力。正念减压疗法被广泛应用于治疗慢性疼痛、焦虑症、抑郁症等心理疾病。在治疗过程中，治疗师会引导患者进行冥想练习，教授其如何在日常生活中保持正念，从而提高应对压力和负面情绪的能力。

5. 生物反馈疗法

生物反馈疗法是利用现代生理科学仪器，将与心理、生理过程有关的体内某些生物信息转化为可观察的视、听觉信号，使患者能够自我调节心理状态的一种方法。这种方法可以帮助患者学会自我调节心率、血压、肌肉紧张度等身体功能，从而缓解焦虑、抑郁等负面情绪。生物反馈疗法在治疗慢性疼痛、失眠、焦虑障碍等方面具有显著效果。

6. 光照疗法

光照疗法主要用于治疗季节性情感障碍。这是一种在冬季由于日照不足而引发的抑郁症。通过暴露于特定强度和波长的光线下，光照疗法可以有效改善患者的情绪状态和生物钟节律。这种方法简便易行，且副作用较小，因此在临床上得到了广泛应用。

抑郁症筛查

指导语：根据实际情况，请你回答是否存在表10-6中描述的状况及频率，在相应的选项上打√。

温馨提示：1. 该量表不能代替医生的诊断，只是一种筛查工具，即使你得分很高，也不一定表示你有抑郁症。

2. 如果你的得分较高，请与心理咨询师联系咨询或到心理医生处咨询或就诊。

表 10-6 抑郁症筛查量表

项目	频率			
	没有	有几天	一半以上时间	几乎每天
1. 做事时提不起劲或没兴趣				
2. 感到心情低落、沮丧或绝望				
3. 入睡困难、睡不安或睡得过多				
4. 感觉疲倦或没有活力				
5. 食欲不振或吃太多				
6. 觉得自己很糟糕或觉得自己很失败，或让自己、家人失望				
7. 对事物专注有困难，例如看报纸或看电视时不能集中注意力				
8. 行动或说话速度缓慢到别人已经觉察，或刚好相反，变得比平日更烦躁或坐立不安，动来动去的情况更胜于平常				
9. 有不如死掉或用某种方式伤害自己的念头				

抑郁症筛查量计分规则：“没有”为 0 分，“有几天”为 1 分，“一半以上时间”为 2 分，“几乎每天”为 3 分。

得分说明见表 10-7。

表 10-7 抑郁症筛查量计分规则及说明

总分	判断	建议
0 ～ 4	没有抑郁症	注意自我保重
5 ～ 9	可能有轻微抑郁症	建议咨询心理医生或心理医学工作者
10 ～ 14	可能有中度抑郁症	最好咨询心理医生或心理医学工作者
15 ～ 19	可能有中重度抑郁症	建议咨询心理医生或精神科医生
20 ～ 27	可能有重度抑郁症	一定要看心理医生或精神科医生

核心项目：

项目 1、项目 4、项目 9，任何一题得分 >1（即选择 2、3），需要关注；项目 1、项目 4，代表着抑郁的核心症状；项目 9 代表有自伤意念。

章末小结

1.心理疾病是指个体心理功能或行为显著偏离常态，与社会文化环境不适应，对个体造成明显痛苦或损害其社会功能的心理状态。

2.心理疾病的分类复杂多样，包括神经症性障碍、精神病性障碍、人格障碍、应激相关障碍以及进食与睡眠障碍等，不同分类体系存在差异。

3.常见心理疾病的识别对于大学生心理健康至关重要，涉及精神分裂症、抑郁障碍、双相障碍、焦虑障碍、强迫障碍和人格障碍等。

4.精神分裂症主要表现为感知、思维、情感和行为异常，需综合治疗包括药物治疗、心理治疗和社会康复。

5.抑郁障碍以显著而持久的情绪低落为特征，需药物治疗、心理治疗和社会支持相结合。

6.双相障碍患者情绪在躁狂和抑郁之间波动，治疗需考虑药物治疗、心理治疗及生活方式调整。

7.焦虑障碍以过度担忧、紧张和恐惧为特征，治疗需药物治疗、心理治疗及生活方式调整。

8.强迫障碍以强迫思维和强迫行为为主要表现，治疗需药物治疗结合认知行为疗法。

9.人格障碍是长期稳定异常行为模式，治疗需长期心理治疗辅以药物治疗和社会支持。

10.早期识别、综合治疗以及持续的社会支持对于异常心理疾病的预防和康复至关重要。

11.心理疾病污名是指围绕心理疾病产生的负面刻板印象、偏见和歧视，对个体心理健康和社会融入构成障碍。

12.心理疾病污名现象表现为公众对患者的误解、社交疏远和康复可能性的怀疑，严重影响患者的心理健康和社会功能。

13.心理疾病污名成因涉及社会认知偏差、文化因素、媒体与公众舆论塑造以及专业知识和教育缺失等。

14.心理疾病污名形成机制涉及社会认知、情感态度、行为模式和社会文化环境等相互作用，共同塑造了污名现象。

15.心理疾病污名的应对策略包括增强公众对心理疾病的认知、提升心理健康素养、倡导社会支持网络建设、促进医疗保健政策完善、加强专业人员培训教育以及鼓励患者自我倡导与互助，以减轻和消除心理疾病污名。

16.心理疾病的评估与诊断是确保准确识别和治疗的前提，需遵循专业标准和原则，包括标准化、综合评估和谨慎性原则。

17.临床诊断面谈、心理测验和生物学检查是心理疾病评估的常用方法，前沿研究如神经影像学检查、基因检测技术和人工智能技术的应用为评估提供了新手段。

18.心理疾病的治疗包括药物治疗、心理治疗和其他干预措施，个体化的治疗方案和谨慎用药是确保治疗效果的关键。

19. 药物治疗需严格遵循医嘱，注意药物副作用和潜在的药物相互作用，同时配合良好的生活习惯以促进康复。

20. 心理治疗通过改变不良思维模式和行为习惯，提供情感支持，促进患者心理成长和成熟，常用方法包括认知行为疗法、精神动力学心理治疗等。

21. 其他干预措施如艺术治疗、运动治疗、社交技能训练等，为患者提供了多元化的治疗选择，有助于弥补药物治疗和其他取向的心理治疗的不足。

22. 前沿研究趋势如正念心理治疗、虚拟现实技术在心理治疗中的应用等，为心理疾病的治疗提供了新的可能性。

第十一章

生命教育与心理危机应对

名人名言

- 知道为什么而活的人，便能生存。——尼采
- 乐观的人在每个危机里看到机会，悲观的人在每个机会里看见危机。——丘吉尔

学习目标

- 认识生命的意义。
- 了解心理危机的类型和特点。
- 理解大学生心理危机的成因。
- 识别心理危机的信号。
- 掌握心理危机基本的干预方法。

案例导入

陈某是一名大学生，在上学的路上，他目睹了一场因交通事故造成多人伤亡的现场，回想那些画面时感到很恐惧。到学校后，陈某的恐惧情绪一直存在，不敢一个人待着。外面的风吹草动都让他很警觉，时刻关注着有没有发生什么，不自觉地发抖，晚上睡不着，脑海里会不断闪现事故现场的画面，像放电影一样。他努力地想要忘记，但是就是忘记不了，那些画面好像不受控制一样冒出来。他不敢走公路的人行道，晚上不断做噩梦，都是很可怕的场景，有时从梦中吓醒，这严重影响了生活和学习。于是，陈某到学校的心理咨询中心寻求帮助。心理咨询中心的咨询师认为陈某目前处于目睹事故后的心理危机当中，需要接受心理危机干预。

案例中的陈某在目睹事故以后身体和心理上均发生了一系列的变化，表现出警觉、闪回、回避等现象。突然面临重大的事件使他的心理从之前的平静转变到危机的状态。心理危机是怎么引起的？有什么具体表现呢？当自己或者别人处于危机状态时，如何去帮助处于危机中的自己或别人呢？这就需要大学生对心理危机有深入的了解。

第一节　心理危机概述

一、心理危机的含义与特征

（一）心理危机的含义

危机有很多种，如经济危机、生态危机、信任危机、政治危机等。心理危机是危机中的一种，要了解心理危机，就要先认识危机。《现代汉语词典》（第 7 版）对危机的定义是：①潜伏的危险。②严重困难的关头。

1954 年，美国心理学家卡普兰首次提出心理危机的概念。他认为，当一个人面对困难情境，其先前处理问题的方式及惯常的支持系统不足以应对当前处境时，即他必须面对的困难情境超过了他的应对能力时，这个人就会产生暂时的心理困扰，其呈现的暂时性的心理失调状态就是心理危机。此后，心理危机的概念在不断扩展。

美国加州大学的心理学教授克里斯蒂·卡内尔认为不管哪种方式的定义，心理危机实质上都包括三个基本的部分：一是危机事件的发生；二是对危机事件的感知导致当事人的主观痛苦；三是惯常的应对方式失败，导致当事人的心理、情感和行为等方面的功能水平较突发事件发生前降低。

整合学者对心理危机的研究可以发现，心理危机是指由于突然遭受严重灾难、重大生活事件或精神压力事件，使生活状况发生明显的变化，当事人自己既不能回避又无法运用自己的资源和应对方式来解决此时所出现的心理反应，致使当事人陷于痛苦、不安的状态，并常伴有绝望、麻木不仁、焦虑，以及自主神经症状和行为障碍。

（二）心理危机的特征

在生活中，人们会发现，不同的人在面临同一危机事件时反应千差万别，影响程度也不尽相同，一些事件对于其中一部分人而言构成心理危机，而对其他人则可能不构成心理危机。这与心理危机的特征有关。心理危机的一般特征如下。

1. 心理危机既有普遍性，又有特殊性

心理危机的普遍性指的是在一定情况下每个人都有可能发生心理危机。虽然心理危机不可避免，但是它又有其特殊性。心理危机的特殊性表现在在同样的应激条件下，由于个体本身的差异，有些个体能够成功战胜危机，而另外一些则不能。正是由于这种普遍性和特殊性，完全相信个体能够通过自我调节的方式来免于遭受心理打击，能稳定、

冷静、正确地处理任何危机是不明智的。

2. 心理危机具有复杂性

心理危机的复杂性表现在：引起危机的原因多种多样；心理危机的发生不遵循一般的因果关系规律；心理危机的程度与生活事件的强度不一定成正比，而更多地取决于个体对生活事件的认知、心理弹性、应对能力、既往经历和个性特征等。心理危机的复杂性还表现在症状的复杂性，可能呈现出各种复杂的症状，如遗忘、惊恐发作甚至出现精神病性症状。危机的症状就像一张网，个体的认知、情感、行为等表现都交织在一起，而且因不同的个体特征而呈现不同的交织方式。

3. 心理危机具有双重性

心理危机具有双重性，即危险与机遇共存。汉语里有居安思危、转危为安等成语，可见安与危可同时存在或者相互转化。“危机”一词,“危”有危险之意，而“机”有机会、机遇、机缘之意。一方面，如果危机严重威胁个体的生活或家庭，个体可能会采取不恰当的方式方法来应对问题。同时，如果缺少外界干预，危机导致个体心理社会功能下降，严重时甚至精神崩溃、自杀或伤人，那么这种危机就是危险。另一方面，如果在危机状况下，痛苦迫使当事人成功地转化和处理危机，或及时得到适当、有效的干预，学会了新的应对技能，心理功能得以恢复甚至超过危机前的水平，那么这种危机便会成为心理成长的催化剂，成为一种成长的机缘和获得新生的机遇。

心理危机没有万能的、快速的解决方法。由于心理危机来源和症状表现的复杂性，以及个体千差万别的特征，在帮助个体应对危机时，专业人员可采取多种多样的方法或适合当前个体的特别方法，但缺乏万能的、快速的方法。

4. 心理危机有明显的时代特征和个性特征

时代在发展，每一代人面临的时代特点不同、社会环境不同，呈现出来的整体心理特点不同。心理危机的个性特征表现在每一个危机事件虽然都有共性特征，但无一例外都呈现出个体鲜明的个性特点。不同的人经历同一个危机会出现不同的反应，受到的影响和事后的成长也不同，这与当事人的童年成长经历、家庭养育环境、教育经历、成长环境、先天特质及后天性格特点有关。

除上述特征外，心理危机还具有出人意料、不可控、给当事人带来痛苦体验和无助感等特征。

二、生命的历程与心理危机

心理学里有个名词“中年危机”，是指个体在 35 ~ 59 岁，即进入中年之后产生的生理及行为上的不适应和心理上的不平衡。男性在此阶段感受到老化的威胁；女性则在 45 岁以后进入围绝经期，生殖能力下降，直至绝经。中年人在家庭与社会中的地位受到挑战，家庭中子女开始成家立业，部分工作被青年人接替，这种地位的变化破坏了他们长期养成的生活习惯，使其内心矛盾重重，产生焦虑、紧张、自卑等情绪。中年晚期个体

的心理危机较严重，此时部分个体离开工作岗位，退休在家，由紧张忙碌突然变得无事可做，活动范围缩小，社会地位下降，感到若有所失、内心空虚。若长期不能解决这种危机，个体的心理发展就会失调，出现病态的行为方式。

人们不仅会在中年面临心理危机，在生命的其他阶段也会面临不同的心理发展任务以及与之伴随的心理危机。美国发展心理学家埃里克森认为，人要经历八个阶段的心理社会演变，这种演变称为心理社会发展。这八个阶段包括四个童年阶段、一个青春期阶段和三个成年阶段。每个阶段都有其相应的核心任务，并且每个阶段都建立在前一个阶段之上，紧密相连。当阶段任务得到恰当的解决，个体就会获得较为完整的个人同一性。若核心任务处理得不成功，则个体会出现个人同一性残缺、不连贯的状态。

（一）婴儿期

婴儿期是 0 ～ 1.5 岁的阶段，此期个体面临基本信任和不信任的心理冲突。不要认为婴儿是一个不懂事的小动物，只要吃饱、不哭就行。婴儿期是基本信任和不信任的心理冲突期，因为在这一阶段，婴儿可以逐渐辨别出周围的人，当孩子哭或饿时，父母是否出现则是建立信任感的重要问题。信任在人格中形成了“希望”这一品质，它起着增强自我的力量。具有信任感的儿童敢于希望，富于理想，具有强烈的未来定向；反之，则不敢希望，时常担忧自己的需要得不到满足。埃里克森把希望定义为：“对自己愿望的可实现性的持久信念，反抗黑暗势力、标志生命诞生的怒吼。”

（二）儿童期

儿童期是 1.5 ～ 3 岁的阶段，此期个体面临自主与害羞（或怀疑）的冲突。这一时期，儿童掌握了大量的技能，如爬、走、说话等。更重要的是他们学会了怎样坚持或放弃，也就是说儿童开始“有意志”地决定做什么或不做什么。这时，父母与子女的冲突很激烈，儿童的第一个反抗期出现。一方面，父母必须承担起控制儿童行为，使之符合社会规范的任务，即养成良好的习惯，如训练儿童大小便，使他们对肮脏的随地大小便感到羞耻；训练他们按时吃饭，节约粮食等。另一方面，儿童开始了自主感，他们坚持自己的进食、排泄方式，所以训练良好的习惯不是一件容易的事。这时孩子会反复应用“我”“我们”“不”来反抗外界控制，而父母决不能听之任之、放任自流，否则将不利于儿童的社会化；但若过分严厉，又会伤害儿童自主感和自我控制能力。如果父母对儿童的保护或惩罚不当，儿童就会产生怀疑，并感到害羞。因此，父母要把握住“度”的问题，这样才有利于在儿童人格内部形成意志品质。埃里克森把意志定义为：“不顾不可避免的害羞和怀疑心理而坚定地自由选择或自我抑制的决心。”

（三）学龄前期

学龄前期是 3 ～ 6 岁的阶段，此期个体面临主动与内疚的冲突。在这一时期，如果儿童表现出的主动探究行为受到鼓励，他就会形成主动性，这为其将来成为一个有责任感、有创造力的人奠定了基础。如果成人讥笑儿童的独创行为和想象力，那么儿童就会逐渐失去自信心，这使他们更倾向于生活在别人为他们安排好的狭窄圈子里，缺乏自己开创幸福生活的主动性。当儿童的主动感超过内疚感时，他们就有了“目的”的品质。埃里克森把目的定义为：“一种正视和追求有价值目标的勇气，这种勇气不为幼儿想象的失利、罪疚感和惩罚的恐惧所限制。”

（四）学龄期

学龄期是 6 ~ 12 岁的阶段，此期个体面临勤奋与自卑的冲突。这一阶段的儿童都应在学校接受教育。学校是训练儿童适应社会、掌握今后生活所必需的知识和技能的地方。如果他们能顺利地完成学习课程，就会获得勤奋感，这使他们在今后的独立生活和承担工作任务中充满信心；反之，就会产生自卑感。另外，如果儿童养成了过分看重自己工作的态度而对其他方面木然处之，那么其生活是可悲的。埃里克森说：“如果他把工作当成他唯一的任务，把做什么工作看成唯一的价值标准，那他就可能成为自己工作技能和老板们最驯服和最无思想的奴隶。”当儿童的勤奋感大于自卑感时，他们就会获得有“能力”的品质。埃里克森说：“能力是不受儿童自卑感削弱的，完成任务所需要的是自由操作的熟练技能和智慧。”

（五）青春期

青春期是 12 ~ 18 岁的阶段，此期个体面临自我同一性与角色混乱的冲突。一方面，青少年本能冲动的高涨会带来问题；另一方面，更重要的是青少年面临新的社会要求和社会的冲突而感到困扰与混乱。所以，青少年期的主要任务是建立新的同一感或自己在别人眼中的形象，以及他在社会集体中所属的情感位置。这种统一性的感觉也是一种不断增强的自信心，一种在过去的经历中形成的内在持续性和同一感（一个人心理上的自我）。

青春期的主要心理危机是角色混乱。埃里克森把同一性危机理论用于解释青少年对社会不满和犯罪等社会问题上，他认为如果一个儿童感到他所面临的环境剥夺了他在未来发展中获得自我同一性的可能性，那么这个儿童将以令人吃惊的力量抵抗社会环境。在人类社会的丛林中，没有同一性的感觉，就没有自身的存在，所以，他宁做一个坏人，或干脆死人般地活着，他自由地选择这一切。随着自我同一性形成了“忠诚”的品质。埃里克森把忠诚定义为：“不顾价值系统的必然矛盾，而坚持自己确认的同一性的能力。”

（六）成年早期

成年早期是 18 ~ 40 岁的阶段，此期个体面临亲密与孤独的冲突。只有具有牢固的自我同一性的青年人，才敢于承担与他人发生亲密关系的风险。因为与他人发生爱的关系就是把自己的同一性与他人的同一性融为一体。这里有自我牺牲或损失，只有这样才能在恋爱中建立真正亲密无间的关系，从而获得亲密感，否则将产生孤独感。埃里克森把爱定义为：“压制异性间遗传的对立性而永远相互奉献。”

（七）成年中期

成年中期是 40 ~ 65 岁的阶段，此期个体面临生育与自我专注的冲突。当一个人顺利地度过了自我同一性时期，在以后的岁月中将过上幸福充实的生活，他将生儿育女，关心后代的繁殖和养育。埃里克森认为，生育感有生和育两层含义，一个人即使没生孩子，只要能关心孩子、教育指导孩子也可以具有生育感；而没有生育感的人，其人格贫乏和停滞，是一个自我关注的人，他们只考虑自己的需要和利益，不关心他人（包括儿童）的需要和利益。在这一时期，人们不仅要生育孩子，还要承担社会工作，这是一个人对下一代的关心和创造力最旺盛的时期，人们将获得关心和创造力的品质。

（八）成年晚期

成年晚期是 65 岁以上的阶段，此期个体面临自我调整与绝望期的冲突。由于衰老过程，老年人的体力、心力和健康每况愈下，对此他们必须做出相应的调整和适应，所以被称为自我调整对绝望感的心理冲突。老年人经常回顾过去，可能怀着充实的感情与世告别，也可能怀着绝望走向死亡。自我调整是一种接受自我、承认现实的感受，一种超脱的智慧之感。如果一个人的自我调整大于绝望，他将获得智慧的品质。埃里克森把它定义为："以超然的态度对待生活和死亡。"

老年人对死亡的态度直接影响下一代儿童时期信任感的形成。因此，第八阶段和第一阶段首尾相连，构成一个循环或生命的周期。埃里克森认为，个体在每一个心理社会发展阶段，解决了核心问题之后所产生的人格特质都包括积极与消极两方面的品质，如果各个阶段都保持向积极品质发展，就算完成了这一阶段的任务，逐渐实现了健全的人格，否则就会产生心理社会危机，出现情绪障碍，形成不健全的人格。

三、生命的意义

微课
生命的意义

《活出生命的意义》一书的作者维克多·弗兰克尔在经历了集中营的困境后，对个体的心理及生命的意义有了深入的思考，他把生命的意义放在心理的核心位置，通过分析弗洛伊德和阿德勒理论的不足之处，结合自己的亲身经历，并以存在主义哲学和现象学的理论观点为依据，提出了意义疗法，帮助人们寻找、发现生命的意义。

弗兰克尔从动机的角度对生命意义感做出了阐述和解释，他认为个体存在的基本动机是对生命意义的追寻，即人类最主要也是最首要的动机是努力地去实现或者发现生活中的意义。弗兰克尔认为，人是由生理、心理和精神三方面的需求满足的交互作用统合而成的整体，生理需求的满足使人存在，心理需求的满足使人快乐，精神需求的满足使人有价值感。他认为，人格的核心是精神性或意义，精神或意义层面的缺失会导致身心疾病的产生。

弗兰克尔的意义治疗理论包括三个部分：意志自由、意义意志和生命意义。

（一）意志自由

弗兰克尔认为，每个人都是自由的，但与此同时人的自由又是有限的。人总是受到生物、心理和社会文化等多种因素的制约，在这样的情况之下，意志自由表现为人们可以选择自己的态度和立场。弗兰克尔反对泛决定论，否认人完全受本能、遗传或环境的影响，人的心理并不自由，但他认为精神层面可以超越这些限制，人的意志可以超越这些限制。意义自由奠定了意义疗法存在的基础。他认为，人类具有精神上的自由，态度上的自由，能够把握自己的命运，拥有自己独特的人生。通常在人生的紧要关头，人超越现实的精神自由就会表现出来，意义自由是瞬间体验到的。弗兰克尔指出，人有选择的自由，但也需要承担选择后果的责任，人们有责任实现自己生命的独特意义。

（二）意义意志

弗兰克尔认为，完整的人包括生理、心理和精神三个部分。其中，精神部分就是人追求意义的意志，它是主动的、原发的，是实现人生责任的基础。弗兰克尔认为，人的最基本的动机不是自我实现，而是在存在中尽可能地发现更多的意义并实现更多的价值。意义意志不仅对心理健康有益，而且能帮助个体摆脱痛苦和忧伤的状态。意义意志是属于精神层面的，是具有主动性的，是一种人类的基本的生活态度。寻找意义是人们生活的目标，人们的生活意义是独特的，只有达成对个体而言具有独特意义的事，才能满足其生命意义感。人们通常会把自我实现、快乐或者优越感等作为自己一生追求的根本目标，但是在弗兰克尔看来，这种看法是不正确的，这三者其实都是意义意志的产物。个体之所以会产生存在空虚的感觉，原因就在于其意义意志受到了挫折，随之而来会产生各种各样的行为问题，这种挫折很严重的人会产生心灵性精神官能症。

（三）生命意义

意义问题是人的本质问题。追求生命的意义是人类存在的一种基本需要，它标志着人类存在的本质。弗兰克尔认为，生命意义具有两重性，既包括客观性又包括主观性，一方面意义是可以发现的，而不是给予的，意义本身就具有现实性，它是我们无法改变的；另一方面，每个人的生命意义又具有独特性。每个人不论性别、年龄、种族，他们都会具有与生俱来的生命意义。但是，意义治疗学家并没有给生命意义一个具体的形式，他们认为，与其追问生命的意义，不如接受生命的追问，每个人都需要完成那些生命提出的问题。所以，为了回答这些关于生命的追问，个体必须用负责的态度给自己找到答案。

关于如何实现生命意义，弗兰克尔给出了三条途径：创造性价值（创造和工作）、体验的价值（体验意义的价值）和态度的价值（对不可避免的苦难所采取的态度）。

1. 创造性价值

创造和工作是与实现创造性价值相关的，即通过日常的工作和创造，个体会赋予生活很多的东西，这些东西就是个体的创造物。这些创造物给社会的正常运行带来了贡献，因而体现了个体的创造性价值。而从这些创造中，个体能够发现自己的生命意义。但是，

只有负责任的、积极的工作所创造出来的产物才会给社会带来贡献，简单的机械工作是不够的，人们必须把握工作背后的意义和动机，这样才能在对工作的价值和意义的感悟中实现生命的意义，以积极的、创造性的、有责任感的态度赋予工作意义。

2. 体验的价值

体验的价值，即个体可以通过体验生命中的美好事物、某个人、经历爱情等来感受到生命的意义和价值。其中，弗兰克尔尤其强调“爱”，他认为爱是进入人格核心的一种方法，它可以实现人的潜能，使他们理解自己能够成为什么，应该成为什么，从而使他们原来的潜能发挥出来。爱可以让人体会到强烈的责任感，能够激发人们的创造性，在体验爱的过程中，人们可以发现生活的意义和价值。意义疗法引导人们学会并乐于接受爱，以及伴随而来的责任。

3. 态度的价值

态度的价值与面临不可避免的苦难所采取的态度有关，人们可以在“受苦”的过程中体验到生命的意义。弗兰克尔认为，人对命运的选择完全取决于人的精神态度，即使面对无法抗拒的命运力量，人仍然可以选择自己的态度和立场，通过实现态度性价值改变自己看待事物的视角，了解对于自己而言什么是最重要的，从中获得新的认识。当人们面对苦难时，重要的是人们对苦难采取什么样的态度，用怎样的态度来承担苦难。人的一生中会遇到很多的困难，当某种困难已经达到使个体绝望的程度时，即使上述的两种方法（创造性价值与体验的价值）已经不能使自己体会到人生的价值，个体仍然可以通过选择自己的态度，以正视困难和痛苦的方式来体会和赋予生命的意义。他还认为，不能选择良好的态度面对困难是很多神经症患者发病的原因，改变态度可以使这些症状得到缓解。

拓展阅读

催眠大师：米尔顿·艾瑞克森

米尔顿·艾瑞克森在心理治疗史上是一位具有独特影响力的人物。他小时患有诵读困难症、色盲症，还有辨别声音的困难。在17岁时，艾瑞克森罹患了小儿麻痹症，那是一次极为严重的感染，他完全瘫痪，除了说话、动眼之外不能做其他事，当时的医生都认为他活不下来。但是，艾瑞克森靠自己发展出一套方法，他运用精神专注力去产生细微的移动，他把握每个机会去锻炼更多的肌肉，来强化肌力，他学着用拐杖走路、保持身体平衡来骑脚踏车。在努力克服身体的病痛的同时，他潜心钻研催眠治疗，发展了极具个人特色的催眠风格，成为一名颇负盛名的催眠大师。在50年的治疗实践中，他治疗了接近3万名患者，他的讲座被结集出版，为催眠治疗的理论和实践奠定了深厚的基础。

资料来源：http：//www.360doc.com/content/10/0719/00/1556309_39962590.shtml，有改动.

中文版生命意义感量表

指导语：采用中文版生命意义感量表（表11–1）测一下你对生命意义的认识。下面一共有9个项目，每个项目从“完全不符合”到“完全符合”七级评分，请根据你的具体情况选择相应的选项打“√”，并进行评分。

表11–1　中文版生命意义感量表

项　目	完全不符合	比较不符合	不符合	不确定	符合	比较符合	完全符合
1. 我正在寻觅我人生的一个目的或使命							
2. 我的生活没有明确的目的							
3. 我正在寻找自己生活的意义							
4. 我明白自己生活的意义							
5. 我正在寻觅让我感觉自己生活饶有意义的东西							
6. 我总在尝试找寻自己生活的目的							
7. 我的生活有一个清晰的方向							
8. 我知道什么东西能使自己的生活有意义							
9. 我已经发现一个让自己满意的生活目的							

评分标准：

中文版生命意义感量表有9个项目，七个评分等级：“完全不符合”为1分，“比较不符合”为2分，“不符合”为3分，“不确定”为4分，“符合”为5分，“比较符合”为6分，“完全符合”为7分。包含生命意义感（1、2、3、4、5）和寻求意义感（6、7、8、9）两个分量表。生命意义感分数越高，表明被试者感觉自己的生命和存在越富有意义、目的和理由；寻求意义感分数越高，表明被试者正在越努力地寻找自己存在的理由或生命的意义。

第二节　大学生心理危机

一、大学生心理危机的类型及特点

大学生处于身心发展的特殊时期，可能会面临各种危机，由于成长文化背景、家庭背景、教育经历、个体发展时期、个人阅历等情况的不同，心理危机产生的情况不是绝对的。有同学会在咨询中谈及适应方面的危机：“我以前都是家长眼中的好孩子，老师眼

中的好学生，同学羡慕的对象，顶着光环长大。可是上了大学，周围优秀的同学很多，绽放着耀眼的光芒，而我显得暗淡了，不再是目光聚焦的对象，生活一下子失去了重心，巨大的落差感让我没有动力，失去了信心，找不到人生的意义了。”有的同学会谈及情感方面的危机：“老师，我那么爱她，那么为她付出，为未来努力，可是还是被分手了，我再也不相信别人了，没有爱的勇气了，我晚上总是失眠，想到她，想到自己，那种锥心的痛，好像活不下去了一样。”

同时，每个人所面临的危机都随时间、地点、事件、情景的变化而不同，每个危机的发生都有其特殊性。

（一）大学生心理危机的类型

从心理危机的性质入手，危机可分为发展性危机、情境性危机和存在性危机三类。

（1）发展性危机。发展性危机又称适应性危机或成熟性危机，是指个体在其成长发展过程中，遭遇环境或自身生理心理变化所导致的应激反应。

（2）情境性危机。情境性危机是指出现罕见或突如其来的超常事件，在个人无法预测和控制时出现的危机。区别情境性危机与其他危机的关键在于引发情境性危机的超常事件是个体无法预料的或难以控制的，如父母的离异、暴力侵犯、人际关系的强烈冲突、自然灾害、公共卫生事件等。对当事人来说，这些事件是强烈的、灾难性的、震撼性的、随机的。

（3）存在性危机。存在性危机是指随着重要的人生问题而出现的心理内部冲突和焦虑。人作为人的存在特征决定了人一生必须面对存在问题的困扰。例如，关于死亡、自由、孤独和自我认同的问题，关于人生价值、责任和义务的问题等。

（二）大学生心理危机的特点

大学生心理危机具有独特的特点，主要表现在以下四个方面。

（1）发展性。发展性是指每个人在成长和发展中都会遇到心理危机，处于发展转变中的人，其心理更容易受到应激事件的影响。大学生正处于人生发展的关键阶段，因此不可避免地会出现心理危机。

（2）交互性。交互性是指大学生心理危机的成因复杂。多种因素可能交互作用，共同导致大学生心理危机的产生。从某种意义上来讲，大学生存在一定特殊性，其尚未进入社会，心理尚未成熟，人际关系的处理、经济情况、感情困扰、学业压力及就业压力交织在一起。一旦遇到突发状况，这些交互因素相互作用并可能会爆发，从而引发大学生心理危机。

（3）易发性。大学生的年龄一般为 18 ～ 25 岁，其在生理上虽然已经成熟，但心理方面尚未成熟，容易出现各种矛盾和冲突，甚至生活中的一些小问题如果得不到及时有效的化解，也会引发心理危机。

（4）潜在性。所谓潜在性，是指许多心理危机并不是直接爆发，而是潜伏在个体中，一旦遇到危机事件，则可能由一些潜伏的心理问题转变为心理危机。

大学生心理危机的出现不仅对其本人的学习、生活和人生发展有巨大的影响，也对学校的正常生活和教学秩序、管理秩序造成了相当大的影响。因此，学校需要深入了解大学生的心理危机成因并采取相应的预防及应对措施。

二、大学生心理危机的识别

（一）心理危机引起的心理和生理反应

受到危机事件的困扰时，个体可能会出现心理和生理上的各种反应。

（1）情绪方面的反应。个体主要表现出害怕、焦虑、恐惧、不信任、沮丧、抑郁、悲伤、易怒、孤独、紧张不安等。

（2）认知方面的反应。个体常出现注意力不集中、健忘、学习效率降低、不能把思想从危机事件上转移等。

（3）行为方面的反应。个体不能专心学习或工作；回避他人，社交退缩；拒绝帮助，认为接受帮助是软弱无力的表现；容易自责或怪罪他人、不易信任他人；等等。

（4）生理方面的反应。个体表现为心悸、肠胃不适、腹泻、食欲不振、头晕、头痛、失眠多梦、做噩梦、呼吸困难或窒息、肌肉紧张等。

（二）心理危机的阶段表现

心理危机是一个过程，卡普兰在他的危机理论中描述了危机反应的演变过程。他认为，处于危机中的个体要经历以下四个阶段。

（1）当一个人感受到自己的生活突然出现变化或即将出现变化时，他内心的基本平衡被打破了，表现为警觉性提高，开始体验到紧张。为了达到新的平衡，他试图用自己以前在压力下习惯采取的策略做出反应。

（2）经过前一阶段的努力和尝试，个体发现自己习惯的解决问题的方法未能奏效，焦虑程度开始增加。为了找到新的解决办法，他开始尝试采取各种办法解决问题。但高度紧张的情绪多少会妨碍当事人冷静地思考，从而会影响其采取有效的行动。

（3）如果经过尝试各种方法未能有效地解决问题，个体内心的紧张程度将会持续增加，并想方设法地寻求和尝试新的解决办法。在这一阶段中，当事人求助的动机最强，常常不顾一切地发出求助信号，甚至尝试自己曾经认为荒唐的方式。此时当事人最容易受到别人的暗示和影响。

（4）如果当事人经过前三个阶段仍未有效地解决问题，他很容易产生习惯性的无助。个体会对自己失去希望和信心，甚至对整个生命意义产生怀疑和动摇。很多人正是在这个阶段中企图自杀。同时，强大的心理压力有可能触发以前未能完全解决的、被各种方式掩盖的内心深层冲突，有的人会由此而走向精神崩溃和人格解体。这个阶段当事人特别需要通过外援性的帮助，才有可能度过危机。

绝大多数学者认为，人的心理危机状态要持续 4 ~ 6 周。在这段时间，由于处理危

机的方式不同，个体先前经历危机的体验不同，个体人格特质的不同，当事人的结局也不相同。一般来说，心理危机会产生四种结局：第一种，当事人顺利度过危机，并学会了处理危机的新方法，提高了心理健康水平；第二种，当事人度过危机但留下心灵的创伤，影响他以后的社会适应；第三种，自杀，当事人经不住强大的精神压力，对未来绝望，以死解脱；第四种，当事人未能度过危机并陷于神经症或精神病，以后当事人经历的任何生活变故都可能诱发心理危机，当事人的心理适应水平明显降低。

拓展阅读

急性应激反应和创伤后应激障碍

当危机的程度比较大时，个体甚至可能会出现急性应激障碍（acute stress disorder，ASD）和创伤后应激障碍（post-traumatic stress disorder，PTSD）。

急性应激障碍是指在遭受到急剧、严重的精神创伤性事件后数分钟或数小时内所产生的一过性的精神障碍，一般在数天或1周内缓解，最长不超过1个月。急性应激障碍在各个年龄阶段均可发生，多见于青壮年人，男性与女性的发病率无明显差异，主要表现为具有强烈恐惧体验的精神运动性兴奋或者精神运动性抑制甚至木僵，症状往往历时短暂，预后良好。急性应激障碍最核心的症状是创伤性重现体验、回避与麻木、高度警觉状态。创伤性事件的情境或当时的心理感受反复自动出现在意识里或梦境里，任何与创伤体验有关的情境均可诱发，当事人因此回避各种与创伤有关的人或事，情感可以表现为麻木状态，常存在心动过速、出汗、面赤等自主神经症状。严重时，当事人可表现为精神病性症状，有些当事人在病情严重阶段可出现思维联想松弛、片段的幻觉、妄想、严重的焦虑抑郁，达到精神病的程度。

创伤后应激障碍是指个体经历、目睹或遭遇到一个或多个涉及自身或他人的死亡，或受到死亡的威胁、严重的受伤、躯体完整性受到威胁等，所导致的个体出现和持续存在的精神障碍。创伤后应激障碍的核心症状有三种，即创伤性再体验症状、回避和麻木类症状、警觉性增高症状。创伤性再体验症状主要表现为患者的思维、记忆或梦中反复、不自主地涌现与创伤有关的情境或内容，也可出现严重的触景生情反应，甚至感觉创伤性事件好像再次发生一样。回避和麻木类症状主要表现为患者长期或持续性地极力回避与创伤经历有关的事件或情境，拒绝参加有关的活动，回避创伤的地点或与创伤有关的人或事，有些患者甚至出现选择性遗忘，不能回忆起与创伤有关的事件细节。警觉性增高症状主要表现为过度警觉、惊跳反应增强，会伴有注意力不集中、激惹性增高及焦虑情绪。此外，有些患者还可表现为滥用成瘾物质、攻击性行为、自伤或自杀行为等，这些行为往往是患者心理行为应对方式的表现。同时，抑郁症状也是很多创伤后应激障碍患者常见的伴随症状。

三、大学生心理危机的成因

（一）发展性危机的成因

1. 难以适应生活新环境的焦虑心理

适应是一个人通过不断调整自我，使个人需要能够在环境中得到满足的过程。适应也是自我与环境和谐统一的一种良好的生存状态。大学生的适应是指提高大学生对大学生活各种问题的适应性，提高大学生随着新事物的刺激和外界条件的改变而改变自身的特性和生活方式的能力。大学是一个全新的开始，有些同学进入大学后面对新的学习和生活环境会感到不适应，如果这种不适应持续太长而没有得到缓解，容易产生心理危机。例如，开支没有计划，时常出现“经济危机”；面对大学里面丰富多彩的校园文化生活无法适应。一些适应能力差的新生遇到这些问题时常常束手无策，郁郁寡欢，不愿与别人沟通交流，怕被别人笑话，常出现烦躁、痛苦、紧张、不安等焦虑情绪和疲倦、失眠、注意力不集中等症状。

困惑的王某

王某因为困惑前来心理咨询中心咨询，他描述道：“我一直按部就班地上学，听老师和家长的话，熬过了辛苦的高中三年，老师家长都说上了大学就好了，就自由了。可是上大学的新鲜感过后我就迷茫了，我好像没有什么特长，所学专业是家长选的，也没那么喜欢，但是真正喜欢什么我也不知道。我好像被推着往前走，以前都是家长老师安排好我的生活，现在没有人这样安排我。我很慌，别人进社团我也进，但是真正参与这些活动又感觉空虚和无聊。我被困住了，生活少了热情，不知道该怎么办。我不知道为什么会这样，大学之前的我并不是这样的。”

2. 人际关系困难

心理研究表明，人类对爱、关心、尊重等交往活动的需要并不亚于对食物、性等生理上的需要。如果这类需要不能得到满足，人就会像吃不饱而营养失调一样，出现心理失调。大学生的人际关系主要有师生关系、同学关系、舍友与同伴关系、恋爱关系等。大学生在这些关系中表现出来的交往能力直接影响他的在校生活，也影响今后他前途的发展。然而，面临具有不同生活方式、价值观、经济状况、兴趣爱好和性格的同学和老师，缺乏人际交往技巧和有人际交往障碍的大学生可能会产生孤独和抑郁感，如果得不到适当改变和引导，将会出现严重的心理危机。

3. 学习心理障碍

大学生的学习任务繁重而紧张，学习内容深而广博，部分大学生不适应这种学习生活，在学习过程中表现出一种不能自控的不良心理反应，如想学学不进去、注意力不集

中、学习效率低、记忆困难，对专业的认识不够而缺乏学习的兴趣，对考试成绩的不理想而情绪低落，等等。有的大学生甚至会对学习产生惧怕、厌倦、焦虑和紧张的心理。

4. 恋爱与性的烦恼

大学常一个人面对建立并维系亲密关系的发展议题。学会以恰当的方式表达爱与接受爱是一个具有挑战的议题。有的大学生对恋爱与性的认识不全面，不能顺利发展恋爱关系，因恋爱受挫而情绪低落、自暴自弃甚至引发不良后果。

5. 经济压力和就业压力带来的自卑与彷徨心理

大学生在承受繁重的学习压力的同时也要面对来自生活的压力，而如何解决自己的经济问题不是一个简单的问题。同时，当前激烈的就业竞争环境也给大学生带来了明显的危机感。

（二）情境性危机的成因

1. 遭遇重大生活事件

大学生由于受到突发的外部事件（如亲友突然亡故、父母下岗、与同学或老师冲突等）刺激而出现的情绪和行为失调。生活事件是否重大具有个性化特征，有些大学生觉得挂科是重大事件而产生心理的危机，有些大学生则觉得并非如此。

2. 创伤后应激障碍

创伤后应激障碍最初仅被认为是由战争经历引起的，现在其病因已扩展为包括暴力袭击、强奸、虐待、绑架、重大交通事故等日常生活事件和自然灾害在内的一切引起严重精神创伤的事件。

（三）存在性危机的成因

因为大学生所处的年龄阶段和身心特点，他们比其他社会个体以及他们自己的其他生命阶段时思考的问题更加集中。存在性危机的成功应对和解决对大学生的心理健康起着基础性的作用，对大学生确立正确的人生观、价值观和世界观有着深远的影响。

1. 自我意识的模糊与困惑

在上大学之前，很多学生都是带着“光环”成长的，是“别人家的孩子”，是学校的骄傲、老师的重点培养对象、同学们羡慕的对象。而在上大学以后，生活的“光环”不复存在，所有的一切都要从头开始。面对新的环境和更多的机遇、挑战，原有的优势和平衡被打破。由于缺乏经验，大学生对如何发挥自己的优点和克服缺点感到迷茫，部分大学生看到周围同学多才多艺、能力较强，觉得自己一无是处，事事不如人，因而产生自卑心理；有些大学生知道自己能力不足，但又不知道如何突破自己，从而陷入了痛苦的自我否定的深渊。

2. 大学生的目标困境

许多同学在上大学之前有一个目标，就是考上大学，而考上了大学后一下子没了目标，不知道如何去面对未来。我要去向哪里？这是哲学上的基本问题之一。通俗来说，就是一个人如何规划自己的人生。其延伸出来的问题就是：生命的意义是什么？生命的价值是什么？许多大学生因为这个问题没有得到有效的解决而陷入长期的困境之中。

心理测评

社会支持评定量表

指导语：测一测当你面临困境时，你感知到的社会支持程度如何。社会支持是指一个人从自己的社会关系（家人、朋友、同事等）中获得的客观支持以及个人对这种支持的主观感受。社会支持不仅指物质上的条件和资源，还包括情感上的支持。

表 11–2 是社会支持评定量表，由 12 个项目组成，每个项目有“极不同意”（1 分）、“很不同意”（2 分）“稍不同意”（3 分）“中立”（4 分）“稍同意”（5 分）“很同意”（6 分）“极同意”（7 分）7 个选项。请按照你的现实状态选择，在相应选项下打“√”。

表 11–2　社会支持评定量表

项　　目	极不同意	很不同意	稍不同意	中立	稍同意	很同意	极同意
1. 在我遇到问题时有些人（领导、亲戚、同事）会出现在我的身旁							
2. 我能够与有些人（领导、亲戚、同事）共享快乐与忧伤							
3. 我的家庭能够切实具体地给我帮助							
4. 在需要时我能够从家庭获得感情上的帮助和支持							
5. 当我有困难时有些人（领导、亲戚、同事）是安慰我的真正源泉							
6. 我的朋友们能真正地帮助我							
7. 在发生困难时我可以依靠我的朋友们							
8. 我能与自己的家庭谈论我的难题							
9. 我的朋友们能与我分享快乐与优伤							
10. 在我的生活中有某些人（领导、亲戚、同事）关心着我的感情							
11. 我的家庭能心甘情愿协助我做出各种决定							
12. 我能与朋友们讨论自己的难题							

结果分析：

（1）12 ~ 31 分，表明你的社会支持系统存在严重的问题。你认为你的社会关系很差，以及在你遇到困难和挫折的时候，周围人包括家人、朋友还有其他人的帮助、支持很少，这可能与你的个性有关。

（2）32 ～ 50 分，表明你的社会支持系统存在一定的问题。你认为自己的社会人际关系不良，在遇到困难、挫折，或者需要帮助时你也不确定周围的人会不会给你提供帮助和支持。

（3）51 ～ 84 分，表明你的社会支持系统良好。你认为自己的社会人际关系良好，在遇到困难、挫折时，周围人会给你帮助和支持，让你有一种被尊重、被支持的感觉。

第三节　大学生心理危机应对

一、应对心理危机的一般策略

每个人对严重事件都会有所反应，但不同的人对同一性质事件的反应强度及持续时间不同。当心理危机出现时，个体的应对过程可分为以下三个阶段。

（1）立即反应。当事者表现麻木、否认或不相信，比如忘记这件事情发生过。

（2）完全反应。感到激动、焦虑、痛苦和愤怒，也可有罪恶感、退缩或抑郁。

（3）消除阶段。接受事实并为将来做好计划。

除了上述几个阶段的反应以外，对于危机的产生，我们需要能够敏锐地觉察到，及时发觉自己或者周围的人是否处于危机状态，越早发觉，干预效果越好。

二、不同类型心理危机的应对

心理危机有各种各样的类型，因此在面对不同的心理危机时，个体需要采取不同的策略。

（一）重大丧失引发的危机的应对

每个人都会经历一些不可避免的伤痛，甚至是一些突如其来的打击或痛失所爱。在经历过重大丧失以后，个体会出现不同的心理反应。美国心理学家伊丽莎白·库伯勒·罗斯总结了一些人在经历悲痛过程中的心路历程，提出了哀伤的五个阶段：否认、愤怒、讨价还价、抑郁和接受。

1. 否认

在否认阶段，处于悲痛中的人拒绝承认已经发生的事实；他们试图告诉自己“这不会发生在我身上”“这根本不可能”“一定是别人弄错了”“他身体那么健康，怎么可能得这个病呢”“他只是出了趟远门，他还没有离开”。他们相信生活和以前一样，没有改变；有些人会表现得麻木平静，好像什么都没有发生一样；也有些人会遗忘这段经历。

2. 愤怒

当意识到事情真正发生了的时候，个体会出现强烈的无力感和绝望感，产生愤怒情绪，“为什么会发生在我身上”“老天太不公平了”“要不是他，我也不会受这份罪”，并通过各种方式来表达愤怒。例如，个体可能会责怪他人甚至伤害、报复他人，也可能责怪或伤害自己。

3. 讨价还价

处于讨价还价阶段的个体想要去改变目前的处境，希望改变已经发生的事实，希望换回所爱。其讨价还价的对象可能是自身，也可能是自己的信仰或其他。例如，“如果那天我多注意一下，也许他就不会离开”“如果能用我的生命换回他的生命，我很愿意”。

4. 抑郁

个体在意识到失去在所难免，已成定局时，就会表现为强烈的无精打采，有无助感、无力感，沮丧、痛苦，希望、梦想和未来的计划都变得渺茫，那些曾经可以给自己带来快乐和满足的事情也激不起自己的兴趣，觉得失控、麻木甚至想要自杀。这一阶段在哀伤过程中的持续时间最长，当事人非常需要帮助，因此必要时需要向专业人士寻求帮助。

5. 接受

哀伤过后，个体能够逐渐接受丧失与失落，但接受不是妥协，不是忍耐。此阶段个体能够重新梳理与丧失对象的关系，意识到自己的生活需要好好继续下去，逐渐找到自己人生的目标，开始为未来的目标而努力。有时，经过这个阶段的个体对生命会更加珍视，对生命有更深的理解。

上述五个阶段是当事人大致会经历的阶段，但是每个人应对悲伤的模式不一样，不一定是按照阶段的先后顺序呈现。有些人会经历这些阶段中的某几个阶段，有些人可能反复经历其中的一些阶段。

当个体处于心理危机状态时，人们要给予其足够的哀伤时间，让其充分及合理地表达自己的愤怒和哀伤。此外，倾听、陪伴也很重要，人们应尽量避免“要坚强”“一切都会好起来的”等类似的劝说，这会给对方带来压力和不被理解的感觉。

（二）突发事件引发的危机的应对

突发事件会因其突发性给个体带来很大的冲击，使其可能在短时间内产生激烈的情绪反应。在帮助处于危机状态的同学时，大学生可运用一些常见的心理干预技术，如保险箱技术、遥控器技术、安全岛技术、眼动脱敏与再加工（EMDR）疗法、放松疗法等。

三、自杀的认识与应对

个体在经历危机事件后可能出现自杀的意念及行为。对于自杀，大学生需要有正确的认识。

（一）有关自杀的错误认知

对自杀念头及行为的错误认识或者片面认识会使得面对周围一些自杀危机情境时疏忽大意，缺少足够的警觉。下面列举常见的几种关于自杀的错误认识。

1. 不能和想要自杀的人谈论自杀，因为谈论自杀会诱发其自杀的行为

正确认识：理解、支持和接纳对想要自杀的人是非常重要的，他们的苦闷会得到宣

泄，他们的情绪会得到承载。以温和、镇定、接纳的态度与对方交谈，可以让对方产生信任的感觉，让对方重新思考，可以赢得时间来做危机干预。有可能他们会因为这些温暖而留恋世界。

2. 经常说自杀的人不会自杀

正确认识：经常说自杀的人可能会自杀，有一些人会在发出自杀预警信号后实施自杀，据研究，80%的自杀死亡者生前曾发出各种预警信号和求救声。当我们没法辨别对方属于哪一种时，最安全的策略是充分重视。

3. 有过一次自杀念头的人总会想自杀

正确认识：自杀念头和实施自杀之间有一段长长的路。很多人在遇到一些危机时都曾动过一死了之的念头，但这只是短暂的念头，过后往往会克服危机，重新投入生活。

4. 当一个人自杀行为未遂后，危机就结束了

正确认识：如果一个人的目的只是用自杀去威胁别人，自杀未遂、达到目的后会停止。但如果一个人一心求死，因偶然原因自杀未遂，连续实施的可能性依然存在。

5. 自杀是冲动性行为

正确认识：那些受到强烈情绪支配的自杀，确实有可能是冲动行为，但有些自杀行为是在强大理性支配下的行为，会有充分的准备和周密的安排。

6. 只有严重的精神障碍患者才会自杀

正确认识：有部分自杀者患有精神障碍，但绝望、无助、被虐待、经受重大事件等的普通人也有可能自杀。

7. 自杀具有遗传倾向

正确认识：自杀倾向不具有遗传性。

（二）自杀的识别

目前，对自杀现象的研究成果普遍显示与自杀有关的危险因素有：曾有自杀未遂史；承受生活质量低、失业等巨大社会生活压力；近期内患有严重的抑郁症、双相情感障碍、精神分裂症等；有严重躯体疾病，尤其是患病时间长、治疗效果差并伴随长期的疼痛和心理痛苦，生活受到巨大影响的患者；经历严重的负性生活事件，如失去亲人、失恋、离婚、遇到灾难等，受到心理打击的人。

绝大多数有自杀行为者都会表现出一些明显或隐藏的信息，人们可以关注以下信息。

1. 言语上的信息

（1）直接的语言表达。自杀高危人群可能会直截了当地表达出他们想放弃生命的意图，或者表达出任何事都没有什么希望，唯一要做的正确的事情就是结束一切。例如，“我想死”“我拖累了家人，没有我他们会过得更好”“生活一点意义都没有”。

（2）间接的语言表达。间接的语言表达有时是难以理解的，如与亲朋好友告别等，“也许我们不会再见面了”“我不能像这样下去”“我的生活中看不到任何光明”“不必感

到惊讶，许多人想结束自己，这就是社会”等话语，常常让人很难领会其真正的意图。

2. 行为上的信息

（1）直接的行为表达。例如，设法得到凶器、碳或收集药物等，关注关于如何自杀等的信息。

（2）间接的行为表达。反复整理自己身边的物品，无缘无故把心爱的物品送给身边的人作纪念；平时生活很朴素，忽然间花钱如流水；埋头读厌世文学书籍，一门心思写日记、写遗嘱等。此外，自杀高危人群很可能会在社交网站上表达某些信息，甚至包括自杀的计划、约定死亡等。相关人员要注意不责备尝试自杀者，应冷静地帮助他们厘清头绪。

对于具有急性自杀风险的人群，相关人员需要密切关注并让其接受相应的治疗。有急性自杀风险意味着自杀行为可能会在近期出现，它有三个非常有用的指标因子：一是个体不久前才尝试过严重的自杀行为；二是个体存在危险的、可能导致自杀的精神病性症状，如关于去执行自杀行为的命令性幻听；三是个体流露出自杀意图，近期有明确的自杀计划。

（三）防范或减少自杀意念的方法

（1）提高自身的抗干扰能力。个体平时要注意提升自己应对外界干扰的能力，维持心理平衡；同时，多培养自己的各类兴趣爱好，以利于释放压力。

（2）学会求助。有心理压力难以排解时，个体要充分利用社会资源，如使用热线电话、网络咨询、心理救助及社会组织的帮助。

（3）消除病耻感，积极求医。有精神疾病或有自杀想法的个体要积极就医，如果发现身边人有自杀倾向，要关心照顾好自我伤害者，引导他们接受专业治疗。

自杀态度调查问卷

指导语： 测测你对自杀的认识和态度。自杀态度调查问卷（QSA）（表 11-3）由肖水源等于 1999 年编制而成。自杀态度调查问卷由四个分量表组成，分别是对自杀行为性质的认识、对自杀者的态度（包括自杀死亡者与自杀未遂者）、对自杀者家属的态度和对安乐死的态度。

自杀态度调查问卷共有 29 个条目。对每个条目的描述在“完全赞同”与“完全不赞同”这样两个极端之间，进行 5 级评分（1–5 分）。请根据你的具体情况选择相应的描述，在选项下面打“√”，并进行评分。

表 11-3 自杀态度调查问卷

条目	完全赞同	比较赞同	中立	比较不赞同	完全不赞同
1. 自杀是一种疯狂的行为					

表 11-3（续）

条目	完全赞同	比较赞同	中立	比较不赞同	完全不赞同
2. 自杀死亡者应与自然死亡者享有同样的待遇					
3. 一般情况下，我不愿意和有过自杀行为的人深交					
4. 在整个自杀事件中，最痛苦的是自杀者的家属					
5. 对于身患绝症又极度痛苦的患者，可由医务人员在法律的支持下帮助患者结束生命（主动安乐死）					
6. 在处理自杀事件过程中，应该对其家属表示同情和关心并尽可能为他们提供帮助					
7. 自杀是对人生命尊严的践踏					
8. 不应为自杀死亡者开追悼会					
9. 如果我的朋友自杀未遂，我会比以前更关心他					
10. 如果我的邻居家里有人自杀，我会逐渐疏远和他们的关系					
11. 安乐死是对人生命尊严的践踏					
12. 自杀是对家庭和社会一种不负责任的行为					
13. 人们不应该对自杀死亡者评头论足					
14. 我对那些反复自杀者很反感，因为他们常常将自杀作为一种控制别人的手段					
15. 对于自杀，自杀者的家属在不同程度上都应负有一定的责任					
16. 假如我自己身患绝症又处于极度痛苦之中，我希望医务人员能帮助我结束自己的生命					
17. 个体为某种伟大的、超过人生命价值的目的而自杀是值得赞许的					
18. 一般情况下，我不愿去看望自杀未遂者，即使是亲人或好朋友也不例外					
19. 自杀只是一种生命现象，无所谓道德上的好和坏					
20. 自杀未遂者不值得同情					
21. 对于身患绝症又极度痛苦的患者，可不再为其进行维持生命的治疗（被动安乐死）					
22. 自杀是对亲人、朋友的背叛					
23. 人有时为了尊严和荣誉而不得不自杀					
24. 在交友时，我不太介意对方是否有过自杀行为					
25. 对自杀未遂者应给予更多的关心与帮助					

表 11-3（续）

条　目	完全赞同	比较赞同	中立	比较不赞同	完全不赞同
26. 当生命已无欢乐可言时，自杀是可以理解的					
27. 假如我自己身患绝症又处于极度痛苦之中，我不愿再接受维持生命的治疗					
28. 一般情况下，我不会和家中有过自杀者的人结婚					
29. 人应该有选择自杀的权利					

评分标准：

上述 29 个条目都是关于自杀态度的陈述，其中 13 个条目为反向计分，16 个条目为正向计分。29 个条目分为以下四个维度。

（1）对自杀行为性质的认识：共 9 项，即 1、7、12、17、19、22、23、26、29 项。

（2）对自杀者的态度：共 10 项，即 2、3、8、9、13、14、18、20、24、25 项。

（3）对自杀者家属的态度：共 5 项，即 4、6、10、15、28 项。

（4）对安乐死的态度：共 5 项，即 5、11、16、21、27 项。

在统计分数时，1、3、7、8、10、11、12、14、15、18、20、22、28 为反向计分，即回答“完全赞同”“比较赞同”“中立”“比较不赞同”“完全不赞同”分别计 5、4、3、2、1 分。其余条目均为正向计分。回答“完全赞同”“比较赞同”“中立”“比较不赞同”“完全不赞同”分别计 1、2、3、4、5 分，在此基础上，再计算每个维度的条目均分，最后分值在 1 ~ 5 之间，以 2.5 分和 3.5 分为两个分界值。

项目分数得分解释情况如下。

1. 对自杀行为性质的认识方面的得分

（1）得分≤ 2.5 分，表明对自杀行为持肯定、认可的态度。

（2）得分为 2.5 ~ 3.5 分，表明对自杀行为持矛盾或中立的态度。

（3）得分≥ 3.5 分，表明对自杀行为持反对、否定的态度。

2. 对自杀者的态度方面的得分

（1）得分≤ 2.5 分，表明对自杀者持理解和宽容的态度。

（2）得分为 2.5 ~ 3.5 分，表明对自杀者持矛盾或中立的态度。

（3）得分≥ 3.5 分，表明对自杀者持排斥和歧视的态度。

3. 对自杀者家属的态度方面的得分

（1）得分≤ 2.5 分，表明对自杀者家属持理解和宽容的态度。

（2）得分为 2.5 ~ 3.5 分，表明对自杀者家属持矛盾或中立的态度。

（3）得分≥ 3.5 分，表明对自杀者家属持排斥和歧视的态度。

4. 对安乐死的态度方面的得分

（1）得分≤ 2.5 分，表明对安乐死持肯定、认可的态度。

（2）得分为 2.5 ~ 3.5 分，表明对安乐死持矛盾或中立的态度。

（3）得分≥ 3.5 分，表明对安乐死持反对、否定的态度。

章末小结

1. 危机既是危险也是机会。

2. 危机分为发展性危机、情境性危机和存在性危机。

3. 弗兰克尔认为可以通过创造性价值（创造和工作）、体验的价值（体验意义的价值）、态度的价值（对不可避免的苦难所采取的态度）三种途径来实现生命的意义。

4. 在成长的每一个年龄阶段，人们都有要处理的心理发展议题，埃里克森把个体的心理社会发展分成婴儿期、儿童期、学龄前期、学龄期、青春期、成年早期、成年中期、成年晚期八个阶段。

5. 大学生心理危机具有发展性、交互性、易发性、潜在性的特点。

6. 危机的应对过程包括立即反应、完全反应和消除阶段三个阶段。

7. 人在悲痛过程中会经历哀伤的五个阶段：否认、愤怒、讨价还价、抑郁、接受。

8. 自杀是一种极端的危机，受生理因素、心理因素、社会因素共同影响。

9. 急性自杀风险的三个非常有用的指标因子：一是个体不久前才尝试过严重的自杀行为；二是个体存在危险的、可能导致自杀的精神病性症状，如关于去执行自杀行为的命令性幻听；三是个体流露出自杀意图，近期有明确的自杀计划。

参考文献

[1]于思月.大学生心理发展新的特点与教育对策[J].青春岁月，2017（1）：115-116.

[2]李凤兰，周春晓，董虹媛.面临心理问题的大学生的心理求助行为研究[J].国家教育行政学院学报，2016（6）：72-79.

[3]江光荣.大学生心理健康[M].武汉：华中师范大学出版社，2018.

[4]希尔.助人技术：探索、领悟、行动三阶段模式[M].3版.胡博，等译.北京：中国人民大学出版社，2013.

[5]吴少怡.新编大学生心理健康教程[M].西安：西安交通大学出版社，2016.

[6]瞿珍.大学生心理健康[M].上海：华东理工大学出版社，2018.

[7]张玉芝，周兰芳.大学生心理健康[M].北京：北京理工大学出版社，2017.

[8]李志凯.大学生心理健康[M].成都：电子科技大学出版社，2017.

[9]王天哲.大学生心理健康教育[M].西安：西北大学出版社，2019.

[10]文书锋，胡邓，俞国良.大学生心理健康通识[M].3版.北京：中国人民大学出版社，2018.

[11]焦雨梅，穆长征，覃江霞，等.大学生心理健康教育[M].镇江：江苏大学出版社，2013.

[12]余珊珊，潘伟伟.大学生心理健康[M].西安：西安交通大学出版社，2014.

[13]陈明星，姚廷超，寸隽.阳光成长：大学生心理健康教育与素质拓展[M].北京：首都师范大学出版社，2017.

[14]熊楚国.大学生心理健康教育[M].武汉：华中科技大学出版社，2018.

[15]马斯洛.动机与人格[M].3版.许金声，等译.北京：中国人民大学出版社，2007.

[16]拉森，巴斯.人格心理学[M].2版.郭永玉，等译.北京：人民邮电出版社，2011.

[17]李嘉，杨忠.外向性人格特质对建言行为的影响研究：威权领导的跨层次调节作用[J].学海，2017（6）：129-134.

[18]张大均，吴明霞.大学生心理健康[M].2版.北京：清华大学出版社，2019.

[19]曾仕强.情绪的奥秘：曾仕强告诉你不生气的活法[M].北京：北京联合出版公司，2014.

[20]曲振国.大学生就业指导与职业生涯规划[M].2版.北京：清华大学出版社，2020.

[21]安娜.从“华中科大坠楼事件”谈大学生心理压力管理[J].长春理工大学学报，2012（11）：118-119.

[22]高存友，任秋生，甘景梨.心理压力与调控[M].北京：九州出版社，2018.

[23]华婉晴.在校大学生抑郁、焦虑及压力现况研究[D].长春：吉林大学，2020.

[24] 吉家文 . 新编大学心理健康教育［M］. 天津：南开大学出版社，2012.

[25] 李雪娇 . 大学生心理危机应对研究［D］. 哈尔滨：东北林业大学，2014.

[26] 林春梅 . 心理压力与健康［J］. 民族教育研究，2001（4）：89-92.

[27] 田中良，朱耀秀，杨孝 . 开启心灵之旅：大学生心理健康教育［M］. 北京：首都师范大学出版社，2020.

[28] 吴才智，蒋湘祁 . 大学生心理健康［M］.2 版 . 上海：华东师范大学出版社，2013.

[29] 韦育坤 . 大学生生活事件、认知情绪调节与压力后成长的关系［D］. 桂林：广西师范大学，2018.

[30] 杨淇贺 . 当代大学生挫折心理问题研究［D］. 长春：吉林农业大学，2015.

[31] 赵娜，马敏，辛自强 . 生命意义感获取的心理机制及其影响因素［J］. 心理科学进展，2017，25（6）：1003-1011.

[32] 周全新，李小玲，孔彬 . 大学生心理健康教育［M］. 西安：西安交通大学出版社，2014.

[33] 王丽坤 . 试论中国优秀传统文化对大学生心理健康教育的积极作用［J］. 咸宁学院学报，2012，32（8）：30-31，57.